STAAT UND GESELLSCHAFT
IM VOREXILISCHEN JUDA

SUPPLEMENTS

TO

VETUS TESTAMENTUM

EDITED BY
THE BOARD OF THE QUARTERLY

J.A. EMERTON – PHYLLIS A. BIRD – W.L. HOLLADAY
A. van der KOOIJ – A. LEMAIRE – R.E. MURPHY – B. OTZEN
R. SMEND – J.A. SOGGIN – J.C. VANDERKAM – M. WEINFELD
H.G.M. WILLIAMSON

VOLUME XLVII

STAAT UND GESELLSCHAFT IM VOREXILISCHEN JUDA

VOM 8. JAHRHUNDERT BIS ZUM EXIL

VON

RAINER KESSLER

E.J. BRILL

LEIDEN • NEW YORK • KÖLN

1992

The paper in this book meets the guidelines for permanence and durability of the Committee on Production Guidelines for Book Longevity of the Council on Library Resources.

BS
1505.6
.S6
K47
1992

Library of Congress Cataloging-in-Publication Data

Kessler, Rainer.
   Staat und Gesellschaft im vorexilischen Juda: vom 8. Jahrhundert bis zum Exil / von Rainer Kessler.
      p.   cm.—(Supplements to Vetus testamentum, ISSN 0083-5889; v. 47)
   Includes bibliographical references and index.
   ISBN 9004096469 (cloth)
   1. Bible. O.T. Prophets—Criticism, interpretation, etc. 2. Sociology, Biblical.   3. Jews—Politics and government—To 70 A.D.   4. Jews—History—953-586 B.C.   I. Title.   II. Series.
BS410.V452   vol. 47
[BS1505.6.S6]
221s—dc20
[221.9'5]   92-20882
                                                                                              CIP

ISSN   0083-5889
ISBN   90 04 09646 9

Dem Andenken meiner Mutter
Lotte Kessler geb. von Günner
1922-1991

INHALT

VORWORT

Die hier vorgelegte Untersuchung ist die leicht überarbeitete Fassung meiner Habilitationsschrift, die von der Kirchlichen Hochschule Bethel in Bielefeld am 13.12.1990 angenommen wurde. Sie entstand in den Jahren 1987-1990 während meiner Assistententätigkeit bei Prof. Dr. Frank Crüsemann. Ihm danke ich vor allen: dafür, daß er als Chef viel Freiraum für die eigene wissenschaftliche Arbeit gelassen hat; dafür, daß er als Mit-Forschender den wissenschaftlichen Austausch vorangetrieben hat; und dafür, daß er als Freund immer neu Mut und Freude zur Arbeit gemacht hat.

Mein Dank gilt ferner den Professoren, den Assistentinnen und Assistenten sowie den Doktorandinnen und Doktoranden in Bethel, die auf verschiedene Weisen den Fortgang der Arbeit gefördert haben. Besonders aber danke ich den Studierenden, die in Proseminaren und Übungen manchen hier niedergelegten Gedanken in seiner Entstehung und Entwicklung kritisch begleitet haben.

Herrn Dr. André Lemaire, Paris, danke ich für die kritische Lektüre des Manuskripts und die Aufnahme der Arbeit in die Reihe der "Supplements to Vetus Testamentum".

Meine Frau Christiane Willand-Kessler und meine Kinder Verena und Hannah haben das Entstehen dieser Arbeit nicht nur mit viel Geduld und Wohlwollen unterstützt, sie haben auch dafür gesorgt, daß mich die wissenschaftliche Leidenschaft nicht ganz in Besitz genommen hat. Dafür bin ich sehr dankbar.

Dreieich-Dreieichenhain, im Dezember 1991

0. EINLEITUNG

Die bisherige sozialgeschichtliche Erforschung der israelitischen Königszeit hat zwei Schwerpunkte. Der eine liegt auf der Staatswerdung und dem frühen Staat selbst[1], der andere auf der gesellschaftlichen Krise, wie sie die prophetische Sozialkritik[2] ab dem 8. Jahrhundert erkennen läßt. Wie aber hängt beides miteinander zusammen, die Tatsache der Staatlichkeit Israels und Judas ab dem Ende des 2. Jahrtausends und eine soziale Entwicklung, die um immerhin rund 200 Jahre von der Staatswerdung zeitlich abgesetzt ist? Was bedeutet es für diesen Staat selbst, daß die Gesellschaft, die ihn trägt, in Bewegung gerät? Läßt ihn das unberührt? Und wenn es ihn ändert, woran wird es dann sichtbar? Und wie wirkt sich für die Gesellschaft nicht nur die Tatsache ihrer staatlichen Verfaßtheit selbst, sondern die konkrete Gestalt dieses Staates aus?

Diese Fragen sind so bisher kaum thematisiert worden. Lange Zeit waren Untersuchungen zur israelitischen Monarchie, wo sie sich nicht ganz auf "the obvious and complex task of determining the chronology of reigns and battles"[3] beschränkt haben—so nahezu alle Darstellungen der Geschichte Israels—, von dem Versuch geprägt, das Wesen des israelitischen Staates generell und in Abgrenzung zur altorientalischen Umwelt[4] bzw. zur vor- und nachstaatlichen Existenz Israels[5] zu beschreiben. Gegenüber diesen von Chaney so genannten "synchronic conceptualizations and comparisons"[6] formuliert die nordamerikanische Forschergruppe um Norman K. Gottwald die Notwendigkeit, "that any theory from social sciences likely to be relevant in the Israelite instance will have

---

[1] Vgl. Frick (1985) und den von Gottwald (1986) herausgegebenen Sammelband mit weiterer Literatur

[2] Vgl. die Monographien zur Sozialkritik Amos' von Fleischer (1989), Jesajas von Porath (1986) und Jeremias von Wisser (1982)

[3] Chaney (1986) 54f.—Chaney nennt dies "historical particularism" (S. 55).

[4] Vgl. die Titel von Galling (1929): "Die israelitische Staatsverfassung in ihrer vorderorientalischen Umwelt" oder Fohrer (1969a): "Israels Staatsordnung im Rahmen des Alten Orients"

[5] Vgl. Smend (1986): "Der Ort des Staates im Alten Testament"

[6] Chaney (1986) 55: "If historical particularism is the Scylla of scholarship on the Israelite monarchy, synchronic conceptualizations and comparisons are the Charybdis."

to deal with process and change''[7]. Aber auch dieser fruchtbare Ansatz beim ''social change''[8] ist bisher nur auf die Untersuchung der Entstehung der israelitischen Monarchie angewendet worden[9]. Die israelitische Monarchie teilt hier weitgehend das Schicksal früher Staaten in der sozioethnologischen Forschung: ''the theories concerning the origins and early development of the state are predominantly concerned with its origins (emergence, formation, rise, appearance). Less attention is paid, however, to the subsequent development of what is called the early state here''[10].

Dabei ist offenkundig, daß die Gesellschaft des Israels der Königszeit ab dem 8. Jahrhundert einem tiefgreifenden ''social change'' unterliegt. Die neueren Theorien zur Deutung dieser Entwicklung aber—vor allem die von Loretz in die alttestamentliche Diskussion eingeführte Theorie des ''Rentenkapitalismus''[11] und Kippenbergs Modell der ''antiken Klassengesellschaft''[12]—berücksichtigen allenfalls am Rande und auf sehr abstrakter theoretischer Ebene Elemente von ''Herrschaft''[13]. Die konkrete Gestalt der israelitischen und judäischen Monarchie ist dagegen kein Gegenstand ihrer Untersuchung.

Dabei ist beides gleichermaßen unwahrscheinlich: daß ein Staat völlig unberührt bliebe von einem tiefen Wandel der ihn tragenden Gesellschaft, und daß es für die Entwicklung einer Gesellschaft ohne Belang wäre, wie sie staatlich verfaßt ist. Deshalb soll hier der Versuch gemacht werden, aufgrund des verfügbaren Quellenmaterials und unter Zuhilfenahme theoretischer Ansätze über die Gesellschaft des königszeitlichen Israel und frühe Staaten überhaupt der Wechselbeziehung von Staat und Gesellschaft im vorexilischen Juda nachzugehen.

---

[7] So beschreibt Gottwald (1986) 2 die einheitliche Position der in dem von ihm herausgegebenen Sammelband über ''The Israelite Monarchy'' vertretenen Autoren.—Vgl. auch Frick (1986) 13; Chaney (1986) 55

[8] Frick (1986) 13

[9] Bezeichnenderweise handelt der von Gottwald herausgegebene Band trotz des Titels ''The Israelite Monarchy'' ausschließlich von ''the rise of the monarchy in ancient Israel'', Gottwald (1986) 1.

[10] Claessen/Skalník (1978) 16

[11] Loretz (1975)

[12] Kippenberg (1977)

[13] Vgl. den folgenden Forschungsüberblick, S. 3–17

0.1 FORSCHUNGSGESCHICHTLICHE AUSGANGSLAGE

Nachdem jüngst Fleischer eine profunde und kritische Darstellung "bisheriger sozialgeschichtlicher Erklärungsmodelle" im Rahmen seiner Amosarbeit vorgelegt hat[1], können im folgenden die relevanten Ansätze gezielt darauf befragt werden, wie sich in ihrem Rahmen die eingangs skizzierte Leitfrage nach dem Verhältnis von Staat und Gesellschaft darstellt. Dabei sind die oben gemachten Bemerkungen über die Beschränkung der Untersuchungen zum Staat auf die Staatswerdung selbst, die mangelnde Berücksichtigung des Staates in den Theorien über die Gesellschaftskrise des 8. Jahrhunderts und die fehlende Verbindung beider Arbeitsfelder miteinander freilich sogleich einzuschränken. Denn mit seiner Untersuchung über den "Anteil des Königtums an der sozialen Entwicklung in den Reichen Israel und Juda" erhebt Albrecht Alt den Anspruch, die gesellschaftliche Entwicklung des 8. Jahrhunderts von den staatlichen Bedingungen her zu verstehen[2]. Bei seinem Ansatz ist deshalb einzusetzen.

0.1.1 Albrecht Alt

Albrecht Alt geht aus von der Beobachtung, daß "die Reiche Israel und Juda in den wenigen Jahrhunderten ihres Bestehens sehr ernste Störungen ihrer sozialen Ordnung erlebt haben", wie "allein schon aus den Scheltworten bestimmter Propheten ... im achten ... (und) siebenten Jahrhundert" "mit aller Deutlichkeit hervor-(geht)"[3]. Dabei setzt er voraus, "daß jetzt Bestrebungen in der Verwirklichung begriffen sind, die die alte Gesellschafts- und Wirtschaftsordnung"—sie beruht nach Alt auf dem egalitären Grundsatz "Ein Mann—ein Haus—ein Erbanteil an Grund und Boden"[4]—"ganz beseitigen und durch eine völlig abweichende er-

---

[1] Fleischer (1989) 355-370

[2] Alt (1968a).—Die Erstveröffentlichung von Alts Beitrag stammt aus dem Jahr 1955.

[3] Alt (1968a) 348

[4] Alt (1968a) 349

setzen wollen"[5]. Alt fragt nach dem Subjekt dieser "Bestrebungen": "Was für eine Gruppe war es überhaupt", "die diesen radikalen Umsturz der alten Gesellschafts- und Wirtschaftsordnung anstrebt und anscheinend bis zu einem gewissen Grad auch schon erreicht hat"? Er beantwortet die Frage mit einer Doppelthese. Erstens: "Es handelt sich also um eine Oberschicht, die ihre gehobene Stellung entweder ausschließlich oder doch hauptsächlich ihrer besonders engen Bindung an das Königtum verdankt ...", also "'Sklaven des Königs', Beamte und andere Leute in seinem Dienst." Dem fügt er als zweite These an, "daß diese neue Oberschicht der Königszeit keineswegs nur, ja vielleicht nicht einmal zum größeren Teil aus geborenen Israeliten und Judäern bestanden haben wird", sondern aus "volksfremde(n) Elemente(n), in erster Linie natürlich Kanaanäer(n)"[6].

Ist somit eine Schicht, die ihre Existenz allein dem Königtum verdankt—nämlich die kanaanäische Beamtenschaft—als eigentlicher Verursacher der sozialen Krise seit dem 8. Jahrhundert ausgemacht, dann "erhebt sich ... mit Notwendigkeit die Frage, ob dann nicht das Königtum an der verhängnisvollen Störung der alten Ordnung wesentlich mitbeteiligt war". Sie erhält nach Alt ihre besondere Schärfe durch die Beobachtung, "daß in den Scheltworten der Propheten, besonders derer des achten Jahrhunderts, die Könige fast niemals in den Kreis der Bescholtenen als haupt- oder auch nur als mitverantwortlich einbezogen sind"[7]. Alt sieht die Ursache für das Schweigen der Propheten über den König darin, daß "der entscheidende Anteil des Königtums an der sozialen Entwicklung ... zeitlich vor den Propheten" liegt und "näher an die Periode heran oder geradezu in sie hinein(rückt), in der das Königtum erst aufkam, also in das zehnte und allenfalls in das neunte Jahrhundert"[8]. Sachlich besteht nach Alt der Anteil des Königtums an der sozialen Entwicklung in der Bildung eines Krongutes, womit letztlich "die Aufhebung des hergebrachten Rechtes der israelitischen Ortsgemeinden auf selbständige Verfügung über freigewordene Parzellen ihrer Ackerfluren" einhergeht[9].

---

[5] Alt (1968a) 352
[6] Alt (1968a) 353f
[7] Alt (1968a) 354
[8] Alt (1968a) 355
[9] Alt (1968a) 365

Die weitere Entwicklung beruht nach Alt darauf, daß "die Beamten besonders durch ihre Beleihung mit Ländereien aus dem Krongut zwangsläufig in die Beteiligung am wirtschaftlichen Leben der Umgebung ihrer Amtslehen hineingezogen wurden und daß sie dann ... in die Versuchung gerieten, noch über ihre Lehensgüter hinaus durch die Hinzugewinnung weiteren Landes auf Kosten der einheimischen Bevölkerung größere Grundherrschaften aufzubauen"[10]. Dies ist die Situation, wie sie in der prophetischen Sozialkritik im 8. Jahrhundert zu greifen ist. "Aber die Initiative ging diesmal nicht wieder vom Königtum aus, das in dem von ihm bereits gewonnenen Grundbesitz einigermaßen saturiert gewesen zu sein scheint, sondern von der inzwischen erstarkten Beamtenschaft, die dem Königtum zwar ihre Stellung verdankte, ihm nun aber über den Kopf zu wachsen drohte ..."[11]. "Das Königtum scheint der sozialen Umwälzung, die hier von der neuen Oberschicht der Beamtenschaft und der zugehörigen Kreise heraufbeschworen wurde, machtlos gegenüber gestanden zu haben ..."[12]. Alts Thesen werden wenig später von Herbert Donner aufgegriffen und in einer ausführlichen Diskussion der einschlägigen Texte prophetischer Sozialkritik ausgebaut[13]. Auch Donner sieht "kanaanäische Beamte", die "durch die Praxis des 'Bauernlegens' ihre Ländereien erweitern und Latifundien bilden"[14] konnten, als Urheber der sozialen Krise des 8. Jahrhunderts. Ausgehend von Ansätzen bei Alt[15] legt er besonderen Wert auf eine weitere Beobachtung. Nach Donner ist davon auszugehen, "daß die Beamtenschaft die Gerichtsbarkeit als eine Quelle zum Erwerb von Vermögen erkannt hatte und versuchte, die seit alters gemeindlich geordnete Rechtsprechung durch administrative Beamtengerichte abzulösen"[16]. Die Beamtenschaft sei bemüht gewesen, "sich der Rechtsprechung zu bemächtigen und durch Ausnutzung der darin enthaltenen Möglichkeiten zu Gelde zu kommen"[17]. Hatte schon

---

[10] Alt (1968a) 369f
[11] Alt (1968a) 370
[12] Alt (1968a) 372
[13] Donner (1979).—Die Erstveröffentlichung des Beitrags stammt aus dem Jahr 1963.
[14] Donner (1979) 500
[15] Vgl. etwa die Bemerkung, daß von den Beamten "so verfahren wurde, wo immer sich auf dem Weg der Rechtsbeugung eine Möglichkeit dazu bot" (Alt, 1968a, 371)
[16] Donner (1979) 502
[17] Donner (1979) 504

Alt die Aufhebung des alten Rechts der Ortsgemeinde als Voraussetzung der sozialen Entwicklung und die Änderung der Wirtschaftsordnung als Absicht der Beamten angenommen, so bringt Donner
damit zwei weitere rechtliche Elemente in die Diskussion: die Bereicherung durch Ausübung der Gerichtsbarkeit und die Änderung
der Gerichtsverfassung.

Insgesamt tritt also bei Alt und Donner der eigentliche ökonomische Bereich weitgehend in den Hintergrund. Es sind hauptsächlich rechtliche Vorgänge, die das Geschehen in Voraussetzung,
Durchführung und Absicht beherrschen, und es sind in einer frühen
Phase der König und ab dem 8. Jahrhundert Beamte, also Träger
staatlicher Macht, die die wirtschaftliche Entwicklung wesentlich
bestimmen.

Während John Andrew Dearman die treibende Rolle der Beamten in der sozialen Krise des 8. Jahrhunderts in seiner Untersuchung über "Property Rights in the Eighth-Century Prophets"
vollauf bestätigt findet[18] und nur deren kanaanäische Herkunft
bestreitet[19], widerspricht Udo Rüterswörden dieser These entschieden in seiner monographischen Untersuchung über die Beamten der israelitischen Königszeit[20]. Entgegen der Auffassung von
Alt und Donner, daß Beamtenschaft und letztlich Königtum für die
soziale Krise des 8. Jahrhunderts verantwortlich sind, kommt er zu
dem Schluß: "Die naheliegende Lösung scheint es zu sein, . . . die
Umwälzungen des achten Jahrhunderts nicht im Zusammenhang
mit dem Königtum und dem Beamtentum zu sehen, sondern als
eine ganz neu einsetzende Entwicklung . . . *śārîm* kommen in der
prophetischen Sozialkritik vor, und als Angehörige der Oberschicht
werden sie ihre Rolle bei den zugrunde liegenden Vorgängen
gespielt haben, ob sie allein beziehungsweise eine bestimmte Praxis
ihrer Besoldung, die Vergabe von Krongut, die Ursache für die
Umbrüche bilden, scheint fraglich"[21].

Hat Rüterswörden mit seiner Behauptung Recht, daß die "Umwälzungen des achten Jahrhunderts nicht im Zusammenhang mit
dem Königtum und dem Beamtentum zu sehen (sind), sondern als

---

[18] Dearman (1988) 102: "The culprits of the prophet's accusations are not sim-
ply the anonymous rich and powerful in a community but are those who benefit
from official status and positions" (S. 102).

[19] Dearman (1988) 103

[20] Rüterswörden (1985) 125-138: "Das Beamtentum als sozialer Faktor"

[21] Rüterswörden (1985) 138

eine ganz neu einsetzende Entwicklung'', dann ist die Frage unvermeidbar, wie diese Entwicklung denn zu beschreiben ist. Hierzu liegen seit den 70er Jahren zwei Ansätze vor, die die in der prophetischen Sozialkritik ab dem 8. Jahrhundert sichtbar werdende soziale Krise mit hohem theoretischen Anspruch zu begreifen suchen, die Theorie des ''Rentenkapitalismus'' und das Modell der ''antiken Klassengesellschaft''. Ihnen müssen wir uns nun zuwenden.

0.1.2 Die Theorie des ''Rentenkapitalismus''

Bevor wir auf die eigentliche Theorie des ''Rentenkapitalismus'' eingehen, ist zunächst die Untersuchung von Klaus Koch über ''Die Entstehung der sozialen Kritik bei den Profeten''[22] beizuziehen, weil sie die Altsche Position in einem wichtigen Punkt angreift und darin dann auch für die Vertreter der Theorie des ''Rentenkapitalismus'' zum Kronzeugen wird. Koch nämlich bestreitet die von Alt und Donner angenommene Bedeutung rechtlicher Vorgänge für die soziale Entwicklung grundsätzlich: ''Nur schießt Alt insofern über das Ziel hinaus, als nirgendwo erkennbar wird, daß die führende Schicht bestrebt ist, das alte israelitische Bodenrecht offiziell durch ein anderes, kanaanäisches zu ersetzen. Die Machenschaften der Gegner bleiben im Rahmen dessen, was nach damals geltendem israelitischen Recht legal war''[23]. Die von Alt und Donner betonte Rolle der ''Rechtsbeugung'' und Bemächtigung der Rechtsprechung weist Koch zurück: ''Wie aber haben wir uns die Vorgänge im einzelnen vorzustellen, die Amos so erbittern? Nach der herkömmlichen Amosauslegung geschieht das durch Gerichtsverfahren im Tor der Ortsgemeinde, deren ungerechter Spruch allzuoft Enteignung verfügt, bei parteiisch, zugunsten der Großgrundbesitzer geführten Prozessen. Prüft man das nach, gibt Amos dies an keiner Stelle deutlich zu erkennen''[24]. Entsprechendes gilt nach Koch auch für Micha und Jesaja. Bezüglich der behaupteten Bedeutung der Rechtsbeugung für die ökonomischen Vorgänge diagnostiziert Koch vielmehr eine ''Juridomanie der Alttestamentler,

---

[22] Koch (1991).—Die Erstveröffentlichung des Beitrags stammt aus dem Jahr 1971.
[23] Koch (1991) 158
[24] Koch (1991) 155

die hinter allem und jedem bei den Profeten einen Prozeß wittern"[25]. Auch das häufige Reden der Propheten von *mišpāṭ* und
ṣedāqâ stehe dieser Auffassung nicht entgegen, denn: "*mišpāṭ* ist . . .
so etwas wie der auf Gemeinschaftstreue gegründete und durch
gemeinschaftsgemäßes Verhalten (*ṣedāqâ*) täglich neu zu bewährende Bestand des Volkes, seine kultische, politische und wirtschaftliche Existenz schlechthin"[26], und dementsprechend sei abzulehnen, "daß der juridische Sinn immer noch einen zentralen
Kern der Sache trifft"[27].

Handeln die von den Propheten Kritisierten "im Rahmen dessen, was nach damals geltendem israelitischen Recht legal war",
dann muß nach den zwar nicht juristischen, aber ökonomischen
Gesetzen einer Gesellschaft gefragt werden, in der legales Handeln
offenkundig soziale Ungerechtigkeit hervorruft. Das von Loretz in
die alttestamentliche Diskussion eingebrachte Modell des "Rentenkapitalismus" ist eine Antwort auf diese Frage.

1975 unternimmt O. Loretz den Versuch eines frontalen Angriffs
auf die Thesen von Alt und Donner[28]. Alts Auffassung, die soziale
Krise des 8. Jahrhunderts sei auf außerisraelitische—kanaanäische
—Einflüsse zurückzuführen und die sozialkritischen Propheten
seien die Bewahrer des genuin israelitischen Erbes, stellt Loretz unter Ideologieverdacht: "Bei der Behandlung dieser Frage macht sich
besonders nachteilig bemerkbar, daß die alttestamentliche Wissenschaft in der Prophetenforschung trotz der Erweiterung des Gesichtsfeldes durch die Studien über die Prophetie in Mari auch bei
der Diskussion der prophetischen Sozialkritik insgeheim immer
noch von der Absicht geleitet wird, die Worte der Propheten als
etwas innerhalb der Alten Welt Singuläres zu deklarieren." Dem
stellt Loretz das Programm entgegen: "Dagegen soll im folgenden
auf einige Punkte hingewiesen werden, die eine Eingliederung der
prophetischen Angriffe auf soziale Mißstände in die allgemeine
Wirtschafts- und Sozialgeschichte des Alten Vorderen Orients erlauben und von einer falschen theologischen und historischen Hochstilisierung derselben warnen"[29]. Er vermutet, "daß die pro-

---

[25] Koch (1991) 154, Anm. 35
[26] Koch (1991) 163
[27] Koch (1991) 159
[28] Loretz (1975)
[29] Loretz (1975) 272

phetische Kritik der sozialen Zustände nur einen israelitischen Sonderfall darstellt insoweit dies die Kritik betrifft, die Mißstände selbst aber nur jene sind, die den Alten Orient allgemein geplagt haben''. Zur begrifflichen Erfassung dieser Mißstände greift er dazu auf den von Hans Bobek geprägten Terminus des ''Rentenkapitalismus'' zurück[30].

Der Wirtschaftsgeograph Hans Bobek unternimmt am Ende der 40er und in den 50er Jahren den Versuch, ''die vom geographischen Standpunkt aus wesentlichen Schritte in der Herausbildung der grundlegenden Typen der Sozial- und Wirtschaftsentfaltung in moderner Schau aufzuzeigen und ihre Bedeutung zu würdigen''[31]. Er meint, sechs Stufen erkennen zu können—Wildbeuterstufe, Stufe der spezialisierten Sammler, Stufe des Sippenbauerntums, Stufe der herrschaftlich organisierten Agrargesellschaft, Stufe des älteren Städtewesens und des Rentenkapitalismus und Stufe des produktiven Kapitalismus[32]—, von denen hier nur die vorletzte von Interesse ist. Der Rentenkapitalismus entsteht nach Bobek ''durch die Kommerzialisierung und die in völlig erwerbswirtschaftlichem Geiste vorgenommene Ausformung ursprünglich herrschaftlicher Rentenansprüche an die bäuerliche und gewerbliche Unterschicht''[33]. Nach Andeutung einiger Entwicklungsstufen beschreibt Bobek schließlich, was er als das ''absolute Ideal des Rentenkapitalisten'' versteht: ''Als absolutes Ideal des Rentenkapitalisten erscheint, möglichst viele Bauern so in Dauerschulden zu verstricken, daß sie mit all ihren jährlichen Zahlungen doch nie die bereits legendär gewordene Anfangsschuld abtragen können''[34].

Loretz selbst beschränkt sich nach seinem Referat Bobeks darauf, den Vorteil einer Beschreibung des altorientalischen Wirtschaftssystems als Rentenkapitalismus zu behaupten. ''Die Beschreibung der altorientalischen Wirtschaft als eines rentenkapitalistischen Systems bietet auch für das Verständnis der prophetischen Sozialkritik wesentliche Vorteile. Es gelingt so zum erstenmal die Eingliederung der prophetischen Opposition in die allgemeine Sozial- und Wirt-

---

[30] Loretz (1975) 274
[31] Bobek (1969) 445. Die Erstveröffentlichung des Beitrags stammt aus dem Jahr 1959. Da Loretz sich ausschließlich auf diesen Artikel bezieht, verzichte ich auf ein Referat früherer Untersuchungen Bobeks.
[32] Bobek (1969) 446
[33] Bobek (1969) 465
[34] Bobek (1969) 467

schaftsgeschichte des Alten Orients. Königtum und Reiche machten sich auch in Israel die Vorteile des Rentenkapitalismus zur Mehrung ihres Besitzes und ihrer Macht zunutze. Getreide, Zins- und Schuldknechtschaft bestimmen den Ablauf des Wirtschafts- lebens . . .''[35].

Damit sind die Positionen von Alt und Donner doppelt zurück- gewiesen. Aufgrund der ''Eingliederung . . . in die allgemeine Sozial- und Wirtschaftsgeschichte des Alten Orients'' wird Alts Be- hauptung hinfällig, ''daß jetzt Bestrebungen in der Verwirklichung begriffen sind, die die alte Gesellschafts- und Wirtschaftsordnung ganz beseitigen und durch eine völlig abweichende ersetzen wollen''[36]. Und indem ''Getreide, Zins- und Schuldknechtschaft . . . den Ablauf des Wirtschaftslebens'' bestimmen, verlieren Rechtsbeugung und Bemächtigung der Rechtsprechung jede Be- deutung für die gesellschaftlichen Vorgänge. Folgerichtig stimmt Loretz der Kritik von Koch an Alt zu: ''Die von den Propheten kritisierten Machenschaften blieben im Rahmen des geltenden Rechts''[37].

Den bei Loretz ausbleibenden Nachweis, daß die soziale Wirk- lichkeit Israels tatsächlich mit dem Bobekschen Modell des Renten- kapitalismus—das ja ausdrücklich nicht an Israel entwickelt und von Bobek auch nicht auf Israel angewendet wurde—zu beschreiben ist, versucht erst Bernhard Lang an Texten aus Amos[38]. Renten- kapitalismus definiert Lang wie folgt: ''Die städtische Besitzelite schöpft vom abhängigen Bauerntum einen möglichst großen Anteil der Erträge als regelmäßige 'Rente' ab, wobei Schuldtitel oder Eigentumstitel zwischen einzelnen Großbürgern und einzelnen Kleinbauern bestehen.'' Das System funktioniert etwa nach folgen- den Regeln. ''Der auf seiner Parzelle sitzende Kleinbauer produ- ziert nicht für den Markt, sondern für sich selbst und seine Familie (Subsistenzwirtschaft) . . . Bei häufigeren Ernteausfällen . . . müs- sen die Bauern Kredit aufnehmen''[39]. ''Die Kreditaufnahme ge- schieht meist bei stadtsässigen Reichen, die häufig zu Eigentümern des landwirtschaftlich genutzten Bodens werden''[40]. Die daraus

---

35 Loretz (1975) 276
36 Alt (1968a) 352
37 Loretz (1975) 276
38 Lang (1982) und (1983)
39 Lang (1983) 55
40 Lang (1983) 56

resultierenden Beziehungen zwischen dem Bauern und dem Grundbesitzer können nach Lang verschiedene Formen annehmen, die
verschiedene Grade von Abhängigkeit und Ausbeutung markieren:
"Patronat, Partnerschaft, Ausbeutung"[41].
Die von Lang so beschriebene und als "Rentenkapitalismus"
bezeichnete Gesellschaft funktioniert ausschließlich nach ökonomischen Gesetzmäßigkeiten und den sich daraus ergebenden gesellschaftlichen Beziehungen. Weder spielt dabei das Recht eine Rolle,
noch findet gar die Ersetzung einer alten durch eine neue "Ge-
sellschafts- und Wirtschaftsordnung" statt. Lang betont sogar ausdrücklich den Hang des "Rentenkapitalismus" zur Stagnation, die
er bis ins 20. nachchristliche Jahrhundert andauern sieht: "Rent
capitalism has left its imprints on the Near East and the results are
still visible today ... We have a stagnating traditional culture and
society at a very low ebb, in fact in a state of decadence not witnessed
before"[42].
Diese letzte Bemerkung zeigt, daß für das Modell des "Rentenkapitalismus" der Staat praktisch belanglos ist. Denn der "Rentenkapitalismus" konnte seine Spuren im Nahen Osten durch die
Jahrhunderte hinterlassen unbeschadet der Vielzahl von Staaten
und Staatsformen, die sich in dieser Zeit abwechselten. Tatsächlich
spielt schon bei Bobek der Staat für die rentenkapitalistische Gesellschaft allenfalls eine Hebammenrolle, entstand doch der "Rentenkapitalismus ... durch die Kommerzialisierung ... der ursprünglich herrschaftlichen Rentenansprüche an die bäuerliche und
gewerbliche Unterschicht"[43]. Sind herrschaftliche Ansprüche aber
einmal kommerzialisiert, ist es nur folgerichtig, wenn Lang zwar
von einer "städtischen Besitzelite", von "Großbürgern", "stadtsässigen Reichen" und "Grundbesitzern", nicht aber von König
und Beamten spricht. Und Loretz' Auskunft, "Königtum und
Reiche machten sich auch in Israel die Vorteile des Rentenkapitalismus ... zunutze", wirft mehr Fragen auf, als sie zu beantworten
vorgibt, namentlich die, ob denn der König am von "Getreide,
Zins- und Schuldknechtschaft" bestimmten "Ablauf des Wirtschaftslebens"[44] überhaupt teilhatte—ob also ein in Not geratener

---

[41] Lang (1983) 57
[42] Lang (1982) 45
[43] Bobek (1969) 465
[44] Loretz (1975) 276

Bauer tatsächlich beim König Kredit aufnahm und gegebenenfalls
in dessen Schuldknechtschaft geriet—, und selbst wenn dies der Fall
wäre, ob sich die Bedeutung des Königtums für die gesellschaftliche
Entwicklung tatsächlich darauf konzentrierte, sich gemeinsam mit
den übrigen ''Rentenkapitalisten'' zu bereichern.

Das wenn auch nicht in ausdrücklicher Auseinandersetzung mit
dem Modell des ''Rentenkapitalismus'' entwickelte Modell der
''antiken Klassengesellschaft'' ist zwar in der Frage des Staates ähnlich abstinent wie jenes. Für den gesellschaftlichen Bereich aber
beschreitet es eigene Wege, indem es nicht von einer Stagnation der
Gesellschaft, sondern von ihrer Transformation ausgeht.

0.1.3 Hans G. Kippenbergs Modell der ''antiken Klassengesellschaft''

Unter dem von Marx entlehnten Begriff der ''antiken Klassengesellschaft'' versteht Hans G. Kippenberg eine Gesellschaft, deren
''Hauptmerkmale'' nach dem ''Prototyp'' der athenischen Entwicklung sind: ''die persönliche Haftung für Schulden ... wurde
durch eine dingliche abgelöst; alle Arten gewalttätiger Aneignung
von Grund und Boden wurden politischer Kontrolle unterworfen;
der Austausch der Güter wurde durch Münzgeld vermittelt; Arbeit
wurde mehr oder weniger vollständig den Sklaven aufgebürdet''[45].
Mit ''antiker Entwicklung'' meint Kippenberg dabei ''eine Form
gesellschaftlicher Entwicklung ..., die historisch vom 8. Jahrhundert v. Chr. an in Griechenland, Italien, Palästina und im Iran zu
verfolgen ist''. Anders als die Theorie des Rentenkapitalismus, die
ein an den mesopotamischen Großreichen entwickeltes Modell auf
Israel überträgt, hält Kippenberg für die in den genannten Gebieten
statthabende ''antike Entwicklung'' deren ''Randlage ... im
Verhältnis zu den Agrarbürokratien im Nil- und Zweistromland''
für konstitutiv[46]. Im Gegensatz zur Theorie des Rentenkapitalismus, die Israel ''in die allgemeine Wirtschafts- und Sozialgeschichte
des Alten Vorderen Orients'' eingliedern will[47], grenzt Kippenberg
die von ihm auch in Israel beobachtete ''antike Entwicklung'' scharf
von der—ebenfalls in Anlehnung an Marx—als ''asiatisch'' bezeichneten in Mesopotamien und Ägypten ab: ''Zwar hatten die

---

[45] Kippenberg (1977) 10
[46] Kippenberg (1977) 9
[47] Loretz (1975) 272

vor-antiken Gesellschaften in Palästina, Griechenland und Italien politische Ordnungen ausgebildet, doch unterschieden sich diese funktional von den asiatischen. Ihnen fehlten die großen Aufgaben der Bewässerung, die eine starke Zentralmacht erforderten. Ferner besaßen die Völker der Israeliten, Griechen und Römer noch aus der Zeit der Landnahme 'demokratische' Institutionen wie die Versammlung der freien, wehrfähigen Männer, an deren Zustimmung die politischen Führer noch lange Zeit gebunden blieben''[48].

Die vor-antiken Gesellschaften bezeichnet Kippenberg als ''Stammesgesellschaften'', für die er zweierlei als von ''fundamentaler Bedeutung'' ansieht: Eine ''Verwandtschaftsordnung'', die ''nicht natürlicher, sondern gesellschaftlicher Art'' ist, sowie ''bestimmte Regeln der Interaktion'', die ''die Verwandtschaftstermini implizieren ... Für die Struktur dieser Regeln ist kennzeichnend, daß je näher die Verwandtschaft, um so größer die Solidarität ist (segmentäre Solidarität)''[49]. Damit sind wir, wenn auch in anderer Terminologie, wieder nahe bei dem, was Alt als ''die althergebrachte Gesellschafts- und Wirtschaftsordnung''[50] bezeichnet, die durch die Entwicklung im 8. Jahrhundert außer Kraft gesetzt wird. Nur daß nach Alt die Außerkraftsetzung dieser Ordnung äußerem—kanaanäischen—Einfluß geschuldet ist, während Kippenberg nach Faktoren sucht, die von innen her den Übergang von der ''Stammesgesellschaft'' zur ''antiken Klassengesellschaft'' verstehbar machen.

Erste Voraussetzung für eine solche Entwicklung ist das, was Kippenberg ''Transformation des Grundeigentums''[51] nennt: ''Galten den Viehzüchtern die Weidegründe als Kollektivbesitz der Clane bzw. Stämme, nicht aber als familiares Eigentum, so scheinen anfangs auch unter den neuen Bedingungen die Clane regelmäßig die Felder neuverteilt zu haben ... Früh sind diese Landlose jedoch von den Familienverbänden als dauerndes Erbeigentum betrachtet worden''[52]. Erst wenn nicht Clan oder Stamm, sondern die einzelne Familie faktisch als Eigentümer von Grund und Boden gelten, kann es dann auch im Falle der Verschul-

---

[48] Kippenberg (1977) 30
[49] Kippenberg (1977) 35
[50] Alt (1968a) 348
[51] Kippenberg (1977) 35
[52] Kippenberg (1977) 36

dung zum Verlust des Landes durch ''die Pfändung von Grund und Boden''[53] kommen.

Zweite Voraussetzung für die Transformation der Stammesgesellschaft zur antiken Klassengesellschaft ist die Existenz einer Schicht von Menschen, die ein Interesse daran haben, die Verschuldung anderer dazu zu nutzen, sich entweder deren Person oder deren Land oder beides anzueignen. Kippenberg spricht hier von ''Aristokraten'' und versteht darunter ''die politisch und wirtschaftlich privilegierten Familien und Clane''. Diese schreiten, eben unter der Voraussetzung, daß ''die Bauern nicht im Rahmen der Dorfgemeinschaft, sondern als einzelne Haushalte für Abgaben und Darlehen verantwortlich (sind) und haften'', zur ''Enteignung der Bauernschaft''[54].

Was schon zum Modell des Rentenkapitalismus zu beobachten war, gilt auch für Kippenberg: Der staatliche Rahmen der gesellschaftlichen Entwicklung erscheint nur als deren Voraussetzung— die jetzt kommerzialisierten ''herrschaftlichen Rentenansprüche'' in der Theorie des Rentenkapitalismus, die Existenz von ''Aristokratie'' und der Fortbestand '''demokratischer' Institutionen'' im Modell der ''antiken ''Klassengesellschaft''. Alts Frage nach dem ''Anteil des Königtums an der sozialen Entwicklung in den Reichen Israel und Juda'' wird in beiden Theoriemodellen nicht gestellt. Dennoch sind die Folgen beider Modelle für die Frage nach dem Staat unterschiedlich, je nachdem, ob man eine stagnierende gesellschaftliche Entwicklung oder eine Transformation der Gesellschaft annimmt. Dem ist nun im Vergleich der verschiedenen Ansätze nachzugehen.

0.1.4 Vergleich und Präzisierung der Fragestellung

Vergleicht man den Ansatz von Kippenberg mit den Vorschlägen von Alt und den Vertretern des ''Rentenkapitalismus'', dann zeigt sich eine auffällige Verschiebung der Frontstellungen. Mit den Vertretern des ''Rentenkapitalismus'' und gegen Alt und seine Schule, für die der gesellschaftliche Wandel von den Trägern staatlicher Macht ausgeht und mit Manipulationen der Rechtsordnung verbunden ist, teilt Kippenberg die starke Betonung ökonomischer

---

[53] Kippenberg (1977) 37
[54] Kippenberg (1977) 33

Eigengesetzlichkeit, u.zw. konkret der des Schuldenwesens, indem
er "die große Bedeutung der Verschuldung für die Transformation
der archaischen Stammesgesellschaft" hervorhebt[55]. Der staatliche
Rahmen tritt gegenüber der Wirkung ökonomischer Gesetzmäßigkeiten ganz in den Hintergrund. Anders aber als im Modell des
Rentenkapitalismus, wo die Verschuldung Erzübel einer im wesentlichen stagnierenden Gesellschaft ist, tritt sie bei Kippenberg als
Faktor einer grundlegenden "Transformation" auf. Durch das In-
sistieren auf dieser "Transformation" rückt Kippenberg zugleich in
die Nähe von Alt, u.zw. bis in sprachliche Formulierungen hinein:
Wo Alt von der Ersetzung der "alten Gesellschafts- und Wirtschaftsordnung . . . durch eine völlig abweichende" spricht[56], bezeichnet
Kippenberg "die antike Gesellschaft" als "aus einer Entwicklung
hervorgegangen, die . . . die traditionalen gesellschaftlichen und
wirtschaftlichen Verhältnisse aufgesprengt hat"[57].

  Wie die letzten Bemerkungen zeigen, hat die Frage nach dem
Verhältnis von Staat und Gesellschaft im vorexilischen Juda also
zwei keineswegs identische Seiten. Die eine ist die, ob im 8. Jahrhundert eine "Transformation" von einer alten zu einer neuen
"Gesellschafts- und Wirtschaftsordnung" stattfindet oder ob die
von den Propheten kritisierten "Mißstände . . . nur jene sind, die
den alten Orient allgemein geplagt haben"[58]. Im letzteren Fall
könnte die Frage nach dem Staat insofern vernachlässigt werden,
als, wo kein gesellschaftlicher Wandel vorliegt, auch kein Wandel
des Staates zu untersuchen wäre. Geht man aber von einer "Transformation" von einer alten zu einer neuen "Gesellschafts- und
Wirtschaftsordnung" aus, dann wird einerseits wichtig, was diese
Transformation für den Staat bedeutet, andrerseits, wie die
konkrete Gestalt dieses Staates auf die gesellschaftliche Entwicklung
wirkt.

  Damit ist bereits die zweite Seite der Frage nach dem Verhältnis
von Staat und Gesellschaft angesprochen, die Frage nach dem Staat
selbst und seinem Einfluß auf die gesellschaftliche Entwicklung. Wir
sahen, daß für Alt und Donner die (kanaanäischen) Beamten identisch mit den Trägern der gesellschaftlichen Entwicklung sind,

---

[55] Kippenberg (1977) 41
[56] Alt (1968a) 352
[57] Kippenberg (1977) 9
[58] Loretz (1975) 274

nachdem bereits zuvor der König durch Bildung des Krongutes das "hergebrachte Recht" der israelitischen Ortsgemeinden ausgehöhlt hatte, für die eigentliche Entwicklung ab dem 8. Jahrhundert dann aber ohne Bedeutung blieb. Wir sahen umgekehrt, daß Rüterswörden "dem Königtum und dem Beamtentum" diese Rolle bestreitet und die śārîm darauf beschränkt, daß "sie ihre Rolle bei den zugrunde liegenden Vorgängen gespielt haben (werden)", nicht aber "die Ursache für die Umbrüche bilden"[59].

Dieses Ergebnis ist zwar im Blick auf die von Alt und Donner vorgetragene Auffassung eindeutig. Aber es ist doch nur negativ. Denn die Auskunft, daß die Beamten "ihre Rolle gespielt haben werden", läßt offen, worin denn diese ihre Rolle besteht. Ist es die gleiche wie die der übrigen "Angehörigen der Oberschicht"? Oder ist es eine besondere, beamtenspezifische Rolle? Und worin besteht sie dann? Und ganz unbeantwortet—von Rüterswördens Untersuchungsgegenstand her verständlich—bleibt Alts Frage nach dem besonderen Anteil des Königtums an der Entwicklung, die ihre Schärfe aus dem auffälligen Schweigen der Propheten des 8. Jahrhunderts zur sozialen Rolle des Königs zieht.

Alts Frage nach den Trägern der sozialen Entwicklung seit dem 8. Jahrhundert ist also durch Rüterswördens negative Feststellung keineswegs erledigt. Sie ist vielmehr, allerdings in differenzierter Form, neu aufzugreifen. U.zw. ist einerseits zu fragen, wer als Träger der gesellschaftlichen Entwicklung in Erscheinung tritt, und andrerseits, welche Tätigkeiten der Träger staatlicher Macht kritisiert werden. Wenn, wie nach Rüterswördens Kritik zu erwarten ist, die Doppelfrage nicht mit der Gleichung beantwortet werden kann: Träger der gesellschaftlichen Entwicklung sind die Beamten, und an den Beamten wird kritisiert, daß sie die gesellschaftlichen Verhältnisse ändern wollen, dann ist zu fragen, wie sich wirtschaftlich Mächtige und Träger staatlicher Macht zueinander verhalten. Wo und wie werden sie tätig, und wie stehen ihre Tätigkeiten zueinander? Und dies ist wiederum in zweifacher Hinsicht zu fragen, nämlich im Blick auf die ökonomisch-gesellschaftliche Entwicklung und im Blick auf den Bereich, der umfassend als der staatlicher Tätigkeiten zu bezeichnen ist. Zur Klärung der Frage nach den Trägern der Entwicklung ist es dabei sinnvoll, auch nach den

---

[59] Rüterswörden (1985) 138

Opfern zu fragen, weil das Profil der Träger dadurch deutlicher wird.

Bevor nun auf dem Hintergrund dieser Fragen die Untersuchung der sozialkritischen Texte der Propheten einsetzen kann, sind noch einige Abgrenzungsfragen in bezug auf den Titel der Arbeit zu erläutern.

0.2 ABGRENZUNG DES UNTERSUCHUNGSGEGENSTANDES

Die folgende Untersuchung beschränkt sich geographisch auf das Südreich Juda. Dies aus zwei Gründen: Erstens kann zwar angenommen werden, daß die gesellschaftliche Entwicklung in Israel in wichtigen Zügen den gleichen Gang wie in Juda genommen hat, aber für die staatlichen Verhältnisse sind doch relevante Unterschiede vorauszusetzen, so daß sich bei einer Ausweitung der Untersuchung auf das Nordreich der Gegenstand der Untersuchung nur verdoppeln würde. Zweitens wird die im Nordreich eventuell etwas früher als in Juda einsetzende gesellschaftliche Entwicklung durch den Fall Samarias 722 abrupt beendet, während wir bei Juda die Möglichkeit haben, die gesellschaftlichen und staatlichen Verhältnisse während anderthalb Jahrhunderten zu verfolgen.

Zeitlich ist die Untersuchung auf das vorexilische Juda eingeschränkt. Diese Bestimmung ist nicht bloß quantitativ gemeint—dann müßte der Zeitraum ab der Staatenbildung oder zumindest seit der Reichsspaltung ins Auge gefaßt werden. Er meint vielmehr die Zeit, die mit der Abhängigkeit von Assur durch die Vasallität Ahas' seit 733 beginnt und über zunächst die lange Abhängigkeit von Assur, dann die kurze Periode der Selbständigkeit unter Josia und dann die rasch wechselnde Abhängigkeit von Ägypten und Babylonien gekennzeichnet ist und mit dem Fall Jerusalems 587/6 endet[1]. Der Beginn dieser Epoche, die insgesamt von verschiedenen Arten der Abhängigkeit von den Großreichen der Zeit gekennzeichnet ist, fällt mit den ersten Zeugnissen einer neuen gesellschaftlichen Entwicklung bei den judäischen Schriftpropheten des letzten Drittels des 8. Jahrhunderts zusammen, so daß nicht nur äußerlich ein geschlossener Zeitraum entsteht, sondern auch die Frage aufgeworfen werden muß, inwieweit die besondere Form staatlicher Abhängigkeit Auswirkungen auf die gesellschaftliche Entwicklung im Inneren Judas hat.

---

[1] "Vorexilische Zeit" ist also ähnlich inhaltlich gefüllt, wie wenn man in anderen Zusammenhängen von einer Vorkriegszeit spricht. Auch dies ist nicht eine beliebige Zeit vor einem Krieg, sondern die Zeit, die ihrem Charakter nach von dem kommenden Krieg geprägt ist—auch wenn immer nur im historischen Rückblick gesagt werden kann, wann eine Vorkriegszeit beginnt.

Ausgegrenzt bleibt in der Untersuchung der Entwicklung von
Staat und Gesellschaft des vorexilischen Juda der Bereich, der mit
einem modernen Terminus als der Bereich der ''Religion'' bezeich-
net wird. Von den Texten her ist diese Trennung in Staat und
Gesellschaft auf der einen und Religion auf der anderen Seite nur
bedingt zu vertreten. So greifen die Propheten durchweg sowohl die
Träger staatlicher Macht, gesellschaftliche Kräfte als auch die
Funktionäre des religiösen Lebens an; der Hinweis auf die sog.
Ständepredigten mag als Beispiel genügen (Mi 3,11: Häupter,
Priester und Propheten; Zeph 3,3f: Beamte, Richter, Propheten
und Priester; Ez 22,23-31: Fürsten, Priester, Beamte, Propheten,
Landvolk). In den Erzählungen werden ebenfalls politische, gesell-
schaftliche und religiöse Ereignisse in enger Verschränkung behan-
delt, und auch die Gesetze beziehen sich auf alle diese Gebiete.

Darin spiegeln diese Texte eine Wirklichkeit wider, in der der
Bereich des Religiösen sich noch nicht von der übrigen Lebenswelt
getrennt hat, wie es in der Moderne weitgehend der Fall ist. Religion ist integraler Bestandteil der gesellschaftlichen und politischen
Wirklichkeit, bis hin zu so organisatorisch-praktischen Dingen, daß
Priester fest in die Ministerlisten der Könige gehören (2Sam
8,16-18; 20,23-26; 1Kön 4,2-6)[2], daß die Tempel Staatstempel sind
(am deutlichsten ausgesprochen in Am 7,13, aber als selbstverständlich auch vorausgesetzt in Texten wie 1Kön 6-8; 12,26-30; 2Kön 12
u.ö.), und daß der König ganz selbstverständlich über den Schatz
von Palast und Tempel verfügen kann (1Kön 15,18f; 2Kön 12,18f;
16,8 u.ö.).

Wenn im folgenden dennoch der Bereich der Religion im engeren
Sinn weitgehend ausgeblendet bleibt, dann vor allem aus prak-
tischen Gründen. Der wichtigste ist, daß bei einer Einbeziehung des
Faktors Religion eine Ausweitung ins Uferlose kaum vermeidbar
wäre. Denn eine Einschränkung auf offenkundig staatsrelevante
Aspekte wie die oben beispielhaft genannten könnte nicht gelingen.
Dazu sind die Übergänge von der ''offiziellen'' Religion des staatlichen Kults zur ''privaten'' Religion der Bevölkerung bis zur ''op-
positionellen'' Religion der kritischen Prophetie viel zu fließend.
Zudem müßte dann die Frage nach der gesellschaftsstabilisierenden
wie der gesellschaftskritischen Funktion der israelitischen Religion

---

[2] Vgl. dazu u. S. 173–176

thematisiert werden und gezielt etwa die Rückwirkung der prophetischen Kritik auf die gesellschaftliche und staatliche Entwicklung untersucht werden.

Diese Problemanzeige belegt, daß eine Einbeziehung des Bereichs der Religion in die Untersuchung von Staat und Gesellschaft des vorexilischen Juda durchaus wünschenswert wäre. Wenn er dennoch aus arbeitsökonomischen Gründen weitgehend ausgeblendet bleibt, dann wird dies allerdings auch dadurch ermöglicht, daß sowohl in der Wirklichkeit als auch in ihrem Reflex in den Texten der religiöse Bereich deutlich von den übrigen gesellschaftlichen und staatlichen Bereichen unterschieden wird. Um die oben gegebenen Beispiele aufzugreifen: Es wird eben auch konsequent zwischen Tempel- und Palastschatz unterschieden, der Beamte Joab als Heerführer (1 Kön 2,28-35) wird ganz anders behandelt als der Beamte Ebjathar, weil er Priester ist (1 Kön 2,26f), und die Ständepredigten fassen eben nicht nur zusammen, sondern unterscheiden darin auch.

Um im Bewußtsein zu halten, daß die Ausblendung des Bereiches der Religion—wenn auch von Realität und Quellen her möglich gemacht—v.a. aus praktischen Gründen erfolgt, soll im folgenden an den Stellen, wo sich diese Ausblendung als besonders nachteilig erweist, jeweils darauf hingewiesen werden.

0.3 QUELLENMATERIAL UND AUFBAU DER UNTERSUCHUNG

Daß die nun folgende Untersuchung nicht systematisch—etwa nach den zwei Hauptstichworten des Titels, "Staat" und "Gesellschaft" —, sondern nach dem Quellenmaterial—"die Sozialkritik der Propheten" (Teil 1) und "das übrige alttestamentliche und das epigraphische Material" (Teil 2)—gegliedert ist, mag zunächst überraschen. Das Vorgehen hat seinen Grund sowohl in der Fragestellung der Arbeit nach der Wechselbeziehung von Staat und Gesellschaft als auch in den Texten selbst. Besonders bei den Texten der prophetischen Sozialkritik nämlich findet sich, wenn auch nicht durchgehend, so doch immer wieder eine enge Verflechtung der Bereiche, die systematisch gesehen in Staat und Gesellschaft unterschieden werden können. Eine getrennte Behandlung beider Bereiche würde solchen Texten also eine Systematik aufdrängen, die sie selbst nicht haben, und damit möglicherweise sogar den Blick verstellen für die Eigenart des Wechselverhältnisses von Staat und Gesellschaft im vorexilischen Juda.

Dennoch wird sich ergeben, daß mit dem 1. Teil zur Sozialkritik der Propheten der Bereich der gesellschaftlichen Entwicklung weitgehend abgedeckt ist, während das übrige Material im 2. Teil sich fast ausschließlich auf den Bereich des Staates konzentriert.

Insgesamt ist zur Verwendung der Texte anzumerken, daß sie in dieser sozialgeschichtlichen Untersuchung im eingeschränkten Sinn als Quellenmaterial betrachtet werden. Die Fragestellung geht also überwiegend kognitiv darauf, was die Texte über staatliche und gesellschaftliche Zustände erkennen lassen, ohne die Aussageabsicht der Autoren und den kommunikativen Ort der Texte selbst zu thematisieren. Daß damit keine umfassende Deutung der behandelten Texte vorgenommen wird, liegt auf der Hand. Daß dies aber eine mögliche Arbeit mit den Texten ist, ergibt sich daraus, daß jede Aussageabsicht an sachlichen Gehalten festgemacht ist und jede Kommunikation sich auf eine Sachwelt bezieht, über die die an der Kommunikation Beteiligten kommunizieren. Und eben um ein Stück Rekonstruktion dieser Sachwelt geht es in der folgenden Untersuchung.

1. DIE SOZIALKRITIK DER PROPHETEN

Die wichtigste Quelle für eine sozialgeschichtliche Untersuchung des vorexilischen Juda sind die Texte der Propheten dieser Epoche. Im 8. Jahrhundert wirken in Juda Jesaja und Micha, im siebten Zephanja, Jeremia und Habakuk, und vom Beginn des 6. Jahrhunderts sind uns die Worte Ezechiels überliefert, der zwar wahrscheinlich nicht in Juda selbst, sondern in der judäischen Gola in Babylonien wirkt, sich aber gleichwohl auf die Zustände in seiner Heimat bezieht. All diese Propheten äußern sich in zahlreichen Worten zu den sozialen Verhältnissen ihrer Zeit.

Die sozialgeschichtliche Auswertung dieser Worte muß sich hauptsächlich mit zwei Problemen auseinandersetzen. Das eine ist die weithin metaphorische Sprache der prophetischen Sozialkritik. Ich habe an anderer Stelle zu zeigen versucht, daß und wie sich bestimmte Metaphern auf soziale Vorgänge beziehen lassen[1]. Jeweils zur Stelle werde ich diese Vorarbeit heranziehen, wobei jedoch immer im Einzelfall zu überprüfen ist, ob sich eine Metapher tatsächlich auf einen bestimmten sozialen Vorgang hin auflösen läßt oder nicht.

Das zweite Problem im Umgang mit prophetischen Texten ist die Frage nach den sog. ipsissima verba des Propheten. Sie ist hier insofern belanglos, als es für die sozialgeschichtliche Auswertung nicht auf den Namen eines Autors ankommt, sondern nur darauf, ob das, was dasteht, aussagekräftig ist. Dies gilt besonders dann, wenn für die Entstehung der Prophetenbücher von einem Fortschreibungsmodell ausgegangen und einem Schülerkreis des Propheten ein erheblicher Anteil an Worten zugeschrieben wird[2]. Denn da nach dieser Auffassung die Schüler in nahem sachlichen und zeitlichen Zusammenhang mit dem Meister stehen, wird die Aussagekraft der jeweiligen Worte von der Verfasserfrage nicht beeinträchtigt[3].

---

[1] Kessler (1989b)

[2] Exemplarisch wird diese Theorie am Ezechielbuch von Zimmerli dargelegt; (1969) 106*-109* und (1980)

[3] Chaney (1986) 58 macht darauf aufmerksam, daß, wo nicht ein "specific change" —eine Schlacht, Tod eines Königs u.a.—, sondern ein "generic change"—also ein Übergang in der Sozialordnung—untersucht wird, "the dating of the sources used to reconstruct the generic plane can be less exact with little loss of precision."

Schwieriger liegt der Fall, wenn bestimmte Worte in nachexilische Zeit zu datieren sind. Denn für diese Zeit sind auf jeden Fall
andere staatliche und in gewissem Maße auch andere gesellschaftliche Verhältnisse vorauszusetzen als für die vorexilische Zeit.
Deshalb müssen derartige Datierungsvorschläge zu jeder Stelle im
einzelnen geprüft werden. Gegen eine generelle Datierung der
prophetischen Sozialkritik in nachexilische Zeit[4] sind allerdings
schon hier grundsätzliche Vorbehalte anzubringen. Der metho-
dische Fehler bei einer generellen Spätdatierung liegt u.a. nämlich
darin, daß die für die gesamte israelitische Antike gleiche soziale
Grundkonstellation, die—kurz gesagt—im Widerspruch zwischen
Gläubiger und Schuldner besteht[5], zum Ausgangspunkt der
Datierung gemacht wird[6]. Eine sich durchziehende Grundkonstellation kann aber per se prinzipiell gerade nichts für eine Datierung
im einzelnen hergeben. Sondern um einen Text der einen oder
anderen Epoche zuweisen zu können, müssen diese sich charak-
teristisch unterscheiden und die Merkmale des Textes sich auf das
Unterscheidende und nicht das Gemeinsame beider Epochen
beziehen[7].
Bei der nun folgenden Untersuchung sozialkritischer Worte der
Propheten des vorexilischen Juda wird im einzelnen immer auch auf
Datierungsfragen einzugehen sein, sofern nachexilische Entstehung
nicht auszuschließen ist. Dies gilt sowohl für die gesamten Worte als
auch für einzelne Verse oder Versteile. Allerdings ist sogleich ein-
zuschränken: sofern sie für die sozialgeschichtliche Auswertung
relevant sind. Diese Einschränkung gilt im übrigen auch für die
Auswahl der untersuchten Stellen überhaupt. Denn immer wieder
finden sich in Prophetenworten Hinweise auf Mißstände, die soziale
Ursachen haben. Sie werden im folgenden jedoch nur dann in die
Untersuchung aufgenommen, wenn sie etwas austragen für die
Frage nach Staat und Gesellschaft.

---

[4] Wie sie Kaiser (1981) für Jesaja vornimmt (zusammenfassend S. 19-27)
[5] Zur Beschreibung dieser Konstellation vgl. Kessler (1989b); vgl. ferner u.
S. 117–126
[6] Vgl. bei Kaiser (1981) den Hinweis auf Neh 5 zu Jes 3,12 (S. 84) und 5,8 (S.
105), bei Carroll (1986) 189 den gleichen Verweis zu Jer 5,26-28
[7] Chaney (1986) 58 spricht von einer ''Wasserscheide'' und hält fest, daß ''attention to representations of this generic dimension in a given text may allow it to
be placed one side or the other of a systemic watershed . . .''

1.1 JESAJA

Die frühesten für uns faßbaren Schriftpropheten im Südreich Juda sind Jesaja und Micha. Sie wirken am Ausgang des 8. Jahrhunderts im gleichen Zeitraum, wobei das Auftreten Jesajas mit etwa 40 Jahren[1] zwar eine größere Zeitspanne umfaßt als das Michas, Michas Auftreten aber ganz in die Zeit Jesajas fällt. Da diese beiden Propheten nach Herkunft, sozialer Stellung, Gedankenwelt und vor allem dem Proprium ihrer jeweiligen Botschaft ein eigenes Profil zeigen, sind ihre Auskünfte über die staatlichen und gesellschaftlichen Verhältnisse ihrer Zeit umso wertvoller.

1.1.1 Jes 1,10-17

Jesajas Kritik an der Kultpraxis seiner Zeit beginnt mit einem Höraufruf an die ''Führer Sodoms'' und—parallel dazu—das ''Volk Gomorrhas'' (V.10). Das hier mit ''Führer'' wiedergegebene *qāṣîn* hat trotz seiner nur zwölf Vorkommen in der hebräischen Bibel ein weites Bedeutungsspektrum und wird jeweils nur vom Kontext näher definiert. In Jos 10,24; Ri 11,6.11 sind militärische Führer gemeint. In Dan 11,18 bezeichnet das Wort einen römischen Feldherrn. Im Zusammenhang von Prv 6,7 ist dagegen eher an Führer bei kollektiven Arbeitsmaßnahmen zu denken[2]. In Mi 3,1.9 ist die Funktion der *qᵉṣînîm* auf das ganze ''Haus Israel'' bezogen[3]. Jesaja dagegen spricht hier (das polemische ''Sodom'') und in 22,3 von *qᵉṣînîm* der Stadt Jerusalem, während in 3,6f von einem *qāṣîn* des Volkes die Rede ist. Der Befund bei Jesaja sowie das generell breite Bedeutungsspektrum des Wortes lassen, auch wegen der im (synthetischen) Parallelismus folgenden generellen Anrede an das ''Volk'', ganz allgemein an Träger staatlicher Machtfunktionen denken[4]. Sie widerraten, in Jes 1,10 eine vom hiesigen Kontext her nicht mögliche Bedeutungseingrenzung vorzunehmen, also

---

[1] Vgl. Wildberger (1982) 1578f
[2] Vgl. Wolff (1982) 77
[3] Siehe u. S. 50–52
[4] Schäfer-Lichtenberger (1983) 303-305 vermutet als ''Ausgangsposition des *qāṣîn* ... eine militärische Position'' (S. 304), stellt aber zu Jes 1,10 fest, daß hier ''die allgemeine Bedeutung 'Leiter/Führer' im Vordergrund'' steht (S. 305).

etwa an die "Magistraten der Stadt"[5] zu denken, zumal eine wie
auch immer geartete Magistratsverfassung für Jerusalem als
Königsstadt wohl kaum nachzuweisen sein wird[6].

Mit der Anrede an das "Volk Gomorrhas" kommen dann die
gesellschaftlich Mächtigen in den Blick. Denn "Volk" kann hier
nicht im wörtlichen Sinn die gesamte Bevölkerung meinen[7].
Darauf führen vor allem drei Beobachtungen: 1.) Sodom und
Gomorrha stehen in der alttestamentlichen Tradition überwiegend
für soziale Vergehen (Gen 18,20f; 19; Jer 23,14; Ez 16,46-50; Thr
4,6). 2.) Die folgende Kritik Jesajas an der Opferpraxis muß gegen
Reiche gerichtet sein, denn nur sie können überhaupt in solchem
Ausmaß Opfer bringen[8], wobei sich unter den Opfertieren sogar
"Mastkälber" (V.11) befinden. Die in V.13aβ am Schluß des
Abschnitts über die Opfer (V.11-13) herausgehobene Kritik an den
besonders teuren Räuchergaben[9] unterstreicht diese Stoßrichtung.
3.) Die positive Forderung in V.17 nennt ausdrücklich diejenigen,
die unter dem Verhalten der "Führer Sodoms" und des "Volkes
Gomorrhas" zu leiden haben, die also nicht selbst zum "Volk
Gomorrhas" gehören können.

Nach der in V.11-15 breit entfalteten Kritik an Opfern, Festen
und Gebeten und der Aufforderung in V.16, mit der bisherigen
Praxis aufzuhören, wird dann in V.17 eine positive Forderung
erhoben:

Lernt Gutes tun!
Sucht das Recht!
Führt den 'Unterdrückten'[10] wohl!
Richtet die Waise!
Führt den Rechtsstreit der Witwe!

---

[5] Wildberger (1980) 37; ebenso Jacob (1987) 45.—Zur Kritik vgl. Schäfer-
Lichtenberger (1983) 303 mit Anm. 444

[6] Viel wahrscheinlicher ist die Verwaltung der Stadt durch einen śar hāʿîr im
Auftrag des Königs; vgl. dazu u. S. 185f

[7] Darauf weist Croatto (1989) 34 mit Nachdruck hin: "El paralelo 'prín-
cipes/pueblo' demuestra que la acusación está dirigida contra los que dirigen al
pueblo, previniéndonos contra una frecuente generalización del 'pueblo' de Israel
pecador."—Sicre (1984) 198 übersetzt ʿam in Anlehnung an Hi 12,2 mit "gente
importante".

[8] Vgl. Croatto (1989) 34

[9] Vgl. dazu Jer 6,20 wowie Wildberger (1980) 42

[10] Lies ḥāmûṣ, vgl. BHS z.St. und Wildberger (1980) 34; Kaiser (1981) 39;
Alonso Schökel/Sicre Díaz (1987) 119

Der *mišpāṭ*, den zu ''suchen'' von den politisch und gesellschaftlich
Mächtigen der Stadt gefordert wird, ist ein Recht zugunsten der
Schwachen, für die hier der Unterdrückte, Waise und Witwe
stehen. Waise und Witwe sind die klassischen personae miserae des
Alten Orients, die des besonderen Schutzes der Gottheit (vgl. Ps
68,6), des Königs (vgl. Jer 22,3) und des Rechts (vgl. Ex 22,21)
bedürfen[11]. Wird ihnen solcher Schutz verweigert, sind sie mangels
ökonomischer, politischer und gesellschaftlicher Macht verloren.
mišpāṭ meint also ''nicht eine iustitia distributiva, sondern eine
iustitia adiutrix miseri''[12]. Sie müßte hergestellt werden bei ''Entscheidungen im Gericht''[13], wie die Vokabeln *šāpaṭ* und *rîb* belegen, und zwar von den politisch und gesellschaftlich Mächtigen der
Stadt. Die tun das freilich—nach Jesajas Kritik—nicht.

1.1.2 Jes 1,21-26

In Jes 1 bilden die Verse 21-26 eine Einheit. Die gelegentlich vorgenommene Abtrennung von V.24-26 ist sprachlich nicht zwingend
und formal problematisch, weil sie den Schuldaufweis in V.21-23
der—hier um den Läuterungsgedanken erweiterten—Strafansage
beraubt, die in V.24 klassisch mit *lāken* eingeleitet wird[14]. Die Abtrennung wird aus inhaltlichen Gründen vorgenommen, wobei die
Gefahr des Zirkelschlusses kaum zu vermeiden ist[15]. Auch die Her-
auslösung von V.23b mit der Erwähnung von Witwe und Waise hat
im Text keinen Anhalt[16].

Im Wort vom Läuterungsgericht über Jerusalem wendet sich
Jesaja direkt und in wörtlicher Anrede Trägern staatlicher Macht
zu. In V.23 werden die Beamten des zeitgenössischen Jerusalem
angeklagt, und in V.26 werden der geläuterten Stadt Richter und

---

[11] Zum reichhaltigen orientalischen Material vgl. Fensham (1962); Wildberger
(1980) 48
[12] Wildberger (1980) 48
[13] Wildberger (1980) 47
[14] Zur chiastischen Struktur von V.21-26 vgl. die Graphik bei Vermeylen
(1977) 71 und die Textwiedergabe ebd. S. 75; Alonso Schökel/Sicre Díaz (1987)
122 sprechen von einer Inklusion.
[15] Kaiser (1981) 53 meint, daß der Gedanke des Läuterungsgerichts nicht zum
ältesten Bestand gehöre. Vermeylen (1977) 75-105 hält den gesamten Text für
nachjesajanisch. Mir scheint es kein Zufall zu sein, daß bei exilischer Datierung
dann Jesajas massive Sozialkritik zu einer ''dépravation religieuse'' (Vermeylen,
1977, 105) verdünnt wird.
[16] Vorschlag von Vermeylen (1977) 73; Kaiser (1981) 53

Räte "wie zur ersten Zeit" verheißen. Nachdem das frühere Jerusalem als Wohnort von *mišpāṭ* und *ṣædæq* apostrophiert worden ist (V.21), beschreibt Jesaja das Fehlen von *mišpāṭ* und *ṣædæq* im gegenwärtigen Jerusalem zunächst metaphorisch (V.22)[17], um dann direkt zu werden:

> (23) Deine Beamten sind Aufrührer
> und Genossen von Dieben.
> Ein jeder liebt Bestechung
> und jagt hinter Geschenken her.
> Die Waise richten sie nicht
> und die Rechtssache der Witwe kommt nicht vor sie.

Daß diese Beamten im Rechtswesen tätig sind, belegen die Wurzeln *šāpaṭ* und *rîb* in V.23b (wie in V.17). Das Fehlen von *mišpāṭ* und *ṣædæq* wird also als Verwahrlosung der Rechtspflege aufgrund der Bestechlichkeit der Beamten aufgefaßt. Indem für das zukünftige, geläuterte Jerusalem "Richter wie zur ersten Zeit" und "Räte wie zu Anfang" verheißen werden, werden die Beamten von V.23 damit in zwei Gruppen differenziert. Aufgabe der Richter ist offenkundig die Durchführung von Rechtsverfahren. Räte dagegen haben ihren Platz nicht im Gerichtsverfahren, sondern in der königlichen Verwaltung (vgl. 2Sam 15,12). Darf man die Differenzierung der Beamten in Richter und Räte schon für V.23b voraussetzen, dann spräche die erste Vershälfte möglicherweise von den Richtern, die im einzelnen Verfahren "der Waise nicht zum Recht verhelfen", und die zweite Vershälfte von den Räten, die durch Verordnungen generell bewirken, daß "die Rechtssache der Witwe nicht vor sie kommt".

Als unmittelbare Opfer der Beamten erscheinen in dem Text Waise und Witwe, wie in Jes 1,17. Dennoch kann Jes 1,21-26 nicht die dem Text von Alt aufgelegte Beweislast dafür tragen, daß es sich bei der "Gruppe in der Bevölkerung, die diesen radikalen Umsturz der alten Gesellschafts- und Wirtschaftsordnung anstrebt und anscheinend bis zu einem gewissen Grad auch schon erreicht hat", um "Beamte, Richter und Räte" handelt[18]. Darauf führen drei Beobachtungen.

---

[17] Daß die Rede vom Silber und Bier hier wörtlich zu verstehen sei, wie Stolz (1973) 151 vorschlägt, ist angesichts der eindeutig metaphorischen Aufnahme des Bildes von der "Bleiglätte" aus V.22 in V.25 ganz unwahrscheinlich. Vgl. auch Sicre (1984) 206

[18] Alt (1968a) 353 mit Anm. 2

1.) Besteht die Krise des 8. Jahrhunderts tatsächlich in einem
"radikalen Umsturz der alten Gesellschafts- und Wirtschaftsordnung", dann sind deren Opfer die bisher freien Bauern. Gerade von
ihnen ist in Jes 1,21-26 aber nicht die Rede, sondern von den ohnehin schon am Rand der Gesellschaft stehenden personae miserae.
   2.) Betrachten wir die Seite der Täter, bestätigt sich dies. Denn
zwar nennt der Text auf der einen Seite die Beamten und auf der
andern Waise und Witwe. Aber bei genauer Betrachtung des Vorgangs sind dies gar nicht die wahren Opponenten. Denn die
"Rechtssache", die hier gebeugt wird, besteht nicht zwischen
Beamten und Waise und Witwe, sondern Waise und Witwe haben
eine Rechtssache mit anderen. Nur indirekt werden diese genannt,
indem die Beamten als "Genossen von Dieben" bezeichnet werden.
Damit werden sie offenbar von den "Dieben" selbst unterschieden.
Sie machen zwar gemeinsame Sache mit ihnen, aber sie sind nicht
mit ihnen identisch. Wer diese "Diebe" sind, mit denen die Beamten gemeinsame Sache machen, wird nicht gesagt. Jedenfalls wird
es sich nicht um kleine Taschendiebe handeln. Denn daß solche kleinen Ganoven Bestechung zahlen können, daß die Beamten sich
gerade mit ihnen einlassen würden, und daß Jesaja ausgerechnet
wegen ihnen auf den Plan treten würde, ist mehr als fraglich. Eher
ist damit zu rechnen, daß es sich um Reiche handelt, die mit Hilfe
von Geschenken an Beamte die Rechtssache von Waisen und Witwen zu ihren Gunsten beeinflussen wollen[19].
   3.) Gestützt wird diese Auffassung schließlich durch die Bemerkung, daß die Beamten Bestechung lieben und Geschenken nach-
jagen. Es muß also andere geben, die Bestechung und Geschenke
anbieten. Das können dann nur die "Diebe" sein, die eventuell
ihrem Vorhaben entgegenstehende rechtliche Schranken durch
Bestechung der zuständigen Beamten beseitigen. Thema von Jes
1,21-26 ist also nicht das, was Alt als "radikalen Umsturz der alten
Gesellschafts- und Wirtschaftsordnung" bezeichnet, sondern das
Fehlen von mišpāṭ und ṣædæq. Ihre Funktion bestünde darin, die
personae miserae der Gesellschaft zu schützen, u.zw. durch unbe-

---

[19] Sehr klar beschreibt diesen Sachverhalt Sicre (1979) 120: "Las autoridades
... se encuentran ante dos grupos sociales. Por una parte, los ricos, que han
amasado su fortuna robando (gnbym); por otra, los pobres e indefensos, huérfanos
y viudas. ... las autoridades se asocien con los ladrones (ḥbry gnbym)."—Vgl. ders.
(1984) 207

stechliche Rechtsprechung. Anders als in 1,10-17 werden hier ausschließlich die *śārîm* dafür verantwortlich gemacht. Doch diese kommen ihrer Verantwortung nicht nach, sondern machen sich zu
Komplizen der Reichen und Starken in der Gesellschaft.

1.1.3 Jes 3,12-15

Auch in Jes 3,12-15 erscheinen wieder die in 1,21-26 angegriffenen
Beamten, aber diesmal nicht allein, sondern zusammen mit den Ältesten. Und auf Seiten der Opfer werden nicht Waise und Witwe,
sondern "das Volk" bzw. die "Elenden" (*ᶜanijjîm*) genannt. Es
wird sich zeigen, daß schon dies ein Indiz dafür ist, daß Jesaja hier
auf andere Vorgänge abzielt als in 1,21-26.

Allerdings ist die Einheit von Jes 3,12-15 nicht unumstritten[20].
Trennt man aber V.12 als "ein gegenüber dem Kontext selbstän-
diges Fragment aus einem größeren Kontext"[21] ab, erhebt sich die
Frage, wo es herkommen soll. Nun sind die Verse jetzt unbestritten
aufs engste durch das Stichwort "Volk" miteinander verbunden,
das dreimal mit dem Suffix "mein" und dreimal mit dem Suffix
"sein Volk"[22], jeweils auf JHWH bezogen, in den vier Versen aufgegriffen wird. Liest man sie als Einheit, ergibt sich folgender Aufbau: In V.12 hört der Prophet eine Klage JHWHs über den
Zustand seines Volkes, in V.13.14a schaut der Prophet, wie JHWH
sich zum Gericht aufstellt, in V.14b.15a hört er wieder, wie JHWH
die für diesen Zustand Schuldigen anklagt, und mit der Gottes-
spruchformel wird in V.15b die gesamte Audio-Vision abgeschlossen, so daß man mit Croatto[23] die konzentrische Form
a – b – a' finden kann. a (V.12) und a' (V.14b.15) sprechen von der
Unterdrückung durch die Mächtigen und b (V.13.14a) im Zentrum
von JHWHs Intervention[24].

---

[20] Kaiser (1981) 84 geht von Einheitlichkeit aus, Wildberger (1980) 119 hält sie
für nicht ausgeschlossen, entscheidet sich aber dagegen. Vermeylen (1977) 147-150
nimmt V.12a.14f als ursprünglich jesajanische Einheit.
[21] Wildberger (1980) 119
[22] Zur Textänderung in V.13 vgl. das folgende
[23] Croatto (1989) 44
[24] Porath (1986) 21-25 versteht V.12 als exilische Nachinterpretation und sieht
in den "Machthabern" und "Frauen" von V.12a—so seine Übersetzung auf S.
8—die Babylonier, die das Volk "beherrschen". Dazu muß er allerdings V.12a
und V.12b, die in deutlichem Parallelismus aufgebaut sind, inhaltlich auseinander-
reißen, denn "die diese Führungsfunktionen (sc. von V.12b) ausüben, werden

Zu den Abgrenzungsproblemen kommen Probleme der Text-
überlieferung. M ist kaum haltbar. $m^{e c}\hat{o}lel$ in V.12 stößt sich mit
dem Plural "seine Bedränger", die "Frauen" werden in wichtigen
Versionen anders gelesen[25]. Zudem ist $m^{e c}\hat{o}lel$ in seiner Bedeutung
nicht eindeutig. M versteht es wohl als "Kind" und kommt so auch
auf die "Frauen", eine Deutung, die vom Kontext in 3,4 her beein-
flußt ist. Am wenigsten muß man in M eingreifen, wenn man
$m^{e c}\hat{o}lel$ von ^{c}ll = "etwas Böses antun" ableitet und statt $n\bar{a}\check{s}\hat{i}m$ entsprechend den Versionen $no\check{s}\hat{i}m$ liest[26]. In V.13 ist die Vorstellung
vom Gericht über die Völker schwierig, so daß sich mit den Versionen die Lesung "sein Volk" empfiehlt[27]. Somit ergibt sich folgender Text:

> (12) Mein Volk! seine Bedränger tun ihm Böses
> und 'Gläubiger' herrschen über es.
> Mein Volk! deine Anführer sind Verführer
> und den Weg deines Wandels verwirren sie.
> (13) Aufgestanden zum Rechtsstreit ist JHWH,
> steht da, über 'sein Volk' Recht zu sprechen.
> (14) JHWH kommt zum Gericht
> mit den Ältesten seines Volkes und seinen Beamten.
> Wahrlich, ihr habt den Weinberg abgeweidet,
> der Raub des Elenden ist in euren Häusern.
> (15) Was kommt euch an! Ihr zerschlagt mein Volk,
> und das Gesicht der Elenden zermalmt ihr.
> Ausspruch des Herrn JHWH der Heerscharen.

$ng\acute{s}$ und $n\check{s}h$ in V.12a sind termini technici aus dem Darlehens-
wesen[28]. Jesaja zeichnet also das Bild einer Gesellschaft, in der
Gläubiger ($no\check{s}\hat{i}m$) faktisch die Herrschaft ausüben[29], indem sie ihre
Schuldforderungen eintreiben ($ng\acute{s}$). Ihr Opfer sind in prophetischer
Übersteigerung nicht mehr die einzelnen Schuldner, sondern das
Volk insgesamt. Die Anführer von V.12b sind dagegen möglicher-

---

höchstwahrscheinlich nicht mehr mit den Herren Babyloniens identisch sein wie in
V.12a" (S. 43).
   [25] Vgl. BHS z.St.
   [26] Zum Text von V.12 und seinen Schwierigkeiten vgl. Vermeylen (1977) 147;
Wildberger (1980) 129; Kaiser (1981) 83; Porath (1986) 16f
   [27] Vgl. BHS z.St.
   [28] Vgl. Dt 15,2f, wo beide Begriffe ebenfalls beisammen stehen, und insgesamt
Kessler (1989b) 181-185
   [29] Daß die Fähigkeit zu verleihen Herrschaft (wie hier: $m\check{s}l$) begründet, unter-
streichen auch Dt 15,6; Prv 22,7.

weise die politisch Verantwortlichen (vgl. Jes 9,15), doch kann
Jesaja auch an die geistigen Führer des Volkes denken (vgl. Mi 3,5;
Jer 23,13.32, wo von Propheten gesagt wird, daß sie das Volk ver-
führen)[30].

In der folgenden Vision vom Rechtsstreit JHWHs nennt Jesaja
dann Älteste und Beamte nebeneinander. Während die *śārîm* hier
wie in 1,21-26 nicht im engeren Sinn Offiziere (vgl. 3,3), sondern
allgemein königliche Beamte bezeichnen dürften, ist die Bedeutung
von *zeqenîm* nicht ohne weiteres klar[31].

zāqen ist im Hebräischen neben der Alters- zugleich Würdebe-
zeichnung[32]. Als solche sind Älteste in der Regel einer Bezugsgröße
zugeordnet. Dies kann eine Stadt sein (Jos 9,11; Ri 8,14.16;
11,5.7-11 u.ö.; vgl. besonders im Deuteronomium "die Ältesten
der Stadt" Dt 19,12; 21,2-4 u.o.). Älteste können auch einem Land
oder Volk zugeordnet sein (Ex 3,16.18; 4,29; 1Sam 30,26; 2Sam
5,3; 19,12; 1Kön 20,7f; 2Kön 23,1 u.ö.). Neben einer territorialen
Größe (Stadt oder Land) können Älteste auch auf eine Institution
bezogen sein (Palast des Pharaos, Gen 50,7; Palast Davids, 2Sam
12,17; Älteste der Priester, 2Kön 19,2 = Jes 37,2; Jer 19,1).

Dieses breite Spektrum macht deutlich, daß der Terminus "Älteste" sehr variabel gebraucht werden kann[33]. Es muß also jeweils
im Zusammenhang geklärt werden, was gemeint ist. Indem aber Älteste in aller Regel einer territorialen oder institutionellen Bezugsgröße zugeordnet werden, ist doch soviel deutlich, daß sie in irgend-
einer Weise als Repräsentativorgan dieser Größe zu verstehen
sind. Die Funktion der Ältesten als Repräsentanten einer Größe
umfaßt dabei immer zwei Seiten. Als Repräsentanten vertreten sie
diese Größe nach außen, sind deren Sprecher (so die Ältesten Israels
vor dem Pharao, Ex 3,16.18; 4,29 u.o. oder vor JHWH, Ex 24,1.9).
Zugleich aber üben sie innerhalb dieser Größe Autorität und

---

30 Daß der Vorwurf nur an die Anführer "proprement religieux" gerichtet sei,
ist nicht so sicher, wie Vermeylen (1977) 148 es darstellt.
31 Aus der Literatur zur Frage der Ältesten vgl. McKenzie (1959a); van der
Ploeg (1961); Bettenzoli (1983a) und (1983b); Buchholz (1988)
32 Im Deutschen wird dies als "Alter" und "Ältester" differenziert, entsprechend auch englisch "old" und "elder" und französisch "vieux" und
"ancien".
33 Man denke in unserem Kulturbereich etwa an die sehr unterschiedliche Stellung von Kirchenältesten (Presbytern), dem Ältestenrat des Bundestages oder
amerikanischen Senatoren.

Leitungsfunktion aus, wie etwa aus der deuteronomischen Ältesten-
gerichtsbarkeit hervorgeht[34].

An der vorliegenden Stelle Jes 3,14 werden Älteste und Beamte
gemeinsam dem "Volk" entgegengesetzt, das nach dem Parallelismus in V.15a praktisch identisch ist mit den "Elenden". Die Vorwürfe gegen sie weisen auf ökonomische Maßnahmen; denn
"Raub" (V.14b, Wurzel *gzl*) ist eine in der prophetischen Sozialkritik immer wieder gebrauchte Metapher, um die Aneignung des
Eigentums Schwacher durch wirtschaftlich Starke—wohl hauptsächlich durch Pfändung—als soziales Unrecht zu denunzieren
(Jer 21,12; 22,3; Ez 22,29; Mi 2,2; vgl. auch Jer 5,27; Hab 2,6f)[35].
Darauf, daß der ökonomische Druck mit außerökonomischer
Gewalt verbunden ist, weisen die Termini "zerschlagen" und "zer-
malmen" in V.15a hin. Von Rechtsbeugung im engeren forensischen Sinn ist dagegen nicht die Rede[36], obwohl sowohl Älteste
(vgl. 1Kön 21,8-13 und die einschlägigen Stellen im deuteronomischen Gesetz) als auch Beamte (vgl. nur Jes 1,21-26) eine Funktion im Rechtswesen haben. Aufgrund dieses Zusammenhanges ist
bei den Ältesten hier am ungezwungensten an die "reichen Landbesitzer"[37] zu denken, die aufgrund ihrer gesellschaftlichen Stellung zugleich als "Älteste" Repräsentativfunktionen wahrnehmen.

Bestätigt wird diese Deutung dadurch, daß den Ältesten und
Beamten der ⁽ānî bzw. die ⁽ᵃnijjîm (V.14b.15a) entgegengesetzt
werden. Denn der ⁽ānî ist zwar arm (vgl. die häufige parallele Verwendung von ⁽ānî und ʾæbjôn; Dt 15,11; 24,14; Jes 32,7 u.o.). Aber
die Tatsache, daß ein ⁽ānî Geld leiht (Ex 22,24), auf Darlehen angewiesen ist (Dt 15,11) und dafür ein Pfand geben kann (Dt
24,10-13), daß er Korndarlehen nimmt (Am 8,4-7) und im "Tor"
auftritt (Prv 22,22), zeigt, daß er immer noch wirtschaftlich selbständig ist. Indem Jes 3,12-15 Älteste und ⁽ᵃnijjîm gegenüberstellt,

---

[34] Solche Doppelfunktion gehört zum Wesen von Repräsentativorganen, man
vergleiche nur das Presbyterium, das die Gemeinde sowohl vertritt als auch leitet,
als auch alle modernen Parlamente.

[35] Vgl. Porath (1986) 53-55; Kessler (1989b) 188-191

[36] Gegen Wildberger (1980) 133, der hier bestätigt findet, "daß die Ältesten
und Fürsten hier in ihrer Funktion als Hüter des Rechts apostrophiert sind".
Richtig Porath (1986) 57: "... entlarvt Jesaja eine wirtschaftliche Ausbeutung, die
die Existenzgrundlage der verarmten Bevölkerungsschicht (möglicherweise Kleinbauern) ruinierte ... benutzten die Ausbeuter (Ältesten und Oberen) das Kredit-
wesen (Darlehenspraxis, übersteigertes Schuldrecht), um auf diesem Weg an das
Eigentum der Armen zu gelangen."

[37] Wildberger (1980) 122

weist der Text deutlich auf den Gegensatz von Reichen und Armen
hin. Er hat darin sichtbar eine andere Stoßrichtung als 1,21-26, wo
es um die Rechtsbeugung an den personae miserae—Waise und
Witwe—geht.

Nimmt man 3,12 zu Recht mit 3,13-15 zusammen, dann zeigt
sich eine auffallende Parallelität. Den Ältesten in V.14 entsprechen
die Gläubiger, den Beamten die Anführer in V.12. Dies macht
einen guten Sinn, und die Metaphern von V.14f würden sich dann
nach V.12 eindeutig auf ökonomische und politische Vergehen
beziehen.

Zweierlei ist an dem so verstandenen Gesamttext von Jes 3,12-15
zu beachten. 1.) Er stellt dem Volk eine es ausplündernde Oberschicht gegenüber. Aber keineswegs ist dies "eine aus Beamten
zusammengesetzte Oberschicht"[38]. Im Gegenteil! Jesaja nennt
zwei Elemente, aus denen sich die Oberschicht zusammensetzt,
eben die reichen Landbesitzer und die staatlichen Beamten. Und er
nennt sowohl im Parallelismus von V.12a zu V.12b als auch in der
Aufzählung in V.14a die wirtschaftlich Starken, also die Ältesten,
an erster Stelle vor den politisch Mächtigen, den Beamten.

2.) Freilich kommt es Jesaja in 3,12-15 auf die Unterscheidung
weniger an als auf die Gemeinsamkeit dieser Oberschicht: Insgesamt beutet sie das arme Volk aus. Damit wird nun aber vor allem
deutlich, wie sehr sich die mit der repräsentativen Aufgabe der Ältesten gegebene Doppelfunktion von Vertretung und Leitung ein-
seitig auf die Seite der Machtausübung (und ihres Mißbrauchs) verschoben hat. Die Situation des 8. Jahrhunderts unterscheidet sich
darin deutlich von der nach der Staatsgründung. Damals standen
sich der Staat auf der einen und das Volk, gelegentlich ausdrücklich
repräsentiert durch seine Ältesten, auf der andern Seite gegenüber.
Nach 2Sam 2,4 salben "die Männer Judas" David zum König, so
wie dann später—nach Verhandlungen Abners mit den "Ältesten
Israels" (3,17f)—"alle Ältesten Israels" einen Vertrag mit David
schließen (5,3; vgl. ferner 1Sam 30,26; 2Sam 19,12f). Auch bei den
Verhandlungen mit Rehabeam in Sichem findet sich diese einfache
Gegenüberstellung: auf der einen Seite der König mit seinen ver-

---

[38] Wildberger (1980) 133 im Anschluß an Alt (1968a) und Donner (1979).
Richtig hält Dietrich (1976) 38 fest, "daß Jesaja beide unterscheidet: Des
inkriminierten Vergehens haben sich sowohl die Notabeln in den Landstädten und
Dörfern als auch die Würdenträger bei Hofe ... schuldig gemacht."

schiedenen Beratergremien, auf der anderen Seite das Volk, in der
jetzigen Textfassung mit Jerobeam als Sprecher (1Kön 12,1-16).
Wie anders ist dagegen die Situation im 8. Jahrhundert. Die Ältesten sind nicht mehr primär Repräsentanten des Volkes dem Staat
gegenüber, sondern stehen zusammen mit den *śārîm* gegen das
Volk[39].

1.1.4 Jes 5,1-7

Jesajas Weinberglied kann und braucht hier nicht als ganzes ex-
egesiert zu werden. Wir konzentrieren uns für unsere Fragestellung
auf den das Gleichnis auflösenden Schlußvers:

> (7) Denn der Weinberg JHWHs der Heere ist das Haus Israel
> und die Männer Judas sind die Pflanzung seiner Lust.
> Er hoffte auf Recht, aber siehe: Blutvergießen,
> auf Gerechtigkeit, aber siehe: Hilfegeschrei!

Kaiser erklärt dazu, hier präge ''der Prediger dem Hörer und Leser
ein, daß das judäische Volk die Erwartungen seines Gottes nicht
erfüllt hat''[40]. Indem Jesaja selbst den Weinberg mit dem ''Haus
Israel'' und den ''Männern Judas'' gleichsetzt, hat solche Auslegung durchaus ihren Anhalt im Text. Und doch ist die pauschale
Rede von ''dem judäischen Volk'' nur die halbe Wahrheit. Am
deutlichsten wird dies greifbar im letzten Wort des Verses. Denn die
ṣᵉʿāqâ ''ist das Wehgeschrei des politisch und sozial Verge-
waltigten''[41] (vgl. Ex 22,22.26; Dt 22,24 u.o.). ''So ergibt sich'',
wie Schottroff seine Auslegung des Weinberglieds abschließt, ''eine
beachtliche Identifizierung Jahwes mit der Sache der Schwachen
und darum leicht um ihr Recht zu Bringenden''. Es geht um die
Einsicht, das ''Recht des Schwachen . . . als das Kernproblem'' zu
begreifen, ''an dem sich Sein oder Nichtsein einer Gemeinschaft
entscheidet''[42].

---

[39] Vgl. dazu McKenzie (1959a) 539: ''. . . Isaiah's identification of elders and
sarim as oppressors of the people . . . indicates that a great gap must have opened
between elders and the people as a whole which would have been inconceivable at
a time when the elders were the representatives of the whole people.''—
Rüterswörden (1985) 141: ''. . . trifft Jesajas Anklage die Vertreter der alten Sip-
penordnung und die der Staatsverwaltung gleichermaßen, die vom sozialen Blickwinkel aus gesehen zu der selben Schicht gehören.''
[40] Kaiser (1981) 99
[41] Wildberger (1980) 173
[42] Schottroff (1970) 90

Das Weinberglied bleibt also ganz auf der Linie von Jes
1,10-17.21-26; 3,12-15. Es sind die ''Führer Sodoms'' und das
''Volk Gomorrhas'' (1,10), die den *mišpāṭ* nicht suchen (V.17). Es
sind die Beamten Jerusalems (1,23.26), die den *mišpāṭ* und *ṣædæq*
der Stadt (V.21) pervertieren. Es sind die Ältesten und Beamten,
die den Weinberg abweiden (3,14) und damit die *ṣᵉ⁽āqâ* der Elenden
(3,14f) hervorrufen. Die im ''Haus Israel'' und bei den ''Männern
Judas'' vermißten *mišpāṭ* und *ṣᵉdāqâ* sind auch im Weinberglied
''nicht eine iustitia distributiva, sondern eine iustitia adiutrix
miseri''[43]. Zugespitzt könnte man formulieren: Das Weinberglied
spricht von der Verderbnis ''des judäischen Volkes'', indem es von
seiner Unterdrückung spricht. Die in Kap. 5 und 10 folgenden
Weheworte werden dies weiter differenzieren.

1.1.5 Jes 5,8-10

Jes 5,8 ist—zusammen mit Mi 2,1f—locus classicus, wenn die Frage
nach dem Charakter der sozialen Krise im Juda des 8. Jahrhunderts
gestellt wird. Zu Recht:

> Wehe! die Haus an Haus reihen, Feld an Feld fügen,
> bis kein Platz[44] mehr ist und ihr allein ansässig seid inmitten
> des Landes.

Offenkundig bildet sich eine Klasse von Großgrundbesitzern heraus, die unersättlich Häuser und Felder ihrem Besitz hinzufügen,
indem sie deren frühere Besitzer enteignen und damit, da das Recht
des freien Mannes an seinen Grundbesitz gebunden ist, ent-
rechten[45]. Dieser Prozeß, so Jesaja, wird sein Ende erst finden,
wenn nur noch diese Großgrundbesitzer als Vollbürger im Land
übrig sind. Der Text läßt erkennen, daß diese Entwicklung zur Zeit
Jesajas noch nicht zum Abschluß gekommen, sondern in vollem
Gange befindlich ist.

Jesaja sagt nicht, mit welchen Mitteln die Großgrundbesitzer die
Enteignung der kleinen Bauern betreiben. *ngᶜ* hifil, mit dessen Partizip sie charakterisiert werden, kann zwar vereinzelt im Zusam-

---

[43] Wildberger (1980) 48

[44] Premnath (1988) 55 versteht *māqôm* hier sogar als terminus technicus für kleinen Landbesitz und übersetzt: ''until there is no small landholding'' (S. 49).

[45] Den semantischen Bezug der Wurzel *jšb* (V.8b.9b) zum Besitz von Land
stellt zuletzt wieder Premnath (1988) 55f heraus.

menhang mit steigender Flut (Jes 8,8; Ps 32,6) oder einem Sturz zu
Boden (Jes 25,12; 26,5; Ez 13,14; Thr 2,2) ein gewalttätiges
Geschehen bezeichnen, hat aber an den übrigen 30 Belegstellen
(Gen 28,12; Ex 12,22; Lev 5,7 u.o.) die neutrale Bedeutung von
"berühren lassen, an etwas reichen" oder nur "eintreffen, erreichen". Trotz der meist eindeutig eine Gewalttat meinenden Bedeutung des Nomens *næga* (Gen 12,17; Ex 11,1; Dt 17,8; 21,5
u.o.) muß also beim "Aneinanderreihen" von Häusern nicht an die
Anwendung von Gewalt gedacht sein, was vor allem auch durch das
im Parallelismus bei den Feldern stehende ganz neutrale *qrb* hifil
gestützt wird. Auch von Rechtsbeugung ist in dem Wort gegen die
Großgrundbesitzer nicht die Rede. Sie kommt in den Weherufen an
anderer Stelle zur Sprache (5,23). So wird man am ungezwungensten an den innerökonomischen, nicht eo ipso mit Gewaltanwen-
dung oder Rechtsbeugung verbundenen Vorgang der Überschuldung kleiner Landeigner denken müssen, deren Häuser oder Felder
im Fall der Zahlungsunfähigkeit an die reichen Gläubiger fallen.

Diese reichen Gläubiger tituliert Jesaja nicht. Er charakterisiert
sie nur durch ihr Tun. Auch nicht, daß sie in Jerusalem residieren,
läßt sich dem Text entnehmen[46]. Es wird sich also schlicht um
reiche Bauern handeln, die aufgrund ihrer ökonomischen Stärke
Häuser und Felder überschuldeter Mitbürger an sich reißen[47]. Daß
die ökonomische Grundlage der von Jesaja Angegriffenen tatsächlich ihr Haus- und Grundbesitz ist, wird durch das gegen sie
gerichtete Drohwort (V.9b.10) bestätigt. Die angedrohte Strafe entspricht im Tun-Ergehen-Zusammenhang der begangenen Tat:

(9) ... Fürwahr, viele Häuser werden zur Öde,
große und schöne—ohne Bewohner.
(10) Ja, zehn Joch Rebland werden ein Bath tragen
und ein Chomer Saat wird ein Epha erbringen[48].

---

[46] Wildberger (1980) 184 hält es wegen der Wendung "inmitten des Landes"
für möglich. Vgl. aber die gleiche Phrase in Gen 45,6; 48,16; Ex 8,18 u.ö. ohne
jeglichen Bezug auf Landesmitte oder -hauptstadt.
[47] So schon richtig Daiches (1929) 247: "directed against the landowners".—
Die These von Bardtke (1971), die von Jesaja Angegriffenen seien "zivile Flücht-
linge aus dem Nordreich", genauer "aus der kanaanäischen händlerischen
Bevölkerungsschicht Israels", die "liquides Kapital", u.zw., wie
Bardtke vermutet, "in Form von Edelbarren", um dann Häuser und Felder zu
kaufen, "wo es nur eine Möglichkeit zum Landerwerb gab" (Zitate S. 246), gehört
doch wohl ins Reich der Spekulation. Zur Kritik an Bardtke vgl. auch Premnath
(1988) 58
[48] D.h. ein Zehntel, vgl. BRL², S. 205

Was aber machen die reichen Grundbesitzer mit den von ihnen erworbenen Häusern und Feldern? Es hat sich in der alttestamentlichen Wissenschaft eingebürgert, im Zusammenhang mit Jes 5,8
von "Latifundienwirtschaft" zu sprechen[49]. Doch ist zunächst
schon vom Text her Vorsicht geboten. Er sagt nichts darüber, wie
die großen Grundbesitzer ihren Besitz bewirtschaften. Es ist durchaus denkbar, daß sie keine Großgüter (Latifundien) bilden, die
dann wohl von Sklaven oder Tagelöhnern unter zentraler Regie bewirtschaftet werden müßten, sondern daß sie die ehemaligen Besitzer als von ihnen Abhängige auf ihrem ehemaligen Besitz belassen
und "nur" das Produkt ihrer Arbeit—bis auf den lebensnotwendi-
gen Teil—von ihnen fordern[50]. Für letztere Möglichkeit sprechen
stark von Bobek im Rahmen seiner Beschreibung des "Rentenkapitalismus" angestellte Überlegungen: "Unter sonst gleichen
Bedingungen, nach vollständiger Konzentration aller Betriebsmit-
tel in der Hand eines Kapitalisten, wird eine Anzahl von freien, am
Rande des Existenzminimums stehenden Bauernfamilien unter allen Umständen mehr aus dem Boden herausholen als die gleiche
Zahl von freien Lohnarbeitern oder gar Sklaven"[51]. Hinzu
kommt, daß archäologisch noch kein Fund gemacht wurde, der als
Latifundium gedeutet werden könnte, was zwar nur ein argumen-
tum e silentio ist, beim Stand der Palästinaarchäologie aber durchaus kein schwaches.

1.1.6 Jes 5,11-24

Der zweite Weheruf in V.11-17 ist mehrfach überarbeitet, was hier
aber nicht zu untersuchen ist[52]. Er klagt in V.11f Leute an, die sich

---

[49] Vgl. Duhm (1968) 56; Dietrich (1976) 15 ("kapitalkräftige Latifundienbesit-
zer"); Premnath (1988)
[50] Porath (1986) 122 sieht Jes 5,8 in sachlichem Zusammenhang mit 3,14f:
". . . brachten die Mächtigen in Sippe und Staat viele kleine Landwirtschaften in
ihre Abhängigkeit, um sich regelmäßige Anteile an der Produktion der verschulde-
ten Kleinbauern zu sichern (vgl. 3,14b) . . . Die verschuldete Landbevölkerung
wird weiter ihre frühere Scholle bewirtschaftet haben, nur daß sie jetzt den
Löwenanteil ihrer Ernten an den Schuldherrn abzuführen hatte . . ."—Vgl. auch
Finley (1977) 189: "Von den Schuldknechten forderte man Arbeit . . ., und es ist
nicht ausgeschlossen, daß viele von ihnen Arbeit und Erträge auf Gütern er-
brachten, die ihnen selbst gehörten."
[51] Bobek (1969) 469
[52] Vgl. die Diskussion bei Wildberger (1980) 180f und Kaiser (1981) 103

bei Gelagen an Wein und Musik guttun. Diese Kritik weist auf
einen Grundzug aller vorkapitalistischen Ökonomie hin: Reichtum
wird angestrebt, um immer üppiger konsumieren zu können, nicht,
um durch Reinvestition die Produktion auszuweiten[53]. Ansonsten
erfahren wir nichts Näheres über die gesellschaftlichen Vorgänge[54].

Mit V.18 beginnt eine Reihe mit Wehe eingeleiteter Sätze. Ob
diese ursprünglich selbständig waren[55] oder analog Am 6,1-7 als
Reihe konzipiert sind[56], braucht hier nicht geklärt zu werden.
Zunächst wird das Wehe gegen die Spötter über JHWHs Pläne aus-
gerufen, dann gegen solche, die böse gut und gut böse nennen, was
mit den Metaphern von Finsternis-Licht und bitter-süß variiert
wird (V.20).

In V.21 und 22 werden dann, abweichend von der sonst gewählten Partizipialform, die Angegriffenen mit Substantiven genannt.
Es sind die "Weisen in ihren eigenen Augen" (V.21) und die
"Helden—im Weintrinken" (V.22). Es ist möglich, daß Jesaja bei
den Weisen an Politiker und bei den Helden an Militärs denkt[57].
Aber die Forderung, weise zu sein, ist nicht auf Beamte beschränkt[58] (vgl. Prv 26,12). Und "vermögende Männer" (V.22)
sind alle freien und damit auch wehrfähigen Männer, auch wenn
das Wort "Helden" gerade diesen letzteren Aspekt besonders
hervorhebt[59]. Durch die Ironie des Verses aber ("Helden—im
Weintrinken, vermögende Männer—im Mischen von Rausch-

---

[53] Darauf weist zu Recht Rüterswörden (1985) 134 hin; vgl. auch die lebendige
Schilderung bei Lang (1983) 60-62. Dietrich (1976) 15 verkennt das Wesen dieser
Ökonomie völlig, wenn er im Anschluß an Jes 5,8, "bewußt moderne Begriffe"
gebrauchend, schreibt: "... die Reichen ... erhöhen ... den Umfang ihres
Produktivvermögens wie die Zahl ihrer Arbeitskräfte, erwirtschaften damit einen
hohen Kapitalüberschuß, investieren aufgrund der verbesserten Liquidität noch
mehr Geld in Hypotheken, die wieder neuen landwirtschaftlichen Familienbetrie-
ben den Garaus machen usw."
[54] Das gleiche gilt für Jesajas Wort gegen die "hoffärtigen Töchter Zions"
(3,16-24), das hier nicht eigens behandelt wird, weil der Prophet nicht "reflektiert
..., auf wessen Kosten dieser luxuriöse Aufwand gegangen ist" (Porath, 1986,
57).
[55] So die herkömmliche Auffassung, vgl. Wildberger (1980) 180 und Kaiser
(1981) 100-102
[56] So die Auffassung von Hardmeier (1978) 250-253
[57] Vgl. Dietrich (1976) 202, Anm 20; Wildberger (1980) 194f; Porath (1986)
149-151
[58] Lindblom (1955) 194: Jesaja "does not think here of 'the wise' as a special
group in the nation."
[59] Vgl. auch die *gibbôrê haḥajil* von 2Kön 15,20

trank'') wird diese Engführung des Blickes sofort wieder relativiert. Wer von Partyhelden spricht, übt keine Kritik am Militär[60]. In V.23 schließlich werden die angesprochen,

die dem Schuldigen Recht geben für Bestechung,
aber 'dem'[61] Schuldlosen sein Recht beseitigen.

Dies ist "juristische Begrifflichkeit"[62]. Es sind also forensische Vorgänge angesprochen. Liest man V.18-24 als Zusammenhang, dann ist hier, in der Pervertierung des Rechts in der aktuellen Rechtsprechung, der Kulminationspunkt all der vorher kritisierten Verhaltensweisen erreicht, auf den nur noch die Strafansage folgen kann. Denn hier fordert das spottende, die Werte verkehrende, selbstherrliche und auf üppigen Konsum ausgerichtete Verhalten soziale Opfer: Dem *ṣaddîq* wird seine *ṣ*ᵉ*dāqâ* "beseitigt". Die konkrete Rechtsprechung, die die soziale Ordnung (*mišpāṭ* und *ṣ*ᵉ*dāqâ* von V.7) aufrichten, bewahren und schützen müßte, wird mittels Bestechung außer Kraft gesetzt. Die Frage allerdings, wer die Bestochenen sind, ob beamtete Richter, woran nach Jes 1,23 zu denken wäre, oder die freien Männer, die die Rechtsgemeinde bilden, bewegt den Text nicht[63]. Es kommt nicht darauf an, wer das Recht beugt, sondern daß es gebeugt wird.

1.1.7 Jes 10,1-3

In Jes 10,1-3 folgt nach 5,8-24 ein weiteres mit Wehe eingeleitetes Wort. Es wird wohl vor der Neukomposition der Kap. 5-10—Rahmung der "Denkschrift" 6,1—9,6 durch das Kehrversgedicht 5,25-30 und 9,7-20—zu den Weheworten von Kap. 5 gehört

---

[60] Vgl. auch das Vorgehen von Dietrich (1976) 12, der die Verse ganz aus seiner Untersuchung über "Jesaja und die Innenpolitik" herausnimmt.
[61] Vgl. BHS z.St.
[62] Schmid (1968) 113
[63] Wildberger (1980) 196 meint, wegen der Verwendung der Vokabel *šoḥad* müsse die Stelle auf beamtete Richter bezogen werden. Zwar kann *šoḥad* auch im Zusammenhang mit Beamtenbestechung genannt werden (Jes 1,23; 2Chr 19,7, vgl. auch 1Sam 8,3; Mi 3,11 und Dt 16,19 nach V.18). Aber Stellen wie Ex 23,8; Dt 27,15; Jes 33,15; Ez 22,12; Ps 15,5; 26,10; Hi 15,34; Prv 6,35; 17,23 belegen eindeutig, daß das Problem der Bestechlichkeit nicht auf den Kreis der Beamten beschränkt ist.—Entgegen Wildberger denkt Niehr (1987a) 65 an die Torgerichtbarkeit.—Die ziemliche Willkür der gegenteiligen Entscheidung zeigt wohl hauptsächlich an, daß der angebliche Gegensatz zwischen beamteten Richtern und den Ältesten im Tor so groß nicht ist.

haben[64], ist jetzt aber durch den Kehrvers in 10,4 an 9,7-20 ange-
schlossen[65]. Wie in der Mehrzahl der Weheworte von Kap. 5 werden die Kritisierten durch *hôj* mit Partizip gekennzeichnet:

> (1) Wehe! die Aufzeichnungen des Unheils festsetzen
> und eifrig Mühsal schreiben,
> (2) um die Geringen vom Gericht abzuweisen
> und das Recht der Elenden meines Volkes zu rauben,
> damit Witwen ihre Beute werden
> und sie Waisen ausplündern.

Angesprochen sind Personen, die Schriftsätze verfassen, deren
negative Auswirkungen für die unteren Schichten des Volkes sich
im Bereich des Rechts zeigen. Wer sind diese Leute? Zunächst ist
abgrenzend festzuhalten: Es können nicht Richter in einzelnen Verfahren sein. Denn der Text spricht nicht von Rechtsbeugung in einem Verfahren, sondern von der Verhinderung des Rechtsweges
überhaupt.

So bleiben zwei Möglichkeiten für die Deutung. Üblicherweise
denkt man an "königliche Beamte, die die Gesetzgebung der neuen
politischen und wirtschaftlichen Lage anzupassen suchen", indem
sie "Verordnungen" schreiben[66]. Man könnte dabei an die
"Räte" von Jes 1,26 erinnern, wenn man die Aussage, "die Rechtssache der Witwe kommt nicht vor sie" (V.23), auf die generelle
Verhinderung des Rechtswegs durch Verordnungen bezieht[67].

Allerdings machen die beiden finalen Infinitive von 10,2 diese
Deutung problematisch. Erster Zweck der Schriftstücke ist es, "die
Geringen vom Gericht abzuweisen und das Recht der Elenden
meines Volkes zu rauben". Wie sollen Verordnungen aussehen, die
den Rechtsweg von vornherein verhindern? Denn die Verordnung
ist ja, sie mag moralisch oder sozial gesehen noch so "ungerecht"
sein, selbst formal durchaus ein Rechtsakt. Allenfalls wäre daran zu
denken, daß konkrete Verordnungen der Beamten am *mišpāṭ*, "der
überlieferten Rechtsordnung"[68], gemessen und im übertragenen
Sinn als "ungerecht" beurteilt werden. Zweiter Zweck der Schriftstücke ist es, Witwen zur Beute zu nehmen und Waisen auszu-

---

[64] So Vermeylen (1977) 169; Wildberger (1980) 180-182; Kaiser (1981) 102
[65] Donner (1964) 66-70 hält diese Verbindung für usprünglich.
[66] Wildberger (1980) 198
[67] Siehe o. S. 27
[68] Wildberger (1980) 198

plündern. Deutet man das Wort auf Verordnungen, dann wäre ihr Zweck, daß die sie Verfassenden Witwen und Waisen in ihre Gewalt bekommen. Unmöglich ist auch diese Vorstellung nicht. Aber damit würde die Gefährdung der Witwen und Waisen in diesem Wort darauf reduziert, daß sie in die Gewalt derer geraten, die Verordnungen schreiben, nach Wildberger also der königlichen Beamten.

Nun war zu 1,21-26 zu beobachten, daß in diesem Text die Opponenten der Witwen und Waisen gar nicht die *śārîm* sind, sondern die als "Diebe" apostrophierten Reichen, die sich die Beamten durch Geschenke gefügig machen. Von solchen Geschenken (vgl. auch die Erwähnung der Bestechung in 5,23) ist in 10,1-3 nicht die Rede. Und in 3,12-15 stehen den *ᶜanijjîm* (V.15), deren *mišpāṭ* nach 10,2 durch die Schriftstücke geraubt wird, zwar auch *śārîm*, aber mit diesen auch Älteste gegenüber, und es geht nicht um Rechtsvorgänge—weder um Rechtsbeugung durch Bestechung noch um das Abfassen ungerechter Verordnungen—, sondern um die Ausübung wirtschaftlicher Gewalt.

Aufgrund dieses Zusammenhanges halte ich es für äußerst erwägenswert—auch wenn eine Deutung von 10,1-3 auf Verordnungen schreibende Beamte nicht auszuschließen ist—, mit Porath "an schriftliche Abkommen zwischen den wirtschaftlich Mächtigen und den auf Darlehen angewiesenen Volksgenossen" zu denken[69]. Daß es schriftliche Wirtschaftsurkunden in vorexilischer Zeit gibt, belegen Jer 32,10-14.44. Nach Jer 32,10 ist es der wirtschaftlich Stärkere—also Jeremia, denn sein Verwandter muß offenbar verkaufen—, der den Vertrag schreibt ("und ich schrieb", vgl. *ktb* Jes 10,1), und in Jer 32,11 wird die versiegelte Kaufurkunde als *hammiṣwâ* wᵉ*haḥuqqîm*[70] erläutert, mit der gleichen Wurzel *ḥqq*, die auch Jes 10,1 verwendet.

Versteht man die *ḥiqᵉqîm* von Jes 10,1 als solche Wirtschaftsurkunden, dann würde durch sie den "Geringen" und "Elenden", also wie in 3,12-15 den zwar noch Freien, aber wirtschaftlich Schwachen, der Rechtsweg von vornherein abgeschnitten. Und ebenfalls aufgrund solcher diktierten Privatverträge könnten Witwen und Waisen in Schuldsklaverei gebracht[71] oder ihrer Habe in

---

[69] Porath (1986) 166
[70] Carroll (1986) 618: "containing the terms and conditions"
[71] Mir leuchtet nicht ein, warum man "in der Beute eher die Güter der Witwen

Form von Pfändern beraubt werden; denn *bzz* ist, wie *gzl* in 3,14,
Metapher des Schuldenwesens für Pfandnahme, wie Ps 109,11
belegt[72].

Vergleichen wir aufgrund dieses Deutungsvorschlags noch einmal mit 1,21-26, dann ergibt sich ein in sich stimmiges Bild. In
beiden Texten hat *mišpāṭ*—in 1,21-26 zusammen mit *ṣædæq*
(V.21.26) bzw. konkret dem *rîb*, in 10,2 zusammen mit dem *dîn*—
die positive Funktion, die gesellschaftlich Schwachen vor dem
Zugriff der Starken zu schützen. In beiden Texten wird diese schüt-
zende Funktion außer Kraft gesetzt, in 1,21-26 durch Bestechung
der Beamten, in 10,1-3 durch das Diktat privater Verträge. Und in
beiden Texten sind Opfer dieses Vorgehens Witwen und Waisen,
u.zw. Opfer nicht der Richter oder Beamten, sondern der wirtschaftlich Mächtigen, der "Diebe" von 1,23 bzw. der die Verträge
Diktierenden von 10,1.

Wirft man schließlich von diesem Verständnis her noch einen
Blick auf die Gesamtkomposition der Weheworte in 5,8-24 und
10,1-3, dann ergibt sich, daß es ihnen an Anfang und Ende—wie bei
Eckpfeilern—um den grundlegenden ökonomischen Vorgang geht.
In 5,8-10 wird er nach der sachlichen Seite hin (Häuser und Felder)
und zugespitzt auf die Folgen für die Reichen (die "allein ansässig"
bleiben im Land) entfaltet, in 10,1-3 nach der personalen Seite, d.h.
der der Opfer (Geringe und Elende, Witwen und Waisen). Dabei
geht es nicht um "Rechtsverletzung"[73], eher schon um "injusticias
sociales"[74]. Das Recht im eigentlichen Sinn wird entweder gar
nicht erwähnt (5,8-10), oder es wird—nach 10,1f—von den wirtschaftlich Mächtigen bewußt ausgeschaltet.

1.1.8 Ergebnis

Nach Jesaja ist das ökonomisch-gesellschaftliche Grundproblem
seiner Zeit die Konzentration von Haus- und Grundbesitz in den
Händen Weniger (5,8-10). Auf Kosten der um Haus und Feld
gebrachten Kleinbauern entsteht eine reiche Oberschicht, die ihren

---

und Waisen zu sehen" geneigt sein soll "als sie selbst", wie Porath (1986) 170
meint. "Damit Witwen ihre Beute werden" ist eindeutig, und von Schuldsklaverei
werden auch noch Mi 7,2; Jer 5,26; 34,8-22 sprechen.
[72] Dazu Kessler (1989b) 186
[73] So Kaiser (1981) 102f
[74] Croatto (1989) 52

Wohlstand im Luxus verpraßt (3,16-24; 5,11f.22). Es ist zu vermuten, daß diese Schicht (5,8) mit den "Ältesten und Beamten" von 3,12-15 identisch ist. In 1,23 werden die gleichen Leute indirekt als "Diebe" bezeichnet.

Allgemeine Erwägungen sowie die Metaphorik vom "Raub" (3,14) und Ausplündern (10,2) führen zu der Annahme, daß es die Institution des Schuldenwesens ist, die die armen Bauern um ihren Besitz bringt. Darf man den Text von Jes 3,12 entsprechend verstehen, würde es durch die Erwähnung von "Gläubigern" ausdrücklich bestätigt. Die weitere Metaphorik von 3,14f läßt zusätzlich auf die Anwendung physischer Gewalt schließen. Auch in 10,2 ist die Zweckbestimmung, "damit Witwen ihre Beute werden", unschwer auf die Schuldknechtschaft im Rahmen des Schuldenwesens zu deuten.

Opfer dieser Entwicklung sind zwei unterscheidbare, aber bei Jesaja nahe zusammengesehene Gruppen. In 3,14f spricht Jesaja von den "Elenden". Diese erscheinen in 10,2 erneut, u.zw. zusammen mit den "Geringen". Es sind die wirtschaftlich Schwachen, die aufgrund ihrer Überschuldung in Abhängigkeit von den Reichen sind. In 10,1f werden mit ihnen Witwen und Waisen genannt, die ohne diese auch in 1,17.23 erscheinen. Sie sind die personae miserae, die—wie die "Elenden" und "Geringen"—unter dem Aspekt ihrer Schwäche und Schutzbedürftigkeit gesehen werden.

Nun sind die Mechanismen des Schuldenwesens nach allem, was wir wissen, durchaus legale Vorgänge. Die die ökonomischen Entwicklungen denunzierenden Texte 3,12-15 und 5,8-10 erwähnen denn auch nichts von Rechtsbeugung oder ähnlichem. Und dennoch wird durch die Zusammenstellung von Weinberglied und erstem Wehewort die Besitzkonzentration in den Händen der Reichen (5,8f) zum herausragenden Ausdruck des Fehlens von Recht und Gerechtigkeit (5,7). *mišpāṭ* und *ṣᵉdāqâ* sind hier also kein positives Gesetz, auch nicht ein "israelitisches Bodenrecht" (Alt), die verletzt würden. *mišpāṭ* und *ṣᵉdāqâ* sind vielmehr die gerechte Sozialordnung, "die soziale 'Gerechtigkeit'"[75], die allererst herzustellen wäre (deshalb "hoffte" JHWH auf sie, 5,7, wie entsprechend in 1,17 gefodet wird, *mišpāṭ* zu "suchen") und die, weil sie nicht hergestellt wird, zum—sozial zu verstehenden—"Hilfegeschrei" der Opfer führt.

---

[75] Schmid (1968) 114

Aber natürlich ist die gerechte Sozialordnung nicht vom Rechtswesen im engeren Sinn zu trennen. Im Gegenteil: "Die Rechtsprechung gehört zu den Lebensbereichen, in welchen die Wahrung
der Weltordnung in ausgezeichnetem Maße ihre Konkretion erfahren kann"[76]. In diesem Sinne interpretieren 1,17.23 den $mišp\bar{a}ṭ$
mit dem $r\hat{\imath}b$ der Witwe, und 10,2 parallelisiert ihn mit dem $d\hat{\imath}n$ der
Geringen. Warum aber kann nach Jesaja das Recht seine Funktion,
die Schwachen zu schützen, nicht wahrnehmen? Der Grund ist, daß
die wirtschaftlich Mächtigen auch die Macht über das Recht haben.
Sie wären (als "Volk Gomorrhas") zusammen mit den politischen
Führern (den "Führern Sodoms", 1,10) verantwortlich, das Recht
aufzurichten (1,17). Das tun sie nicht. Stattdessen hebeln sie die
soziale Schutzfunktion des Rechts aus, indem sie die für die
Rechtspflege Verantwortlichen (5,23) und unter ihnen besonders
die Jerusalemer Beamten, die für $mišp\bar{a}ṭ$ und $ṣædæq$ der Stadt zu sorgen hätten, bestechen (1,21-26). Ferner besteht die Möglichkeit—
wenn die Stelle so zu interpretieren ist—, den "$mišp\bar{a}ṭ$ der Elenden
meines Volkes" dadurch zu "rauben", daß aufgrund wirtschaftlicher Überlegenheit Verträge diktiert werden, die den wirtschaftlich Unterlegenen dem Reichen schutzlos ausliefern.
  Die die wirtschaftliche Macht haben, können die ökonomische
Eigengesetzlichkeit der Verschuldung für sich wirken lassen, und
wo ihre Opfer ihren $mišp\bar{a}ṭ$ (10,2) verwirklichen wollen, können sie
dies durch Bestechung und das Diktat von Privatverträgen wirkungslos machen.

---

[76] Schmid (1968) 89

1.2 MICHA

Micha wird von der Überschrift des Buches in die Zeit der Könige Jotham, Ahas und Hiskia datiert (Mi 1,1). Damit befinden wir uns wie bei Jesaja in der Anfangszeit der judäischen Abhängigkeit von Assur, die mit der Tributzahlung Ahas' an Tiglathpileser III. von Assur beginnt (2Kön 16,7-9). Genauer dürfte Micha in den 30er und 20er Jahren des 8. Jahrhunderts gewirkt haben, eventuell auch noch darüber hinaus[1]. Er setzt sich mehrfach mit den gesellschaftlichen wie staatlichen Verhältnissen seiner Zeit auseinander.

1.2.1 Mi 2,1-11

Im Bauernlegen sieht Micha wie Jesaja das große gesellschaftliche Problem seiner Zeit. In einem Weheruf klagt er an:

> (1) Wehe, die Unheil planen
> und Untaten auf ihren Lagern:
> Beim Morgenlicht führen sie es aus,
> denn es steht in ihrer Hände Macht.
> (2) Sie begehren Felder und rauben sie,
> Häuser, und nehmen sie.
> Sie unterdrücken den Mann und sein Haus,
> den Menschen und seinen Erbbesitz.

Vor Augen steht ein Vorgang der Besitzkonzentration und Klassenspaltung. Opfer dieses Prozesses ist der *gæbær*, der *ʾîš*, d.h. der freie Vollbürger, dessen Freiheit und Recht auf seinem Anteil an der *naḥalâ*, dem Erbbesitz, beruhen. Seines Feldes und seines Hauses beraubt, verliert er seinen Status als Vollbürger.

Durch die von Micha gewählte Form des Weherufes—*hôj* mit Partizip—werden die Angeklagten nicht mit Namen genannt, sondern ausschließlich durch ihre Tat selbst charakterisiert. Diese können sie verwirklichen, weil sie die Macht dazu haben. Ob dies politische, administrative oder wirtschaftliche Macht ist, wird nicht ausdrücklich gesagt. Da aber in V.2 ein wirtschaftlicher Vorgang angesprochen ist und die Strafankündigung in V.4 ausschließlich

---

[1] Zur im einzelnen unterschiedlichen Ansetzung vgl. Rudolph (1975) 21f (von vor 728 bis mindestens 701) und Wolff (1982) IX-XII (zwischen 733 und 723)

die Rückgängigmachung dieses wirtschaftlichen Vorgangs androht, liegt es am nächsten, "an die überlegene wirtschaftliche Macht zu denken"[2], von der im übrigen auch zwei der übrigen vier alttestamentlichen Belege für die Verwendung von *ʾel* im Sinne von "Macht" reden (Prv 3,27; Neh 5,5). Dies würde zudem bestätigt, wenn man den Satz von dem "Unheil, aus dem ihr eure Hälse nicht ziehen könnt" (V.3), auf angedrohte Schuldknechtschaft beziehen darf[3]. Tun und Ergehen liegen auf der gleichen Ebene.

Jeder darüber hinausgehende Versuch, diese Leute näher zu kennzeichnen, wird allerdings zur Spekulation. Dies ist der Fall, wenn behauptet wird, sie seien in Jerusalem ansässig[4], oder wenn dem Text entnommen wird, "daß Mitglieder des königlichen Hofes, Beamte, Kommandanten und Söldner als ständige Besatzung nach Grundstücken und günstigen Häusern Ausschau hielten"[5]. Nicht nur steht Derartiges nicht im Text, sondern im Grunde verharmlost es auch das Geschehen. Das Problem liegt tiefer, als daß eine Schicht parasitärer Beamter günstige Grundstücke oder Häuser sucht: Eine relativ egalitäre Gentilordnung zerbricht zur Klassengesellschaft, wobei Micha erkennen läßt, daß er einen fortschreitenden Prozeß und nicht schon einen abgeschlossenen Vorgang vor Augen hat.

Aufgrund welcher Rechtstitel oder mit welchen unrechtmäßigen Methoden die bisher Freien um Feld und Haus gebracht werden, führt Micha nicht aus. Keinesfalls darf aus der Metapher vom "rauben" (vgl. die Wurzel *gzl* in Jes 3,14 und die Belege dort[6]) geschlossen werden, daß unrechtmäßige Mittel im Spiel sind[7]. Nicht die Methode macht das Vorgehen der Bauernleger zum "Rauben",

---

[2] Bardtke (1971) 235 Anm. 4

[3] So Jeremias (1971) 334

[4] So besonders Alt (1968b) 373-375. Er schreibt: "Natürlich ist nicht nur nicht ausgeschlossen, sondern sogar wahrscheinlich, daß sich auch Angehörige wohlhabender Geschlechter aus dem Lande Juda selbst an dieser Zerstörung der alten Ordnung beteiligten. Sie traten damit aber notwendig in die Gesellschaft der Herren von Jerusalem ein, siedelten wohl auch dorthin über und konnten dann kaum mehr als echte Judäer im Sinne des Gegensatzes zwischen Land und Stadt betrachtet werden" (S. 374, Anm. 2). Hier wird vorausgesetzt, was erst noch zu beweisen wäre. Wie Alt auch Weiser (1979) 245. Dagegen Rudolph (1975) 54; Wolff (1982) 48; Deissler (1984) 177; Hillers (1984) 33

[5] Wolff (1982) 44

[6] Siehe o. S. 32

[7] Phillips (1984) 221: "There is . . . no indication that illegal means were used . . ."

sondern die bloße Tatsache, daß die Ordnung des "Ein Mann—ein Feld—ein Haus" zerstört wird. Dies bestätigt die abschließende Unheilsankündigung, besonders da, wo Micha fiktiv ein Klagelied über die Grundbesitzer im zukünftigen Gericht zitiert:

(4) ... Völlig verwüstet sind wir,
der Bodenanteil meines Volkes tauscht.
Wie entzieht man mir den Boden!
Zur Vergeltung verteilt man unser Feld[8]

Zwar läßt die Ankündigung, daß künftig die Felder der großen Grundbesitzer verteilt werden, viele Fragen offen[9]. Aber wie immer sie zu beantworten sind, die Drohung des Felderverteilens läßt erkennen, daß es Micha hier nicht auf unrechte Praktiken ankommt, mit denen der Grundbesitz konzentriert wird, sondern auf diesen Vorgang der Konzentration selbst. Er ist die eigentliche Fehlentwicklung, die rückgängig gemacht werden soll.

Michas Wehe über die, die auf Kosten der freien Männer ihren Grund- und Hausbesitz erweitern, ruft deren Gegenkritik am Propheten hervor.

(6) ... Die Beschimpfungen 'treffen' nicht[10],

halten sie Micha entgegen. Das zeigt, daß sie kein subjektives Unrechtsbewußtsein haben, und mag ein Hinweis darauf sein, daß sie sich bei ihrem Vorgehen auf einwandfreie Rechtstitel berufen. Dafür kommt dann nur das Darlehens- und Pfändungswesen in Frage.

---

[8] Der Vers ist sprachlich nicht eindeutig; vgl. die ausführliche Diskussion bei Rudolph (1975) 52f und Wolff (1982) 39f. Auch wird vorgeschlagen, V.4aß.bα von einem Überarbeiter herzuleiten (so Wolff, 1982, 40). Doch selbst bei weitestgehenden Eingriffen bleibt die Aussage bestehen, daß im künftigen Gericht die Felder verteilt werden.

[9] Wer verteilt? Die Landbevölkerung selbst, wie der anschließende V.5 will, der allerdings möglicherweise eine Nachinterpretation ist (so Wolff, 1982, 40; Deissler, 1984, 175), oder ein ins Land eingefallener Feind? Und an wen wird verteilt? An die landlose Bevölkerung oder an Angehörige der Besatzungsmacht? Zu den verschiedenen Auffassungen vgl. Alt (1968b) 377-381 und Rudolph (1975) 54f

[10] Zum Verständnis von *jsg* vgl. Rudolph (1975) 56f; Wolff (1982) 40.— *K'limmôt* kann sowohl die objektive Schmach (Jer 23,40) als auch die subjektive Beschimpfung bezeichnen (Jes 50,6), was mir hier nach V.6a näherzuliegen scheint.

Durch die Kritik herausgefordert, präzisiert Micha seinen in V.1f erhobenen Vorwurf[11]:

(8) ... 'Die Friedfertigen'
laßt ihr den Mantel ausziehen,
denen, die arglos vorübergehen,
dem Streit abhold.
(9) Die Frauen meines Volkes vertreibt ihr
aus dem Haus ihres Wohlergehens,
ihren Kindern nehmt ihr
meine Ehre für immer:
(10) "Auf! Fort!
denn hier habt ihr keine Ruhe mehr."
Wegen 'einer Kleinigkeit'
'nehmt ihr schmerzhaftes Pfand'[12].

Der Text läßt sicher erkennen, daß in V.8 männliche Personen (ʿobᵉrîm, šûbîm), in V.9 Frauen und deren Kinder genannt sind. Damit wird im einzelnen entfaltet, was in V.2 in dem Ausdruck "der Mann und sein Haus (= seine Familie)" schon angelegt war. Die Männer lassen die Angeklagten "den Mantel ausziehen". Da pšṭ hifil "ausziehen, ausziehen lassen" heißt und eo ipso nichts mit einem gewalttätigen Akt zu tun hat (vgl. Num 20,26.28; in Ez 16,39; 23,26 parallel zu dem neutralen lqḥ), geht der Vorwurf kaum auf Straßenräuberei. Die Schwierigkeit dieser Deutung bestünde vor allem darin, daß sie ein dem Kontext sowohl in V.1f als auch V.9f völlig fremdes Element einführt. Sollen die reichen Grundbesitzer sich zusätzlich als Straßenräuber betätigen oder andere dazu anstiften?[13] Oder tauchen plötzlich andere, vorher und nachher nicht genannte Leute auf?[14] Läßt sich überhaupt das relativ

---

[11] Micha setzt sich also nicht etwa mit falschen Propheten, sondern mit den reichen Großgrundbesitzern selbst auseinander; so Rudolph (1975) 60; Weiser (1979) 249; Wolff (1982) 42-44.50f; Hillers (1984) 36

[12] Die Wiedergabe des Textes im Deutschen setzt einige Konjekturen am hebräischen Text voraus, die kaum vermeidbar sind und hier weitgehend im Anschluß an Wolff (1982) 38-41 (im einzelnen anders Rudolph, 1975, 56-59) erfolgen. Die Aufforderung in V.10a ("Auf! Fort!") wird von Vuilleumier (1971) 33 als Gerichtsandrohung an die Reichen verstanden. Doch droht Micha in 2,6-11 gar kein Gericht an—das war schon in 2,1-5 erfolgt—, sondern disputiert mit seinen Gegnern. Auch wäre die Aufforderung, gleichsam selbst ins Exil zu ziehen, doch schwerlich als Gerichtsankündigung zu verstehen. So bleibt es bei der Auffassung, daß Micha in dem Halbvers seine Gegner zitiert; vgl. Rudolph (1975) 56.61; Weiser (1979) 251; Wolff (1982) 38.41.54

[13] So Rudolph (1975) 58.61

[14] So Wolff (1982) 53: "Vielleicht ist an Überfälle durch plündernde Soldaten gedacht." Wo sollen die plötzlich herkommen?

harmlose Vergehen eines Mantelraubs mit dem ungleich ge-
wichtigeren Vorgang der Enteignung der freien Bauern auf eine
Stufe stellen? So ist beim Ausziehenlassen des Mantels doch wohl
eher an die Pfandnahme für ein Darlehen zu denken (vgl. Ex 22,
24-26; Dt 24,10-13)[15], unbeschadet der Frage, ob auch V.10b entsprechend verstanden werden muß oder nicht. Wie der Kontext in
V.1f und anschließend in V.9f zeigt, steht das Ausziehenlassen des
Mantels hier als pars pro toto des Vorganges der Überschuldung,
der mit dem Verlust von Feld und Haus endet. Davon ist dann nicht
nur der Mann selbst betroffen, sondern auch die Frau, die vom
Haus vertrieben wird[16], und die Kinder, die möglicherweise in
Schuldsklaverei weggegeben werden müssen[17].

All diese Entfaltungen belegen, was zu V.1f und V.6bβ nur zu
vermuten war: Micha greift die großen Grundbesitzer nicht an, weil
sie beim Bauernlegen Unregelmäßigkeiten begingen, sondern weil
sie die ökonomische Eigengesetzlichkeit ihrer Zeit zwar hemmungs-
los, aber möglicherweise im einzelnen durchaus legal ausnutzen.

1.2.2 Mi 3,1-12

In Mi 3,1-12 werden nacheinander die "Häupter Jakobs und
Führer des Hauses Israel" (V.1), die "Propheten" (V.5) und
wieder die "Häupter des Hauses Jakob und Führer des Hauses
Israel" (V.9) angesprochen. Wird im ersten und zweiten Abschnitt
den jeweils Angeredeten Strafe angekündigt (V.4 und V.6f), dann
wird im dritten Abschnitt nach der Anklage der Angeredeten (V.9f)
die Gesamtanklage ab V.1 nochmals zusammengefaßt und um eine
Anklage der Priester erweitert (V.11). Entsprechend richtet sich das
abschließende Gerichtswort nicht mehr nur gegen die zuletzt
angeredete Gruppe der Häupter und Führer, sondern gegen die
ganze Stadt Jerusalem. Wegen dieser engen kompositionellen Ver-

---

[15] So Vuilleumier (1971) 32; Weiser (1979) 251; Hillers (1984) 37; Sicre (1984)
277f.—Ist śalmâ in Mi 2,8 ursprünglich, wäre sogar das gleiche Wort wie in
Bundesbuch und Deuteronomium verwendet.

[16] Zu Recht bezieht Sicre (1984) 276 das Vertreiben der Frauen auf den
gleichen Vorgang, den auch V.2 angreift. Keineswegs ist hier plötzlich von Witwen
die Rede, mit Wolff (1982) 53, gegen Rudolph (1975) 61

[17] Dies ist vielleicht der Sinn der Wendung "ihr nehmt ihnen meine Ehre";
vgl. Donner (1979) 511; Sicre (1984) 276f.—Rudolph (1975) 59 liest haddûr = die
Heimat statt $h^a dārî$, Wolff (1982) 41 hædær = Schlafkammer.

flechtung ist es sinnvoll, trotz der deutlich erkennbaren Unterteilung das Kapitel als ganzes zu behandeln.

Im ersten Abschnitt des Kapitels werden die Häupter und Führer angeklagt:

> (1) ... Hört doch, Häupter Jakobs
> und Führer des Hauses Israel!
> Ist es nicht eure Sache,
> das Recht zu kennen?
> (2) Die das Gute hassen
> und das Böse lieben,
> die ihnen ihr Fell abziehen
> und das Fleisch von ihren Knochen,
> (3) sie fressen das Fleisch meines Volkes
> und die Haut ziehen sie von ihnen ab
> und ihre Knochen zerbrechen sie,
> und sie zerstücken sie wie 'Fleisch'[18] im Topf
> und wie Braten mitten im Kessel.

Bei der Benennung der Angeredeten als Häupter und Führer ist zunächst nur soviel klar, daß Micha sich hier nicht mehr an die "riches en général"—wie in 2,1-11—, sondern an die "classe dirigeante" wendet[19]. Dies wird schon dadurch angedeutet, daß als Bereich ihrer Verantwortung das "Haus Israel" (V.1) und in V.9 zusätzlich noch das "Haus Jakob" angegeben ist, also das Ganze des Volkes oder Staates.

Mehr ist aus der Anrede allerdings auch nicht zu entnehmen. *ro'š* ist so wenig wie *qāṣîn* die Bezeichnung eines Amtes[20]. *qāṣîn*, das schon Jes 1,10 verwendet[21], bezeichnet ähnlich dem deutschen "Führer"[22] eine Funktion, ohne im engeren Sinn ein Titel zu sein. Das gleiche gilt für *ro'š*. Keineswegs etwa sind die "Häupter" dieses Wortes wegen eo ipso "Sippen- und Familienhäupter"[23]. Nach 1Sam 15,17 z.B. bezeichnet Samuel Saul als "Haupt der Stämme Israels", das JHWH zum König gesalbt hat. In Jes 7,8f werden die Könige Rezin und "der Remaljasohn" als *ro'š* ihrer jeweiligen

---

18 Statt *ka^xšær* lies *kiš'er*, vgl. BHS z. St.

19 Vuilleumier (1971) 37.—Hillers (1984) 42: "the ruling classes"

20 Es ist unangemessen und wohl deutscher Beamtentradition geschuldet, wenn zu Mi 3,1.9 nach "Gremien" (Rudolph, 1975, 69) oder "Ämtern" (Wolff, 1982, 67) gefragt wird. Von dieser mißlichen Fragestellung geht implizit auch Rüterswörden (1985) 139 aus.

21 Siehe o. S. 24f und die Belege dort

22 Mit einer bekannten Ausnahme

23 So Weiser (1979) 254; vorsichtiger Rudolph (1975) 69; Deissler (1984) 179

Hauptstadt bezeichnet, und in Hos 2,2 heißt es, daß Juda- und Is-
raelsöhne sich ein gemeinsames "Haupt" einsetzen werden. All
diese "Häupter" sind aber keine "Sippen- und Familienhäupter",
und Bartlett kommt sogar zu dem Schluß: "The title 'head' is clear-
ly used of men chosen and appointed for there ability, and not mere-
ly of men who by accident of birth stand at the head of their family,
clan or tribe"[24].
   Besonders aufschlußreich für Mi 3 ist ein Vergleich mit Ri
11,1-11, der einzigen alttestamentlichen Stelle, die wie Mi 3,1.9
qāṣîn und *roʾš* im Zusammenhang verwendet. Hier machen die "Ältesten von Gilead" (V.5.7-11) bzw. "das Volk" (V.11) Jephtha
zum "Führer" (*qāṣîn*), "damit wir gegen die Ammoniter kämpfen"
(V.6), übertragen ihm also eine aktuelle Funktion. Für den Fall des
Sieges tragen sie ihm zudem an, "Haupt" (*roʾš*) "für alle Bewohner
Gileads" (V.8, vgl. V.9) zu werden, so daß es schließlich heißen
kann, "das Volk machte ihn über sich zum Haupt und Führer"
(V.11). Weder wird der "Hurensohn" Jephtha (V.1) damit zum
"Sippen- oder Familienhaupt"—das sind und bleiben die
"Ältesten"—, noch erhält er bestimmte (Beamten-)Titel, sondern
ihm werden im militärischen und zivilen Bereich Führungsfunktionen übertragen[25].
   Sachlich ist der Verantwortungsbereich der Führer und Häupter
nach Mi 3,1.9 das "Recht". *mišpāṭ* muß in seiner näheren Bedeutung jeweils vom Kontext her definiert werden. Es kann "Recht"
im engeren juristischen Sinn meinen—so wird es in Jes 1,21-26
interpretiert—, ist aber darauf nicht eingeschränkt. Die Erläu-
terung von *mišpāṭ* durch das Gegensatzpaar "gut und böse" in V.2
weist eher darauf hin, daß hier keine eng juristische Bedeutung
vorliegt, denn gut und böse sind keine juristischen, sondern ethische
Kategorien. Auch die anschließenden Metaphern vom Zerfleischen
der Opfer passen schlecht auf Fälle von Rechtsbeugung, sondern
lassen eher an in der Folge für Leib und Leben der Betroffenen bar-

---

[24] Bartlett (1969) 9f
[25] Auch im Deutschen kann z.B. der Mann, der den Titel "Bundespräsident"
trägt, in anderem Kontext genauso gut als "Staatsoberhaupt", "erster Mann im
Staat" o.ä. bezeichnet werden, ohne daß etwa "Staatsoberhaupt" dadurch zum
Titel oder zur Amtsbezeichnung würde (die den Bundespräsidenten betreffenden
Artikel 54-61 des Grundgesetzes der Bundesrepublik Deutschland verwenden das
Wort "Staatsoberhaupt" überhaupt nicht).

barischere Maßnahmen denken[26]. Gestützt wird diese Auffassung
durch einen Vergleich mit Ez 34,2f[27], wo die Metaphern vom "Essen" und "Schlachten" auch keine forensische Konnotation erkennen lassen.

Als Micha sich nach der Anklage der Propheten (V.5-8) erneut
den "Häuptern und Führern" zuwendet, wird klar, was die Bilder
von V.2f meinen:

(9) Hört doch dies, Häupter des Hauses Jakob
und Führer des Hauses Israel,
die das Recht verabscheuen
und alles Gerade verdrehen,
(10) die Zion mit Blut 'bauen'[28]
und Jerusalem mit Ungerechtigkeit!

Das "Nicht-Kennen des Rechts" (V.1) bzw. seine "Verabscheuung" bestehen konkret also in Baumaßnahmen, mit denen
Zion bzw. Jerusalem gebaut wird und die Blutopfer fordern. Dies
können nur staatliche Baumaßnahmen sein[29]: 1.) Sie werden veranlaßt von den "Häuptern" und "Führern", die im Bereich der
staatlichen Öffentlichkeit Verantwortung tragen. 2.) Die absolute
Ausdrucksweise, "Zion" bzw. "Jerusalem" "bauen", paßt nicht
zu einzelnen privaten Bauvorhaben. Vor allem die Bezeichnung der
Stadt als "Zion" bringt eine religiöse Komponente hinein, die bei
privaten Bauten kaum vorstellbar ist[30]. 3.) Es ist auch kein Rechtstitel bekannt, mit dem private Bauträger andere zwingen könnten,
für sie in solchem Umfang Bautätigkeiten auszuführen, daß es zu
Blutopfern kommt. Der Staat aber hat einen solchen Rechtstitel: die
Fron (vgl. 2Sam 20,24; 1Kön 4,6; 5,27f; 9,15-23; 12; 15,22). 4.)
Von hier aus wird nun auch verständlich, warum Mi 3,3 als Opfer
der "Häupter" und "Führer" "mein Volk" nennt. Dem Staat, der
die Fron fordert, steht "das Volk" als ganzes gegenüber.

Micha kritisiert also, daß die staatliche Führung zum Auf- und
Ausbau Jerusalems Fronarbeit einsetzt[31]. Allerdings wird die Ein-

---

[26] Der Text deutet also nicht auf "ein forensisches *mišpāṭ*-Verständnis" hin,
wie Niehr (1986) 201f, vgl. auch (1987b) 84, meint.
[27] Nach Hillers (1984) 43 "the closest parallel"; vgl. dazu u. S. 111–114
[28] Lies den constructus pluralis statt des absolutus singularis des Partizips; vgl.
BHS z. St.
[29] So Hillers (1984) 48; anders Weiser (1979) 260f
[30] Auf diesen Zusammenhang weist zu Recht Vincent (1986) 170 hin.
[31] So richtig Wolff (1982) 77

richtung der Fronarbeit hier nicht als solche angegriffen, sondern die Kritik richtet sich konkret gegen die Art ihrer Durchführung: ''mit Blut'' und ''mit Ungerechtigkeit''. Wenn man diese Zielrichtung der michanischen Kritik sieht, versteht man auch, warum Micha hier nicht den König, sondern die ''Häupter'' und ''Führer'' angreift. Der König ist höchstwahrscheinlich, wenn es sich um staatliche Bauten handelt, der Verantwortliche für diese Maßnahmen[32]. Aber es ist kaum anzunehmen, daß er persönlich auch die Durchführung der Bauarbeiten leitet. Dies tun königliche Beamte. Und weil es Micha in seiner Kritik gerade um die Art der Durchführung der Bauarbeiten geht, muß er folgerichtig auch die persönlich dafür Verantwortlichen angreifen[33].

Nach den drei Worten gegen die Häupter und Führer (V.1-4.9f) und gegen die Propheten (V.5-8) wird in V.11 die Anklage zusammengefaßt und generalisiert. Dazu werden die Stichworte ''Häupter'' mit der Wurzel $\check{s}p\dot{t}$ (V.1.9) und ''Propheten'' mit der Wurzel qsm (V.6f) aufgenommen und die Anklage um die vorher nicht genannten Priester erweitert, mit den Possessivsuffixen an Häuptern, Priestern und Propheten zugleich aber V.11 an die Erwähnung von Zion bzw. Jerusalem in V.10 zurückgebunden[34]:

(11) Seine Häupter richten um Bestechung
und seine Priester geben Weisung um Lohn
und seine Propheten weissagen um Geld . . .

In dieser generalisierenden Nachinterpretation rücken nun die ''Häupter'' in V.11 unter einen anderen Blickwinkel als in V.1-4.9f. Ihr ''Richten'' ist hier eindeutig forensisch gemeint, wenn ihnen der Vorwurf gemacht wird, sie täten es ''um Bestechung''.

---

[32] Vgl. dazu u. S. 148f

[33] Wenn Micha hier den König nicht angreift, liegt das also nur an dessen Funktion und nicht etwa daran, daß Hiskia besonders fromm gewesen wäre, während sein Hof ihm darin nicht folgte (so Vuilleumier, 1971, 42f), oder daß Micha so ''naiv'' wäre zu glauben, ''that the highest authority . . . is good and kind, however evil the regime'' (so Hillers, 1984, 48).

[34] Allein diese Beschreibung läßt die Vermutung aufkommen, in V.11 liege ein nachinterpretierender Zusatz vor. Bestärkt wird diese Auffassung durch weitere Beobachtungen: a) V.12 schließt als der Tat entsprechende Folge glatt an das Bauen von V.10, dagegen nur mühsam an die Vorhaltungen von V.11 an. b) V.11 trägt eine Zionstheologie ein, die den vorhergehenden rein sozialen Vorwürfen fremd ist. c) Von Bestechlichkeit der Häupter war vorher noch gar nicht die Rede.—Zu den Argumenten insgesamt vgl. Münderlein (1979) 26f und Vincent (1986) 169.

Dieses Richten ist offenbar ihre Amtsfunktion im engeren Sinn, so wie—in dieser kleinen Ständepredigt—Funktion der Priester das Weisunggeben und Funktion der Propheten das Weissagen ist. Der Text kennt also in Jerusalem (beachte das Suffix "ihre Häupter") Funktionäre, deren spezielle Amtstätigkeit "richten" ist. Es ist der gleiche Personenkreis wie die in Jes 1,21-26 erwähnten und in V.26 auch so benannten "Richter", die dort ebenfalls eng auf die Stadt Jerusalem bezogen sind.

1.2.3 Mi 6,9-15

Auch im nächsten hier zu behandelnden Wort finden wir uns wieder in Jerusalem. Aber diesmal sind nicht die Häupter und Führer, die Priester und Propheten der Stadt, wie in 3,1-12, sondern "ihre Reichen" (6,12) angeredet. Damit gerät der gleiche Personenkreis wie in 2,1-11 in den Blick, der diesmal aber eindeutig als in Jerusalem residierend vorausgesetzt ist, wie die Anrede an "die Stadt" (6,9) und die Bezeichnung "ihre Reichen" (V.12) belegen. In JHWH-Rede wird der Vorwurf angeführt:

(10) ... 'Kann ich vergessen'[35] das frevelhafte 'Bat'[36]—
Schätze des Frevels—
und das verfluchte magere Epha?
(11) Kann ich 'reinsprechen'[37] bei frevelhafter Waage
und bei einem Beutel mit betrügerischen Gewichtssteinen?
(12) Wo ihre Reichen voll sind mit Gewalt
und ihre Bewohner Lüge reden ...[38]

Michas Worte werden gewöhnlich auf unrechtes "Gebaren im Geschäftsleben"[39], auf "Betrug im Warenhandel"[40] gedeutet. Vom Kontext der Verse 9-15 her ist dies jedoch unwahrscheinlich. Gerichtet ist das Wort, wie gesagt, an "die Stadt" (V.9), an "ihre Reichen" und "ihre Bewohner" (V.12). Dies könnten notfalls noch Händler sein, obwohl es durchaus fraglich ist, ob in Jerusalem

---

[35] *ha'æššæ* statt *ha'iš*, vgl. BHS z. St.
[36] *bat* statt *bêt*, vgl. Rudolph (1975) 115; Wolff (1982) 160
[37] piel statt qal, vgl. BHS z.St.
[38] Wolff (1982) 164 (vgl. auch Deissler, 1984, 194f) vermutet, daß Mi 6,9-15 dem 6. Jh. angehört, nimmt aber für die hier besonders zu behandelnden Verse die Aufnahme älteren Gutes an.
[39] Rudolph (1975) 119
[40] Wolff (1982) 167; entsprechend Weiser (1979) 284

ansässige Händler als reich bezeichnet und vor allem nahezu mit
"der Stadt" identifiziert werden konnten[41]. Wenn es im anschließenden Gerichtswort dann aber heißt:

(15) Du wirst säen, aber nicht ernten,
du wirst Oliven pressen, aber dich nicht mit Öl salben,
und Most keltern, aber keinen Wein trinken,

dann ist eindeutig an Besitzer von Feldern, Olivenhainen und
Weinbergen gedacht. Es gibt also am Ausgang des 8. Jahrhunderts
eine Klasse von in Jerusalem ansässigen reichen Grundbesitzern,
was aber nicht heißt, daß alle reichen Grundbesitzer in Jerusalem
ansässig sein müßten[42].

Was wirft Micha ihnen vor? Gedacht ist an den Vorgang, daß ein
reicher Gläubiger dem armen Schuldner beim Ausleihen mit kleinem Hohlmaß (bei Getreide oder Öl) bzw. mit leichten Gewichtssteinen (bei Geld) zumißt und dann bei der Eintreibung der Schuld
das korrekte große Maß bzw. den korrekten schweren Stein oder gar
ein vergrößertes Maß oder einen vergrößerten Stein für Schuld plus
Zinsen nimmt und so den Schuldner prellt oder ihm die Rückzah-
lung der Schuld zusätzlich erschwert[43]. Diese Form des Betrugs
beim Leihen auf Zinsen stellt schon der Kodex Hammurapi unter
Strafe:

Wenn ein Kaufmann Getreide oder Geld auf Zinsen gibt und, wenn er
es auf Zinsen gibt, das Geld mit zu kleinem Gewichtsstein bzw. das
Getreide mit zu kleinem Meßgefäß hingibt, bei der Rücknahme das
Geld mit (zu großem) Gewichtsstein bzw. das Getreide (mit zu großem)
Meßgefäß zurücknimmt, so geht (der Kaufmann) all dessen, (was er
gegeben hat) verlustig[44].

Hier geht es eindeutig nicht um "Betrug im Warenhandel"[45], sondern um Betrug bei der Vergabe und dem Eintreiben von Darlehen,

---

[41] Noch bei dem um rund 100 Jahre jüngeren Zephanja werden die neureichen
Händler als Bewohner der Neustadt deutlich von den altreichen Jerusalemern unterschieden (Zeph 1,10f.12f); vgl. dazu u. S. 64–66
[42] Vgl. das o. S. 46 zu Mi 2,1f Ausgeführte
[43] So auch Hillers (1984) 82: "We can perhaps best appreciate Micah's indig-
nation if we think of this cheating as going on, not only in a market situation, for
Israelite villagers would have limited dealings in a market, but more frequently in
the buying of grain in emergencies, or the repayment of loans to creditors or pay-
ment of rent and tithes to landlords."
[44] Zitiert nach TUAT S. 54
[45] So Wolff (1982) 167, der die Stelle zu Mi 6,10 zitiert

seien sie in Naturalien oder in Geld gegeben. Auch daß der Darlehensgeber als Kaufmann (*tamkarum*) bezeichnet wird, steht dem
nicht entgegen, denn "die Bezeichnung 'Kaufmann' bezieht sich
auf jeden Darlehensgeber, der ja mit der Kreditvergabe praktisch
eine 'kaufmännische' Handlung vornahm"[46].

Mi 6,9-15 handelt also nicht von einer "cuestión secundaria"[47],
sondern fügt sich in den Rahmen dessen ein, was schon aus 2,1-11
zu erheben war. Das gesellschaftliche Kernproblem ist die Herausbildung großen Grundbesitzes auf Kosten landlos werdender Kleinbauern. Das Hauptmittel bei der Enteignung der kleinen Landbesitzer ist deren Überschuldung. Ist dieser Vorgang schon in seiner
ökonomischen Eigengesetzlichkeit von höchster Brutalität gekennzeichnet, was Micha in 2,1-11 angreift, dann wird er noch zusätzlich
verschärft, wenn bei der Darlehensvergabe und -rücknahme betrügerisch manipuliert wird, wie aus Mi 6,9-15 hervorgeht[48].

1.2.4 Mi 7,1-7

Der letzte Text des Michabuches, der Auskunft über die gesellschaftlichen und staatlichen Verhältnisse gibt, ist hinsichtlich seiner
Datierung umstritten. Der Schlüssel zur Lösung ist V.4b. V.1-4a
sind einheitlich, V.5f ebenfalls; V.7 trägt zum Thema nichts bei.
Aus dem Zusammenhang der Beschreibung der Zustände in Juda
fällt nur V.4b mit seiner Anrede JHWHs in 2.ps. heraus. Mit "der
Tag deiner Späher—deiner Heimsuchung—ist gekommen" und
betonter noch mit "jetzt ist ihre Verwirrung da" wird bekundet,
daß der Verfasser von V.4b auf das in V.1-4a Geschilderte zurückblickt. "Der Interpret schaut also wie ein Apokalyptiker auf das alte
prophetische Wort zurück und sieht, daß es in seiner Gegenwart
eingetroffen ist"[49].

Von wem aber stammt "das alte prophetische Wort", auf das der
Kommentator von V.4b zurückblickt? Man hat, ohne überzeu-
gende Gründe, für den Verfasser an die Manassezeit gedacht[50].
Andere gehen bis in die nachexilische Zeit[51]. Aber sind die Gründe

---

[46] Klengel (1980) 170
[47] Sicre (1984) 303
[48] Vgl. zu Mi 6,9-15 und dem gleichen Vorgang in Am 8,4-7 Kessler (1989a)
[49] Wolff (1982) 181
[50] Vuilleumier (1971) 80; Weiser (1979) 286
[51] Robinson/Horst (1954) 149: "ziemlich späte nachexilische Zeit"; Wolff
(1982) 177f: "frühnachexilische Zeit"

zwingend, V.1-4a Micha abzusprechen? Wolffs Hauptargument ist
die kleine Ständepredigt in V.3: "Wie anders benennt er (sc.
Micha) die verantwortlichen Amtsträger ...!"[52]. Die mißliche
Voraussetzung dieses Arguments ist, daß die in Kap. 3 angesprochenen "Amtsträger" dort—wie hier in 7,3—mit ihren Titeln
angeredet würden. Das aber ist in Kap. 3 gerade nicht der Fall[53].
Das Hauptargument sticht also nicht.

Entsprechendes gilt für V.5f. Die Nähe dieser Verse zu Jer 9,1-8
ist schon immer gesehen worden. Aber deshalb Abhängigkeit von
Jeremia anzunehmen[54], wäre nur zwingend, wenn beweisbar
wäre, daß Zustände, wie sie Jeremia in seiner Zeit vor Augen hat,
nicht auch schon zu Michas Zeiten möglich wären. Ein solcher Be-
weis wird schwerlich gelingen[55].

Gleichwohl bleibt eine Unsicherheit. Denn wenn auch die
Gründe nicht zwingend sind, den Text Micha abzusprechen, so gibt
es doch auch keine zwingenden Gründe, daß er von Micha sein
müsse. Unter diesem Vorbehalt ist er nun inhaltlich zu prüfen.

Der Verfasser sieht sich in der Rolle eines Landmanns, der weder
Traube noch Feige findet (V.1). Im Klartext heißt das:

(2) Verschwunden ist der Fromme aus dem Land,
kein Redlicher ist mehr unter den Menschen.
Alle lauern sie auf Blut,
einer fängt den andern mit dem Netz.
(3) 'Zur Bosheit sind ihre Hände tüchtig'[56].
Der Beamte fordert,
der Richter: um Entgelt,
und der Große: nach eigenem Begehren entscheidet er.
Und sie verdrehen es.

Nach dem wieder metaphorischen V.4a und dem kommentierenden
V.4b, der dies alles als "Verwirrung" kennzeichnet, geht die
Beschreibung der Verderbnis fort, teilweise mahnende Form an-
nehmend:

(5) Glaubt nicht dem Nächsten!
Vertraut nicht dem Freund!

---

52 Wolff (1982) 177, vgl. auch S. 180
53 Vgl. o. S. 50f
54 So Wolff (1982) 177f; Deissler (1984) 196f
55 So richtig Rudolph (1975) 126; vgl. auch Hillers (1984) 85
56 Im Anschluß an die Versionen, vgl. BHS z.St.

Vor der, die an deinem Busen liegt,
hüte die Pforte deines Mundes!
(6) Denn der Sohn achtet den Vater gering,
die Tochter steht auf gegen die Mutter,
die Schwiegertochter gegen die Schwiegermutter.
Die Feinde des Mannes sind die Bewohner seines Hauses.

Der Text beschreibt den Verfall als total (''sie alle'', V.2). Es geht
primär um das Verhältnis des ''Mannes'' (V.2.6) zu seinem
''Bruder'' (V.2), ''Nächsten'' und ''Freund'' (V.5). Selbst die
natürliche Solidargemeinschaft der Liebenden (V.5b), der Familie
(V.6a) und der Hausgemeinschaft (V.6b) ist von Mißtrauen zer-
setzt. Blutvergießen und das ''Fangen'' von Menschen werden als
Vergehen genannt, womit Gewalttätigkeit bis zum äußersten im
Vorgehen und Menschenversklavung als Ziel gemeint sind; denn
''Fangen mit dem Netz'' ist eine im Zusammenhang mit dem
Schuldenwesen gelegentlich gebrauchte Metapher für die Versklavung von Schuldnern (vgl. Prv 6,1-5; ferner Jes 10,2 ''Beute'';
Jer 5,26 ''Menschen fangen''; Hab 2,7 ''Beute'')[57].
Bewegen wir uns mit dem bisher Genannten im allgemeinen
gesellschaftlichen Bereich, so werden in einer kleinen Ständepredigt
in V.3 Beamter, Richter und Großer gesondert genannt. Gegenüber Jes 1,21-26, wo die śārîm (V.23) in Richter und Räte differenziert werden (V.26), fällt auf, daß Micha den šopeṭ neben dem śar
nennt und dazu noch den gādôl fügt. Die Unterscheidung zwischen
śar und šopeṭ dürfte wohl auf in der allgemeinen Verwaltung tätige
Beamte und speziell in der Rechtspflege wirkende Richter zu deuten
sein. Beiden wird Bestechlichkeit vorgeworfen, wie auch schon Jes
1,23. Anders bei dem ''Großen'': er ''entscheidet nach eigenem
Begehren'', also wohl nicht nach dem Willen von Leuten, die ihn
bestochen haben. Man wird hier wohl an ''höhere Verwaltungsbeamte''[58] zu denken haben.
Die Träger staatlicher Macht haben also am allgemeinen gesellschaftlichen Verfall vollen Anteil. Aber sie werden nicht primär als
solche gekennzeichnet, die diesen Verfall verursachen. Sondern
einerseits profitieren sie von ihm—''fordern'' kann einer nur, wenn
andere geben—, andrerseits haben sie ''nach eigenem Begehren''
direkt an ihm Anteil. Implizit wird damit zum Ausdruck gebracht,

---

[57] Dazu o. S. 41f und u. S. 71f und 92f; insgesamt vgl. Kessler (1989b)
186-188
[58] Wolff (1982) 180

daß sie, wenn sie ihren Amtspflichten als Beamte, Richter und Große nachkämen, dem gesellschaftlichen Verfall Einhalt bieten könnten. Vielleicht weist das schwer verständliche "und sie verdrehen es" am Ende von V.3 auf diesen Sachverhalt hin.

1.2.5 Ergebnis

Kernproblem der gesellschaftlichen Entwicklung ist bei Micha wie bei Jesaja das Bauernlegen (2,1-11). Der freie "Mann" wird um Haus und Feld gebracht und damit seines "Erbbesitzes" beraubt (2,1f). Die Folgen treffen nicht nur den Mann selbst, sondern auch seine Frau und Kinder (2,8-10). 6,9-15 läßt erkennen, daß eine besonders unrühmliche Rolle bei diesen Vorgängen in Jerusalem ansässige reiche Grundbesitzer spielen. Daß 7,2—wenn der Text von Micha stammt—vom "Fangen" von Menschen spricht, steht nicht im Widerspruch zu 2,1-11, sondern rundet nur das Bild ab. Je nach Größe der Schuld verliert ein Bauer Haus und Feld an den Gläubiger und muß sein Dasein als landloser Tagelöhner bestreiten, oder er gerät in Schuldsklaverei und muß für seinen Gläubiger als Schuldsklave arbeiten. 7,1-7 stellt diese Entwicklung als totalen Verfall aller gesellschaftlichen Bindungen dar.

Der zugrundeliegende Vorgang ist der des Schuldenwesens. Micha kritisiert ihn und seine Folgen scharf. Aber er unterstellt in 2,1-11 nicht, daß im einzelnen Rechtsbrüche vorkämen (entsprechendes gilt für das "Menschenfangen" in 7,2). Wie in der Kritik Jesajas (3,12-15; 5,8-10) stellt schon die ökonomische Entwicklung als solche eine schwere Störung der Ordnung dar.

Allerdings scheuen nach 6,9-15 die reichen Jerusalemer auch nicht vor offenem Rechtsbruch zurück. Ihnen ist offenbar der "normale" Überschuldungsvorgang nicht effektiv oder schnell genug, so daß sie zusätzlich betrügerische Manipulationen vornehmen, um ihn zum Ziel zu bringen. Wie die Reichen von Jes 10,1-3 "ungerechte" Verträge diktieren, um "das Recht der Elenden meines Volkes zu rauben", schalten die Reichen von Mi 6,9-15 das Recht ihrer Schuldner auf gerechtes Maß und Gewicht durch Betrug aus.

Solches Recht müßten die "Häupter" (3,11), Beamten, Richter und Großen (7,3) schützen. Aber sie sind bestechlich, wie die Beamten von Jes 1,21-26, und werden damit zu Komplizen der Reichen, statt der gesellschaftlichen Entwicklung entgegenzuwirken.

Freilich wird der *mišpāṭ* nach Micha—und dieser Gedanke findet sich so bei Jesaja nicht—auch noch auf einem anderen Gebiet außer Kraft gesetzt. Darauf führt das Wort gegen die ''Führer'' und ''Häupter'' in 3,1-12. Sie werden nicht des Bauernlegens angeklagt, sondern des Mißbrauchs ihrer staatlichen Machtfunktionen. Konkret geht es um Fronarbeit beim Aufbau Jerusalems, die in einer Weise angewendet wird, daß es bis zu Blutopfern unter den Betroffenen kommt (3,10). Hier ist es also eine genuin staatliche Tätigkeit, die den *mišpāṭ* (3,1.9) außer Kraft setzt.

1.3 ZEPHANJA

Nach dem ersten Vers des Buches wirkt der Prophet Zephanja "in den Tagen Josias''. Da die von Zephanja kritisierten Zustände noch keine Spur der josianischen Reform erkennen lassen und da zudem der König selbst nicht erwähnt wird, dürfte die Wirksamkeit des Propheten in die Frühzeit dieses Königs, als er selbst noch unmündig und die 622 vollzogene Reform noch in weiter Ferne war, also etwa um das Jahr 630 herum, anzusetzen sein[1]. Damit wird von den letzten Worten Jesajas und Michas ein Zeitraum von weit über einem halben Jahrhundert, im wesentlichen die lange Regierungszeit Manasses, übersprungen, aus dem uns kein Zeugnis prophetischer Sozialkritik überliefert ist[2].

1.3.1 Zeph 1,2—2,3

Das Zephanjabuch wird von einer großen Komposition eingeleitet, die um das in 1,7 erstmals erwähnte Stichwort vom Tag JHWHs gruppiert ist. Einzelne Elemente dieser Komposition sind deutlich unterscheidbar und werden auch im Text durch gliedernde Formeln in V.8a.10a.12a.14a kenntlich gemacht. Daraus ergeben sich sechs Elemente: 1,2-7.8f.10f.12f.14-18 und 2,1-3. Da 1,2-7 ausschließlich kultkritische Vorwürfe erhebt, braucht es unter der hier leitenden Fragestellung nicht behandelt zu werden. Auch 2,1-3, das textlich größte Schwierigkeiten bereitet und sachlich—soweit man erkennen kann—hier nichts austrägt, muß übergangen werden.

---

[1] So übereinstimmend Keller (1971) 180f; Elliger (1975) 56f; Rudolph (1975) 255; Watts (1975) 154f; Scharbert (1982) 245f
[2] Nach Jeremias (1970) liegen in Nah 1,11.14 (S. 20-25); 2,2f (S. 25-28); 3,1-5 (S. 28-37); 3,8-11 (S. 38-42) ursprüngliche Gerichtsworte gegen Jerusalem bzw. Juda vor. Bei einer Ansetzung dieser Worte in die späte Manasse- oder frühe Josiazeit (S. 53-55) spräche dann "ein früher Zeitgenosse Zephanjas" (S. 54) zu uns. Für die hier leitende Fragestellung auswertbar wäre dabei freilich nur die Metapher vom Rauben und der Vorwurf der Blutschuld in 3,1 (S. 29-31). Da diese Vorwürfe—Jeremias zufolge—gegen "die Stadt" Jerusalem als Ganze gehen, tragen sie zur Erhellung gesellschaftlicher oder staatlicher Verhältnisse freilich kaum etwas bei, so daß auf diese unsichere Quelle hier ganz verzichtet werden soll. Zur Kritik an Jeremias vgl. Keller (1972) 400-407

1.3.1.1 Zeph 1,8f

Der erste Text sozialkritischer Stoßrichtung ist gegen den Hof in Jerusalem gerichtet:

> (8) Und es wird geschehen am Tag des Schlachtens JHWHs,
> da suche ich heim die Beamten
> und die Königssöhne
> und alle, die sich kleiden
> in ausländischer Tracht,
> (9) da suche ich heim alle, die hüpfen
> über die Schwelle (an jenem Tag),
> die das Haus ihres Herrn füllen
> mit Gewalt und Betrug.

Die mit der Heimsuchung durch JHWH Bedrohten werden auf doppelte Weise bezeichnet. Zunächst stehen zwei Gruppenbezeichnungen, ''Beamte'' und ''Königssöhne''. Nun erwähnen Stellen wie 1Kön 22,26; Jer 36,26; 38,6; 2Chr 18,25; 28,7 Personen, die als ''Königssohn'' bezeichnet werden und zugleich offizielle Funktionen wahrnehmen[3]. Eine Zugehörigkeit dieser Personen zur königlichen Familie im engeren oder weiteren Sinn ist damit freilich nicht ausgeschlossen; aus zwei Gründen ist sie eher wahrscheinlich[4]. 1.) bæn hammælæk als bloßer Titel eines bestimmten Beamten wäre sehr verwirrend, da eben auch der leibliche Sohn des Königs als bæn hammælæk bezeichnet wird (vgl. 2Sam 13,4; 18,20; 2Kön 11,4-12; 15,5). 2.) Bei einer bloßen Dienstbezeichnung ohne jede Beziehung zur Königsfamilie wäre ganz unverständlich, daß es aus jener Zeit nicht nur Siegel mit der Aufschrift ''Sohn des Königs'', sondern auch solche mit der Aufschrift ''Tochter des Königs''[5] gibt. So wird Zephanja hier mit der Nennung von śārîm und bᵉnê hammælæk schlicht die Angehörigen des Hofes bezeichnen, die nach bestallten Beamten und Mitgliedern der königlichen Familie unterschieden werden.

In V.8b geht der Text dann dazu über, die Bedrohten nicht mit Gruppenbezeichnungen zu benennen, sondern durch Tätigkeiten (im Partizipialstil) zu charakterisieren. An erster Stelle ist das Tragen ausländischer Kleidung genannt, was auf assyrischen Einfluß

---

[3] Vgl. Irsigler (1977) 36-38; Seybold (1985) 26f
[4] Avigad (1963) 135; (1978a) 54f und (1979) 117; Irsigler (1977) 37f
[5] Vgl. u. S. 167

aus der zu Ende gegangenen Manasseära hinweist[6]. Da ausländische Kleidung importiert werden muß und deshalb unter damaligen Bedingungen sehr teuer ist, stellt der Text zugleich ein Stück
Luxuskritik dar[7]. Danach werden die Kritisierten als ''Schwellenhüpfer'' charakterisiert[8]. Damit ist ein Brauch angesprochen, der
ursprünglich wohl einen religiös-magischen Sinn hat (man vergleiche die Dagon-Priester in 1Sam 5,5), im hiesigen Kontext mit
dem Tragen fremdländischer Tracht aber wohl schon ''zur bloßen
Modegewohnheit depraviert'' ist[9].

Zwar ist es richtig, daß mit der Nennung des Tragens ausländischer Mode und des Schwellenhüpfens der in V.8a genannte Personenkreis auf den weiteren Kreis der Höflinge ausgeweitet wird[10],
aber zugleich werden mit diesem Verhalten auch die Beamten und
die Königssöhne näher charakterisiert. Insgesamt ergibt sich das
Bild einer Persiflage des Jerusalemer Hofes, der mit Mode und
Etikette beschäftigt ist[11].

V.9b, ebenfalls im Partizipialstil formuliert, führt nach V.8.9a
keine neue Gruppe ein, denn das Partizip erweitert die bisherige
Aufzählung nicht mit der Kopula, sondern steht absolut und bildet
somit eine Apposition zu den bisher Genannten. Sie alle ''füllen das
Haus ihres Herrn mit Gewalt und Betrug''. Damit ist bestätigt, daß
es tatsächlich um den Hof geht, denn nichts anderes kann das
''Haus ihres Herrn'' hier bedeuten[12]. Dieses füllen sie mit ''Gewalt'' und ''Betrug'', das heißt, da hier efficiens und effectum in
eins gesehen werden, mit Dingen, die durch Bedrückung und
Betrug beschafft werden. Die verwendeten Termini *ḥāmās* und
mirmâ sind klassische Topoi prophetischer Sozialkritik[13] (*ḥāmās*: Am
3,10; Mi 6,12; Jer 6,7; Hab 1,2f; Ez 7,11.23; 8,17; 12,19; *mirmâ*:
Am 8,5; Hos 12,8; Mi 6,11; Jer 5,27; 9,5.7). Damit wird zum
erstenmal in der judäischen Prophetie der königliche Hof in die allgemeine Sozialkritik einbezogen. Wichtig aber ist der Zusammen-

---

[6] Vgl. Donner (1970) 43; Seybold (1985) 27
[7] Darauf weist zu Recht Sicre (1979) 135 und (1984) 320f hin.
[8] Vgl. den ausführlichen Nachweis bei Donner (1970), daß *dlg* tatsächlich
''hüpfen'' (S. 45-49) und *miptān* tatsächlich ''Schwelle'' (S. 49-53) heißen.
[9] Donner (1970) 53-55; vgl. auch Irsigler (1977) 48f
[10] Seybold (1985) 27
[11] Seybold (1985) 28f
[12] Vgl. Rudolph (1975) 262; Seybold (1985) 26
[13] Vgl. Irsigler (1977) 38f; Pons (1981) 27-52 (zu *ḥāmās*)

hang, den Zephanja herstellt. ''Gewalt'' und ''Betrug'' sind die Mittel, die der Hof anwendet, um den Palast mit Dingen zu füllen, deren Zweck wiederum die Befriedigung des—in den Augen des Propheten lächerlichen—Bedürfnisses nach Mode und Etikette ist.

1.3.1.2 Zeph 1,10f

Im folgenden Wort wendet sich Zephanja einer neuen Zielgruppe zu:

> (10) ... Lärm des Geschreis vom Fischtor
> und Geheul aus der Neustadt
> und großer Krach von den Hügeln:
> (11) Heult, ihr Bewohner des ''Mörsers''!
> Denn ausgelöscht wird das ganze Kanaanäervolk,
> ausgetilgt alle Geldabwäger.

Damit stoßen wir auf eine Gruppe, die in den bisher behandelten Texten noch nicht begegnete. Es sind die Händler, die mit einem geläufigen Ausdruck als Kanaanäervolk bezeichnet werden (vgl. Jes 23,8; Ez 16,29; 17,4; Hos 12,8; Sach 14,21; Hi 40,30; Prv 31,24)[14], und die Geldabwäger. Diese Händler sind nicht die Agenten des staatlichen Außenhandels (1Kön 10,15.28), sondern die über Land hausierenden (vgl. Prv 31,24) und für die Versorgung der Stadt so wichtigen Kleinhändler. Als die Bevölkerung Jerusalems nach dem Fall Samarias und der Verwüstung der Landstädte durch den Feldzug von 701 (2Kön 18,13; Jes 1,7f und die Annalen Sanheribs[15]) sprunghaft ansteigt und die Erweiterung der Stadt nötig macht[16], steigt naturgemäß auch die Bedeutung der Händler. So ist es kein Zufall, daß ihr Stadtviertel die nach 722 angelegte ''Neustadt''[17] ist. Sie sind Neureiche, denen im folgenden Wort die Altreichen gegenübergestellt werden.

Worin ihr Vergehen besteht, weshalb sie mit Auslöschung und Austilgung bedroht werden, sagt der Prophet nicht. Seine Zeitgenossen werden es gewußt haben, und daß Händler und Geldab-

---

[14] Mit Recht weist Irsigler (1977) 267 darauf hin, daß die Stoßrichtung des Wortes nicht gegen die eventuell noch erinnerte fremdländische Herkunft der Händler, sondern gegen ihre Tätigkeit selbst geht, wie vor allem der Parallelismus mit dem rein sachlichen ''Geldabwäger'' belegt.

[15] TUAT S. 388-391; vgl. auch u. S. 134

[16] Vgl. Broshi (1974)

[17] Zum Terminus vgl. Seybold (1985) 30f

wäger viele Möglichkeiten haben, sich verhaßt zu machen, bedarf ohnehin keiner großen Phantasie[18].

1.3.1.3 Zeph 1,12f

Nach dem königlichen Hof und den Händlern aus der Neustadt wendet Zephanja sich einer dritten Gruppe zu:

(12) Und zu jener Zeit wird es geschehen,
da durchsuche ich Jerusalem mit Lampen
und suche heim die Männer,
die auf ihren Hefen gerinnen,
die in ihrem Herzen sagen:
''JHWH tut nichts Gutes
noch etwas Böses.''
(13) Ihr Vermögen wird zur Beute werden
und ihre Häuser zur Verwüstung,
und sie werden Häuser bauen und nicht bewohnen
und Weinberge pflanzen und ihren Wein nicht trinken.

Aus der *mišnæ*, der Neustadt, geht es hinein nach Jerusalem, also in die Altstadt[19]. Dort wohnen nicht die Händler, sondern Leute mit Vermögen[20], mit Häusern und Weinbergen. Letzteres fällt auf. Denn mögen die Häuser dieser Reichen noch in Jerusalem liegen, von ihren Weinbergen wird man das kaum in toto sagen können. Zephanja rechnet also mit stadtsässigen Weinbergsbesitzern wie schon Mi 6,9-15 mit stadtsässigen Besitzern von Ackerland, Olivenhainen und Weinbergen.

Dieser Besitz bringt ihnen ihr ''Vermögen'', daß, wenn V.17f Fortsetzung von V.12f ist[21], in Silber und Gold besteht[22]. Solches Vermögen bringt zugleich gesellschaftliche und politische Macht[23], aber weder wird dieser Aspekt hier genannt noch wird auf die Art

---

[18] Zu Zeph 1,10f insgesamt vgl. auch noch Kessler (1989a)
[19] Vgl. Seybold (1985) 32
[20] So die Bedeutung von *ḥajil*, vgl. Ez 28,4f, ferner Gen 34,29; Dt 8,17f; Jes 10,14
[21] So Seybold (1985) 33f; anders Irsigler (1977) 421f, der an die Praxis denkt, drohende Eroberung durch Tributzahlung abzuwenden. Dies wäre aber doch wohl Aufgabe des Königs, während sich das plurale Suffix an ''Silber'' und ''Gold'' am ungezwungensten auf die Reichen von V.12f zurückbezieht.
[22] Diese Zusammenstellung findet sich auch Ez 28,4: der *ḥajil* von Tyrus besteht in Gold und Silber.
[23] Vgl. Rose (1981) 195f

eingegangen, wie diese Leute zu ihrem Vermögen gekommen sind, sondern es wird einzig ihr praktischer Atheismus kritisiert.

1.3.2 Zeph 3,1-5

Neben der Sammlung unter dem Stichwort "Tag JHWHs" in 1,2—2,3 ist es das Wort gegen Jerusalem in 3,1-5, das Auskunft über Zephanjas Sicht der gesellschaftlichen Probleme seiner Zeit gibt.

(1) Wehe, die Widerspenstige und Befleckte,
die gewalttätige Stadt!
(2) Sie hat auf keine Stimme gehört,
hat keine Zurechtweisung angenommen,
hat auf JHWH nicht vertraut,
an ihren Gott sich nicht gewendet.
(3) Ihre Beamten in ihrer Mitte:
brüllende Löwen,
ihre Richter: Steppenwölfe,
sie legen nichts zurück bis zum Morgen[24],
(4) ihre Propheten: leichtfertig,
Männer der Treulosigkeit,
ihre Priester entweihen das Heilige,
tun der Weisung Gewalt an.

Besonderes Interesse erweckt die Ständepredigt in V.3f. In ihr werden neben den in 1,8f schon erwähnten Beamten auch Richter genannt, die wie in Jes 1,26 und Mi 3,11 durch das Suffix auf die Stadt Jerusalem bezogen sind[25], ferner Propheten und Priester. Wieder werden, wie in Mi 7,3, śārîm und šop⁽ṭîm getrennt genannt, also wohl in Verwaltungsbeamte und Richter unterschieden.

Wessen werden die Beamten und Richter angeklagt? Die Tiermetaphern sprechen von ihrer unersättlichen Gier[26]. Doch worauf ist diese gerichtet? Um dies zu beantworten, ist die Ständepredigt als Ganze ins Auge zu fassen. Denn während die Beamten und Richter im Bild angegriffen werden, verwendet Zephanja bei den

---

[24] Auf den vieldiskutierten Text von V.3b ist hier nicht näher einzugehen, da der Bildgehalt der "Wölfe" neben den "brüllenden Löwen" von V.3a hinreichend deutlich ist; zur Diskussion vgl. Elliger (1950); Jongeling (1971); Rudolph (1975) 285f; van der Woude (1981) 496

[25] Nach Niehr (1986) 140f liegt in Zeph 3,3 die früheste Erwähnung beamteter Richter überhaupt vor, da er Jes 1,26 und Mi 3,11 Jesaja und Micha abspricht.

[26] Vgl. Seybold (1985) 56f

Propheten und Priestern offene Rede[27]. In ihr beschuldigt er sie
der Verletzung ihrer ganz spezifischen Amtspflichten: Die Propheten verkünden nicht gewissenhaft und treu JHWHs Wort, die
Priester achten nicht das Heilige und bewahren nicht die Tora. Von
daher liegt es nahe, auch bei der Habgier der Beamten und Richter
an deren spezifische Amtspflichten zu denken. Habgier in Verletzung der Amtspflichten von Beamten und Richtern führt dann aber
auf das allfällige Problem der Bestechlichkeit dieser Leute, worauf
ja auch schon Jes 1,23; Mi 3,11 und 7,3 hingewiesen haben.

1.3.3 Ergebnis

Die Sozialkritik Zephanjas bestätigt die bisher gewonnenen Ergeb-
nisse und differenziert in einzelnen Punkten noch das Bild.

1.) Wie Jesaja und Micha greift Zephanja die wirtschaftlich Starken an. Dabei läßt er erkennen, daß neben in Jerusalem ansässigen
vermögenden Grundbesitzern (1,12f) auch eine Schicht neureicher
Händler (1,10f) zum sozialen Problem geworden ist. Da Händler
bei Jesaja und Micha noch nicht kritisiert werden, ist damit zu rechnen, daß sie erst im Jerusalem des 7. Jahrhunderts eine gesellschaftlich relevante Bedeutung erlangt haben.

2.) Indem Zephanja die Beamten und Richter zusammen mit
Propheten und Priestern in einer eigenen "Ständepredigt" kritisiert
(3,3f), stellt er, anders als Jes 1,10-17.21-26, keinen direkten Zusammenhang zu dem Tun der Händler (1,10f) und Grundbesitzer
(1,12f) her. Aber sachlich kann der Zusammenhang kein anderer
sein als bei Jesaja und Micha: Wenn den Beamten und Richtern
faktisch Bestechlichkeit vorgeworfen wird, dann heißt das, daß sie
die Opfer der Händler und Grundbesitzer nicht schützen, sondern
mit den Alt- und Neureichen gemeinsame Sache machen.

3.) Zum erstenmal wird bei Zephanja, nach dem "Königsschweigen" in der Sozialkritik Jesajas und Michas, Kritik am Königshof
laut. Sie wird beherrscht von dem Vorwurf, daß der Hof nach
Luxus strebt und zu diesem Zweck das Volk bedrückt und ausplün-
dert (Zeph 1,8f). Auffällig ist der starke Zeitbezug der Kritik

---

[27] Eben aus diesem Grund will Seybold (1985) 56 allenfalls V.4aα, von ihm als
Anklage der Propheten als "Schaumschläger" aufgefaßt, für Zephanja belassen.
Doch diesem Schluß liegt eine petitio principii zugrunde: Weil Zephanja ein schar-
fer Satiriker ist—was Seybold überzeugend herausarbeitet—, darf alles, was nicht
Satire ist, nicht von Zephanja stammen.

Zephanjas. Denn die Nachäffung fremdländischer Mode und
Etikette ist wohl von der über ein halbes Jahrhundert andauernden
kulturellen Einflußnahme der assyrischen Vormacht her zu verstehen. Dieser Zeitbezug erklärt auch, warum bei Zephanja nicht ein
einzelner König, sondern der Hof als ganzer angegriffen wird: Der
minderjährige Josia ist nicht persönlich für das Gebaren des Hofes
verantwortlich zu machen[28].

---

[28] Die Auffassung von Irsigler (1977) 238f.242, der König werde, weil nicht
genannt, im Gegensatz zu den Hofkreisen von Zephanja positiv eingeschätzt, ist
aus doppeltem Grund unwahrscheinlich. Erstens ist nicht anzunehmen, daß der
König vom Treiben seines Hofes keine Ahnung hat (''der Führer hat von allem
nichts gewußt''), und zweitens ist er so oder so für den Hof verantwortlich. Der
einzige Grund für das Schweigen muß also die Jugend Josias sein; vgl. auch
Seybold (1985) 26, sowie u. S. 161–165

1.4 JEREMIA

Jeremias Berufung erfolgt nach Jer 1,2; 25,1-3 im 13. Jahr Josias, also 627/626[1]. Während der Regierungszeit Josias scheint der Prophet sich aber ausschließlich mit dem Schicksal des ehemaligen Nordreichs befaßt zu haben, wofür v.a. Texte wie 2,4—4,3 und Kap. 30f sprechen. Jedenfalls sind aus dieser Zeit keine sozialkritischen Worte über die inneren Verhältnisse in Juda erhalten. Diese aber finden sich konzentriert in der Sammlung in Jer 4,3—6,30, die wahrscheinlich in die Zeit zwischen dem Regierungsantritt Jojakims 609 und der Abfassung und Verlesung der Urrolle vor eben diesem König 605/4 angesetzt werden muß[2].

Diese kurze Skizze deutet schon eine weitere Besonderheit des Jeremiabuches an: Es ist stärker als andere Prophetenbücher aus kleinen thematischen Sammlungen zusammengesetzt. So findet sich, für unseren Untersuchungsgegenstand von Interesse, neben der Konzentration sozialkritischer Worte in 4,3—6,30 eine eigene Sammlung über die Könige in 21,11—23,8. Aufgrund dieses Sachverhaltes werden in der folgenden Darstellung Jeremias Worte zu den sozialen Widersprüchen im Volk einerseits und die zu den Königen andrerseits jeweils in eigenen Kapiteln zusammengefaßt.

---

[1] Zur Zuverlässigkeit, weil Unerfindlichkeit dieser Angabe vgl. S. Herrmann (1986) 19-22.—Ältere Versuche, Jeremias Tätigkeit erst gegen Ende des Jahrhunderts beginnen zu lassen, werden bei Rowley (1963) und Thiel (1973) 57-61 diskutiert, die beide für das frühe Datum eintreten.—Für unsere Untersuchung ist die Frage insofern zweitrangig, als wohl Jeremias sozialkritische Worte allesamt erst ab Jojakim anzusetzen sind; vgl. dazu das folgende.

[2] In enger Anlehnung an Albertz (1982); ihm schließt sich Schreiner (1985) 8f an. Ähnlich auch schon Rietzschel (1966) 131-136, für den allerdings für die Entstehung von Jer 4,5—6,30 "im günstigsten Fall ein Zeitraum von rund neun Monaten" im Jahr 605/604 übrigbleibt (S. 136, Anm. 20), und Berridge (1970) 76-80 (''the material in 4:5ff. dates from the time following Josiah's death in 609'', S. 76). Die ältere Ansetzung von Jer 2-6 in die Zeit vor der josianischen Reform (vgl. nur Weiser, 1966, XVf), scheitert v.a. an der Notwendigkeit, ein langes Schweigen des Propheten zwischen der josianischen Reform und dem Regierungsantritt Jojakims postulieren zu müssen.

1.4.1 Jeremia und die sozialen Widersprüche im Volk

1.4.1.1 Jer 5,1-6

Es ist ein eindrucksvolles Bild, wie von JHWH dazu aufgerufen wird, in den Gassen und auf den Plätzen Jerusalems zu suchen, ob da einer sei, "der Recht tut, nach Wahrhaftigkeit strebt" (V.1). Aber der Prophet, der diesem Ruf folgt, findet nur Leute, die "falsch schwören".

Angesichts des ersten Mißerfolgs seiner Suche differenziert Jeremia die Zielgruppe. Er unterscheidet die "Geringen": "denn sie kennen nicht den Weg JHWHs, das Recht ihres Gottes" (V.4), und die "Großen": "denn diese kennen den Weg JHWHs, das Recht ihres Gottes" (V.5a). Umso schlimmer ist das Ergebnis, denn auch bei den Großen findet Jeremia nicht, wonach er suchen soll (V.5b).

Die Gegenüberstellung von *dallîm* und *gᵉdolîm* im Text läßt aufmerken. Denn im übrigen Jeremiabuch werden, in ähnlicher Paarbildung, gewöhnlich "Kleine" und "Große" gegenübergestellt (6,13; 8,10; 16,6; 31,34; 42,1.8; 44,12). Die hier genannten *dallîm* sind in der prophetischen Sozialkritik eine fest umrissene Größe, die noch freien, aber wirtschaftlich "Geringen" (vgl. Jes 10,2; Am 2,7; 4,1; 5,11; 8,6). Die "Großen" sind nach Mi 7,3 solche, die "nach eigenem Begehren entscheiden". Sie sollten nach Jer 5,5 "das Recht ihres Gottes" kennen, wie die "Häupter" und "Führer" von Mi 3,1. Das führt bei den "Großen" von Jer 5,1-6 auf Leute, "die im Umfeld der Regierung tätig waren"[3]. Die Tatsache freilich, daß Jeremia diese "Großen" ausschließlich durch die Entgegensetzung zu den *dallîm* und die Erwartung, daß sie "das Recht ihres Gottes" kennen müßten, kennzeichnet, widerrät, diese "Großen" zu eng aufzufassen. Auch Priester, Propheten, Weise, Starke, Reiche oder der König selbst, von denen Jeremia das "Kennen" JHWHs erwartet (2,8; 9,23; 22,16), können zu ihnen gehören.

1.4.1.2 Jer 5,20-29

Sehr viel deutlicher macht das Wort an das "Haus Jakob" und an "Juda" (V.20), worin die in 5,1-6 nur mit dem exemplarischen Falschschwören benannten Vergehen bestehen, so daß Liwaks

---

[3] Liwak (1987) 256

Urteil begründet ist: "Der ganze Zusammenhang läßt sich als
Paraphrase von 5,5 verstehen, denn hier zeigt sich, was es bedeutet,
daß die 'Großen' den 'Weg Jahwes' nicht kennen''[4].
Wie schon in der einleitenden Anrede an das "Haus Jakob" bzw.
"Juda" wird auch im folgenden zunächst das Volk als Ganzes angeredet. In V.21 wird es als "Volk—töricht und ohne Herz (= Ver-
stand)" apostrophiert, V.23 nimmt das Stichwort "Volk" auf:
"dieses Volk da hat ein aufrührerisches und widerspenstiges
Herz". Daß der Aufruhr gegen JHWH gerichtet ist, verdeutlichen
die Verse 22-24. Aber der Inhalt dieses Aufruhrs, der in dem ein-
geschobenen V.25 mit "Frevel" und "Sünde" bezeichnet wird[5],
besteht in sozialen Vergehen, wie V.26-28 in kräftigen Bildern ausführen:

(26) Denn es finden sich in meinem Volk Frevler,
man schaut umher, wie sich Vogelsteller ducken[6],
sie stellen eine Falle auf,
Menschen fangen sie.
(27) Wie ein Korb voll ist mit Vögeln,
so sind ihre Häuser voll mit Betrug.
Deshalb sind sie groß und reich geworden,
(28) sind fett und glatt geworden.
Auch strömen sie über von bösen Taten.
Den Rechtsstreit führen sie nicht,
den Rechtsstreit der Waise, daß sie ihn zum Erfolg führten,
und das Recht der Armen führen sie nicht herbei.

Gegenüber 5,1-6, das die totale Verderbnis der Geringen wie der
Großen konstatiert, führt diese Anklage weiter. Innerhalb des
"Volkes", das auch in den einleitenden Versen 20-24 noch als
geschlossene Größe angeredet wird, wird eine besondere Gruppe
kenntlich gemacht, die aktiv die genannten Verbrechen begeht[7].
Sie wird als rᵉsāᶜîm bezeichnet, ein Terminus, der hier vom Zusam-
menhang her eine eindeutig soziale Bedeutung erhält. Was ihnen im
Bild vom fallenstellenden Vogelfänger vorgeworfen wird, heißt, jen-

---

[4] Liwak (1987) 270
[5] Der Wechsel zur 2. statt der sonst durchgängigen 3. Person läßt V.25 als Einschub erkennen. Vgl. auch Liwak (1987) 268
[6] Die Akzentsetzung der Masoreten verdient gegenüber dem Druckbild der
BHS den Vorzug.—Zum Text von V.26 insgesamt vgl. Emerton (1981)
[7] Liwak (1987) 269: V.26 wendet sich "von dem Volk als Einheit ab". Daß allerdings "aus den Gottlosen im Volk" nochmals "eine bestimmte Gruppe heraus-
gegriffen" würde (Rudolph, 1968, 39), geht zu weit.

seits des Bildes: "Menschen fangen sie". Damit kann nur gemeint sein, daß sie Maßnahmen ergreifen, Menschen in Schuldsklaverei zu bringen, sei es den Schuldner selbst oder seinen Bürgen[8]. Auf letztere Möglichkeit führt die weisheitliche Warnung vor dem Eingehen einer Bürgschaft in Prv 6,1-5, die das Eingehen einer Bürgschaft mit Gefangenschaft (*lkd* in Prv 6,2 und Jer 5,26) und ihre mögliche Folge, die Schuldsklaverei, mit dem Gefangenwerden durch einen Vogelsteller (*jāqûš* in Prv 6,5 und Jer 5,26) vergleicht[9].

Der nächste Vorwurf, daß "ihre Häuser voll mit Betrug sind", fügt sich glatt in den Zusammenhang des Schuldenwesens. Zwar ist *mirmâ* eine Vokabel, die jede Art von Betrug bezeichnen kann (Gen 27,35; 34,13; 2Kön 9,23 u.o.) und die speziell im Zusammenhang mit betrügerischen Reden (Jes 53,9; Jer 9,7; Ps 34,14; Prv 12,17 u.ö.) und mit Bluttaten (Ps 5,7; 38,13; 55,24) verwendet wird. Aber auffällig ist doch eine mehrfach sehr konkrete Verwendung des Wortes im Zusammenhang mit der Fälschung von Waagen und Gewichten (Hos 12,8; Am 8,5; Mi 6,11; Prv 11,1; 20,23). Im Kontext von Am 8,4-7 läuft diese Art von Betrug auf das "Erwerben von Geringen" hinaus, was einen Zusammenhang von betrügerischem Fälschen von Gewichten und Schuldsklaverei voraussetzt[10]. Es ist möglich, daß auch Jeremia an einen solchen Zusammenhang denkt, wenn er das "Fangen von Menschen" und den "Betrug" hier direkt zusammenstellt, auch wenn es wegen des—wie ausgeführt—generellen Charakters der Vokabel *mirmâ* nicht zwingend ist.

V.27b und die ersten beiden Worte von V.28 ziehen, eingeleitet mit "deshalb", eine Zwischenbilanz: "Deshalb sind sie groß und reich geworden, fett sind sie geworden, glatt sind sie geworden." Der Satz ist aus zwei Gründen bedeutsam. Erstens verwendet Jeremia im ersten Teil der Zwischenbilanz—der zweite Teil spricht in den Bildern von "fett- und glattsein"—zwei verschiedene Termini für die von ihm kritisierten *r*šā*cîm*, "groß" und "reich". "Reichtum" weist auf wirtschaftliche Stärke hin, "Größe" dagegen umfaßt eher den Aspekt des Ansehens, das einer genießt. Von

---

[8] So Nicholson (1973) 65: "to enslave Israelite citizens". Etwas undeutlich also Schreiner (1985) 47: "Freiheitsberaubung bis hin zur ständigen Schuldknechtschaft". Ungebührlich wird der Vorwurf gemildert, wenn unterstellt wird, er bestehe nur darin, daß die "Frevler" "ihre Mitmenschen hereinlegen" wollen; so Weiser (1966) 49

[9] Zu beiden Texten vgl. auch Kessler (1989b) 187f

[10] Zu Am 8,4-7 vgl. Kessler (1989a)

daher ist nicht auszuschließen, daß Jeremia hier zwei Gruppen zugleich unterscheiden und aufs engste zusammenfassen will: die wirtschaftlich Reichen und die aufgrund ihrer Stellung im öffentlichen Leben "Großen", an die ja auch in 5,1-6 zu denken ist. Dieses Nebeneinander von "Großen" und "Reichen" erinnert stark an Jesajas Zusammenstellung von "Führern Sodoms" und "Volk Gomorrhas" (1,10) und von "Ältesten und Beamten" (3,12-15).

Zweitens untergliedert V.27b.28aα[1] den Text erkennbar, nicht nur wegen der Einleitung mit "deshalb", sondern auch dadurch, daß die folgende Anschuldigung mit *gam* = "auch" neu eingeleitet wird. Das Groß- und Reichwerden ist also mit den Vorgängen des Menschenfangens und des betrügerischen Erwerbs von Besitz bereits zu seinem Abschluß gekommen. Erst von diesem erworbenen Status her kommen dann auch die in V.28 angesprochenen Vorgänge im Rechtswesen in den Blick. Das bedeutet, daß nicht die Rechtsbeugung die Grundlage des Reichwerdens ist, sondern, wie es V.26f auch aussprechen, ökonomische Maßnahmen in Verbindung mit Betrug.

Groß und reich geworden tragen dann die von Jeremia Kritisierten "auch" (V.28) besondere Verantwortung für das Rechtswesen, die sie aber nicht wahrnehmen. Vielmehr verhindern sie Rechtsverfahren ganz oder lassen sie aufgrund ihrer Machtposition zuungunsten der gesellschaftlich und wirtschaftlich Schwachen negativ ausgehen, wobei Jeremia stellvertretend für die gesellschaftlich schwachen personae miserae die Waise und für die wirtschaftlich Schwachen die Armen nennt. Rechtsbeugung wird nicht als Ursache, sondern als Folge gesellschaftlicher und wirtschaftlicher Macht in den Blick genommen.

1.4.1.3 Jer 6,1-8

Auch das nächste Wort in der Sammlung 4,3—6,30 richtet sich, wie 5,20-29, einerseits gegen die Stadt als ganze und macht doch zugleich deutlich, daß es innerhalb der Stadt nicht nur eine ununterscheidbare Masse von Übeltätern, sondern sehr wohl unterscheidbare Täter und deren Opfer gibt.

Nach der einleitenden Schilderung des Angriffes gegen Jerusalem von Norden her—u.zw. im Auftrag JHWHs—heißt es zur Begründung der Strafmaßnahme:

(6) . . . Sie ist die Stadt—es ist überprüft:
Insgesamt ist Unterdrückung in ihr.
(7) Wie ein Brunnen quellen läßt sein Wasser,
so läßt sie ihre Bosheit quellen.
Gewalt und Bedrückung hört man in ihr,
vor meinem Angesicht sind beständig Wunden und Schläge.

So generell V.6 anklagt—"die Stadt", "insgesamt"—, so sehr
macht spätestens V.7 deutlich, daß Grund der Anklage der in der
Stadt tobende Kampf ist. Denn kann man schon aus V.6 folgern,
daß, wo Unterdrückung ist, auch Unterdrückte sein müssen, so
differenziert V.7 sogleich explizit nach der Seite der Täter und der
Opfer, indem ersteren "Gewalt und Unterdrückung", letzteren
dagegen "Wunden und Schläge" zuzuordnen sind[11]. Wer die
Täter sind, wird nicht ausgeführt, so daß wohl an die Groß- und
Reichgewordenen von 5,20-29 zu denken ist. Die Benennung ihrer
Taten aber führt über jenes Wort hinaus, wo ja als Grund ihres
Groß- und Reichwerdens das Ausspielen wirtschaftlicher Macht in
Verbindung mit Betrug und als Folge ihres Groß- und Reichgewor-
denseins Rechtsbeugung genannt werden. In 6,1-8 dagegen geht es
um die "brachiale Durchsetzung unrechtmäßiger Forderungen"[12],
wie vor allem die Schilderung der Opfer durch "Wunden und
Schläge" deutlich macht. Daß dies keineswegs nur bildlich gemeint
ist, zeigen neben den um das Stichwort "schlagen" gruppierten
Gesetzen in Ex 21,12-27—sie rechnen damit, daß der Geschlagene
sofort tot ist, noch ein paar Tage lebt und dann stirbt oder Zahn
oder Auge verliert—zahlreiche Anspielungen in weisheitlichen Texten (Hi 16,10; 29,17; Prv 17,10; 19,25; 20,30 u.ö.)[13].

1.4.1.4 Jer 6,9-15

Auch das direkt anschließende Wort zeigt wieder die eigentümliche
Dialektik einer Anklage gegen "alle" (betont zweimal in V.13) und
der gleichzeitigen Feststellung eines "Bruches durch das Volk"
(V.14). Das Wort ist in doppelter Parallelstruktur aufgebaut: Dem
Schuldaufweis in V.10 folgt ein Gerichtswort in V.11f, abgeschlos-

---

[11] Vgl. Sicre (1984) 373: "cuando existe opresión, uno es el que oprime y otro
el oprimido; en el robo, uno roba, otro es robado . . ."
[12] Liwak (1987) 280
[13] Zu diesen Stellen vgl. Crüsemann (1987) 423-425

sen mit "Ausspruch JHWHs"; einem zweiten Schuldaufweis in
V.13-15bα folgt dann in V.15bβ ein zweites Gerichtswort, eingeleitet mit "deshalb" und abgeschlossen mit "hat JHWH gesprochen".

Im Gerichtswort des ersten Durchgangs heißt es:

(12) Ihre Häuser werden andern zuteil,
Felder und Frauen zumal.
Ja, ich recke meine Hand aus
gegen die Bewohner des Landes—Ausspruch JHWHs.

Angeredet sind also freie, Haus und Feld besitzende Bürger. Im
Kontext ab 5,1, der deutlich um Jerusalem konzentriert ist, ist
davon auszugehen, daß auch die Feldbesitzer als in der Hauptstadt
wohnend vorgestellt sind. Ob dabei aber ausschließlich an
Jerusalemer gedacht ist, hängt davon ab, ob V.12b mit der Erwähnung der "Bewohner des Landes" ursprünglich zum Text
gehört[14]. Sollte der Halbvers ein Zusatz sein, dann würde er die
Meinung des Kommentators ausdrücken, daß die Feldbesitzer nicht
ausschließlich auf Jerusalem beschränkt sind.

Die Erwähnung der Haus- und Feldbesitzer in V.12 signalisiert
wie ein Vorzeichen, daß auch das betonte "alle" in V.13 in dialek-
tischer Einheit mit der Existenz einer Spaltung im Volk gelesen werden muß.

(13) Ja, vom Kleinsten bis zum Größten—
alle machen sie ihren Schnitt,
vom Propheten bis zum Priester—
alle tun Trug.
(14) Und sie heilen den Bruch durch mein Volk
leichthin, indem sie sagen:
'Heil! Heil!', und es ist kein Heil[15].

Liegt bei der gesellschaftlichen Dimension der Verderbnis alles
Gewicht auf ihrem umfassenden Ausmaß—"vom Kleinsten bis
zum Größten" unterstreicht nur das folgende "alle" (vgl. auch
5,1-6)—, und sagt auch das *bôṣeᵃᶜ bæṣaᶜ* ohne Näherbestimmung
durch den Kontext nichts Neues über die konkrete Art der Verderbnis aus, so bringt die folgende Hinwendung zu den Ideologen der

---

[14] Schreiner (1985) 51 hält V.12b für einen Nachtrag, weil das Land im Kontext sonst nicht erwähnt wird und V.12b im Paralleltext 8,10-12 fehlt.
[15] Der Text ist weitgehend identisch mit Jer 8,10aβ.b.11

Gesellschaft eine bisher nicht erreichte begriffliche Klarheit in der
Beschreibung des Zustands der Gesellschaft. Denn den Propheten
und Priestern wird vorgeworfen, daß sie den "Riß durch mein
Volk" leichthin heilen, indem sie einen šālôm verkündigen, der gar
nicht vorhanden ist.

šæbær meint in seiner Grundbedeutung einen materiellen Riß
oder Bruch (z.B. Lev 21,19; 24,20). Im übertragenen Sinn wird das
Wort überwiegend auf Zerstörung angewendet, die von außen
durch kriegerische Einwirkung hervorgerufen wird, u.zw. sowohl
im Jeremiabuch selbst (4,6.20; 6,1; 8,21; 14,17; 30,12.15; 48,3.5;
50,22; 51,54) als auch sonst im Kanon (Jes 30,26; Ez 32,9; Nah
3,19; Zeph 1,10; Thr 2,11.13; 3,47f; 4,10). Liegt diese Bedeutung
auch hier vor, meint šæbær ʿammî also im Sinne eines genetivus
obiectivus die "Zerstörung, die mein Volk treffen soll"? Doch
macht die Stelle bei dieser Auffassung keinen Sinn. Denn die
Priester und Propheten "heilen" ja nicht einen drohenden, sondern
eindeutig einen bestehenden Bruch. Da der "Bruch" als Zerstörung von außen aber erst angekündigt wird, muß der bereits
bestehende Bruch der Bruch durch das Volk selbst sein (im Sinne
eines genetivus subiectivus also). Und tatsächlich belegen Stellen
wie Am 6,6[16]; Jes 59,7f und 60,18 genau diese Bedeutung von
šæbær als innere Spaltung des Volkes, wobei in Jes 59,7f zudem wie
hier in Jer 6,14 šālôm Gegenbegriff zu šæbær ist.

Damit verwendet Jeremia hier eine rhetorische Figur, die er auch
an anderer Stelle benutzt. Liwak[17] macht zu 6,7, wo von šod =
Gewalttat die Rede ist, darauf aufmerksam, daß Jeremia die Wurzel
šdd in Kap. 2-6 "verwendet, wenn die Zerstörung durch eine
militärische Aktion ins Blickfeld gerät" (4,13.20.30; 5,6; 6,26). Indem die Wurzel in 6,7 aber innere Gewalttat bezeichnet, "wird ein
einprägsamer Begriff für den Zusammenhang von Tun und Ergehen benutzt." Das Gleiche also drückt auch 6,14 aus: Der šæbær im
Inneren des Volkes ist Ursache dafür, daß JHWH den šæbær von
außen über das Volk kommen läßt.

1.4.1.5 Jer 6,27-30

Die Schlußverse der Sammlung Jer 2-6 bestätigen noch einmal die
Dialektik von allgemeiner Verderbnis und Spaltung im Volk und

---

[16] Vgl. dazu Koch (1991) 155, Anm. 36, und besonders H. Reimer (1990) 199
[17] Liwak (1987) 280f

schließen mit dem Urteil, daß "JHWH sie verworfen hat" (V.30b), die Sammlung ab[18]. Jeremia wird zum "Prüfer" "in meinem Volk" bestellt (V.27). Wieder ist das Ergebnis der Prüfung allgemeine Verderbnis, hervorgehoben durch zweimaliges "sie alle" und inhaltlich mit "Aufruhr" und "Verleumdung"[19] bezeichnet (V.28). Der Prüfvorgang wird dann im Bild des Silberscheidens gezeichnet (V.29), und sein Ergebnis ist:

> (29) ... Die Bösen lassen sich nicht ausscheiden.
> (30) Verworfenes Silber nennt man sie,
> denn JHWH hat sie verworfen.

Damit wird klargestellt, in welchem Sinn das in Kap. 5f immer wiederkehrende "alle" zu verstehen ist, nämlich nicht im eigentlichen Sinn—denn was wäre dann mit den Opfern, von denen "Waise" und "Arme" in 5,28 ausdrücklich genannt werden und die natürlich immer mitzudenken sind, wo von Tätern die Rede ist?—, sondern in dem Sinn, daß die Verderbnis so groß ist, daß sich die "Bösen" nicht mehr ausscheiden lassen[20].

1.4.1.6 Jer 9,1-8

Außerhalb der Sammlung in Kap. 2-6 befaßt sich Jeremia vor allem in 9,1-8 mit den gesellschaftlichen Verhältnissen seiner Zeit[21]. Den Wunsch, sein Volk zu verlassen (V.1a), begründet er mit dessen totaler Verderbnis:

> (1) ... Denn sie alle sind Ehebrecher, eine Versammlung von Treulosen,
> (2) und sie spannen ihre Zunge wie ihren Bogen,

---

[18] Liwak (1987) 291: "Schon immer ist in der exegetischen Forschung der resümierende Charakter von V. 27-30 aufgefallen."

[19] Schreiner (1985) 55 denkt im Anschluß an Lev 19,16 an Verleumdung vor Gericht. Ez 22,9 bringt die Verleumdung mit Blutvergießen in Zusammenhang, so daß der Terminus nicht auf den rein forensischen Vorgang beschränkt zu sein braucht.

[20] Carroll (1984) 24f hat also Recht, wenn er die Totalität dieser Worte nicht auf statistischen Befund, sondern auf rhetorische Absicht zurückführt. Er scheint aber nicht zu sehen, daß die Texte mit der Erwähnung der Opfer ihre eigene rhetorische Totalität selbst relativieren.

[21] Liwak (1987) 295 sieht das Verhältnis von 9,1-8 zu Kap. 2-6 so, daß "ein Gedankenkomplex wie 9,1ff. in Kap. 2-6 fallweise verarbeitet wurde". Zu 5,1-6 etwa bemerkt er: "Die Verse wirken wie ein Konzentrat aus dem Zusammenhang 9,1-8" (S. 253).

Lüge und nicht 'Wahrhaftigkeit' 'herrscht' im Land[22],
denn von Bosheit zu Bosheit schreiten sie,
mich aber kennen sie nicht—Ausspruch JHWHs.
(3) Ein jeder hüte sich vor seinem Nächsten,
und keiner traue dem Bruder!
Denn jeder Bruder ist ein Betrüger
und jeder Nächste geht auf Verleumdung aus,
(4) und jeder täuscht seinen Nächsten,
und Wahrheit reden sie nicht.
Sie haben ihre Zungen gelehrt, Lüge zu reden,
sie handeln schlecht, 'mögen nicht umkehren',
(5) 'Gewalttätigkeit über Gewalttätigkeit'[23], Betrug über Betrug.
Sie weigern sich, mich zu kennen—Ausspruch JHWHs ...[24]
(7) Ein tödlicher Pfeil ist ihre Zunge,
Trug redet man in seinem Mund,
Heil redet man zu seinem Nächsten,
aber in seinem Innern errichtet man seinen Hinterhalt.

Der Abschnitt wird beherrscht von den Stichworten ''Nächster''
(viermal in V.3f.7) und ''Bruder'' (zweimal in V.3). Noch deutlicher als in den Worten in Kap. 5f wird damit markiert, daß Jeremia in diesen Texten nicht primär den Gegensatz zwischen den
politisch Herrschenden und den von ihnen Beherrschten vor Augen
hat, sondern das Auseinanderbrechen der Solidargemeinschaft
zwischen den Freien und Gleichen im Volk aufzeigen will. Nicht
daß er jenen anderen Gegensatz nicht kennte; im Hinweis auf die
''Großen'' (5,1-6) und ''Großgewordenen'' (5,27) ist er gewiß mit-
gedacht. Aber die gesellschaftlichen Widersprüche reduzieren sich
für Jeremia nicht auf den Gegensatz zwischen Herrschenden und
Beherrschten, sondern viel häufiger beschäftigt ihn der innerhalb
des Volkes aufbrechende Widerspruch, der šæbær ʿammî (6,14).
Dem entspricht auf der inhaltlichen Ebene, daß die in 9,1-8
kritisierten Vergehen keine Formen institutionalisierter Gewalt darstellen, sondern um das Phänomen der mit dem Mund begangenen
Gewalt kreisen, wie die Stichworte ''Zunge'' (V.2.4.7), ''Lüge''
(V.2.4), ''Wahrhaftigkeit'' (V.2), ''Verleumdung'' (V.3), ''Wahrheit'' (V.4), ''reden'' (viermal in V.4.7) und ''Mund'' (V.7) belegen. Diese Form der Gewalt ist eben zwischen relativ Gleichen die
nächstliegende, und sie ist zugleich, da sie am schwersten faßbar ist,

---

22 Zur Textänderung vgl. BHS z.St.
23 Zur Textänderung in V.4b.5a im Anschluß an G vgl. BHS z.St.
24 In V.6 ist nachträglich ein Gerichtswort eingetragen, vgl. Liwak (1987) 295

die für die Solidargemeinschaft zersetzendste[25]. Ihr Ergebnis ist allgemeines Mißtrauen: "Ein jeder hüte sich vor seinem Nächsten, und keiner traue dem Bruder!" (V.3).

1.4.1.7 Jer 34,8-22

Der Bericht über die in den letzten Monaten Jerusalems vor dem Fall der Stadt erfolgte und dann in der babylonischen Belagerungspause wieder rückgängig gemachte Sklavenfreilassung ist hier zunächst nur daraufhin zu prüfen, welche sozialen Verhältnisse er erkennen läßt. Der Vorgang der Freilassung selbst wird erst im weiteren Verlauf der Untersuchung zu betrachten sein[26]. Nur am Rande ist zu vermerken, daß die sozialen Verhältnisse in Jer 34,8-22 selbst nicht kritisiert werden, sondern nur das Umgehen mit ihnen.

Der Text setzt die Existenz von "hebräischen Sklaven und Sklavinnen" in Jerusalem voraus (V.9-11). Aus V.9 geht eindeutig hervor, daß es sich dabei um "jüdische Volksgenossen", also um Schuldsklaven und Schuldsklavinnen und nicht um kriegsgefangene Sklaven handelt[27]. So versteht es auch der sekundäre Bezug auf das deuteronomische Sklavengesetz (Dt 15,12-18) in V.13-16[28].

Als Sklavenhalter erscheint zunächst in V.8 "das ganze Volk, das in Jerusalem war". In V.10 wird das differenziert: "alle Beamte und alles Volk"[29]. Damit wird das Bild bestätigt, das schon aus der prophetischen Sozialkritik zu erschließen war. Die judäische Gesellschaft ist in zwei Klassen gespalten, wobei die wirtschaftlich Schwachen offenkundig so weit geschwächt sind, daß relevante Teile von ihnen von Schuldsklaverei nicht mehr nur bedroht sind, sondern sie dieses Schicksal bereits ereilt hat. Ihnen gegenüber steht

---

[25] Treffend kommentiert Weiser (1966) 79, "daß die Unwahrhaftigkeit des Wortes ... das charakteristische Merkmal des allgemeinen Zerfalls ist."
[26] Siehe u. S. 215–218
[27] So auch Schreiner (1984) 202
[28] Zum sekundären Charakter dieser Verse s.u. S. 217,20
[29] Eine weitere Differenzierung nimmt V.19a vor: "die Beamten Judas und die Beamten Jerusalems, die Höflinge (sārîsîm) und die Priester und das ganze Landvolk", doch ist dieser Vers im Kontext deutlich als sekundär erkenntlich; er bezieht sich eigentlich auf hā'anāšîm hāʿobʿrîm am Anfang von V.18. Danach folgt jedoch die ausführliche Schilderung der Bundesschlußzeremonie, so daß V.19a viel zu spät kommt und entsprechend in V.19b.20a umständlich der Anschluß an V.18 wieder hergestellt werden muß.

eine Oberschicht, die sich aus zwei Elementen zusammensetzt
(vgl. besonders Jes 1,10-17; 3,14 und Jer 5,26-28), aus Beamten
und aus nicht dem Staatsapparat angehörigen Leuten aus dem
''Volk'', also aus wirtschaftlich starken Bürgern.

1.4.2 Jeremia und die Könige

Was Jeremia über und zu den Königen zu sagen hat, ist in einer
eigenen Sammlung in 21,11—23,8 zusammengefaßt. Daneben werden noch in 13,18f der König und die Königinmutter direkt angesprochen. Für die Frage nach der Rolle des Königs in Staat und
Gesellschaft sind dabei allerdings nur zwei Stellen von Bedeutung:
Die Ermahnung zur Gerechtigkeit in 21,11f[30] und das Wort gegen
Jojakim in 22,13-19. Das Wehe über die Hirten (23,1f) bleibt dagegen unberücksichtigt, weil es über die soziale Stellung des Königs
und seiner Beamten so gut wie nichts aussagt, da die Metapher nie
verlassen wird, und weil auch erhebliche Bedenken gegen die
Echtheit des Wortes bestehen[31].

1.4.2.1 Jer 21,11f

An der Spitze der Sammlung über die Könige steht eine Ermahnung, sich der Rechtspflege anzunehmen:

(11) ... Hört das Wort JHWHs,
(12) Haus Davids! So hat JHWH gesprochen:
Haltet am Morgen rechtes Gericht
und rettet den Beraubten aus der Gewalt des Unterdrückers,
damit nicht wie Feuer ausgehe mein Zorn
und brenne—und keiner kann löschen ...

Damit wird gleich zu Anfang der Sammlung das Leitmotiv angegeben, das dann als ''Thema mit Variationen'' die ganze Sammlung
über die Könige durchzieht: Gerechtigkeit[32]. ''Gerechtigkeit''

---

[30] Paraphrasiert in einem nachjeremianischen Prosastück in 22,1-5; vgl.
Nicholson (1973) 181; Thiel (1973) 238f; Wisser (1982) 111; Sicre (1983) 203; Carroll (1986) 417.—Zurückhaltender Weiser (1966) 183f.—Rudolph (1968) 137:
Quelle C
[31] Für nachjeremianisch wird das Wort angesehen u.a. von Nicholson (1973)
191; Thiel (1973) 246-248; Wisser (1982) 116; Sicre (1983) 203; Schreiner (1985)
135
[32] Vgl. die Analyse der Sammlung bei Sicre (1983) und seine Schlußfolgerung,

bezogen auf den König heißt: Ein guter König hat für die Pflege des Rechts zu sorgen, und bevorzugt in den Genuß solcher geordneten Verhältnisse kommen die, die Opfer gewalttätiger Unterdrückung sind.

Vorausgesetzt ist dabei, daß es im Volk einerseits Unterdrücker, andrerseits von diesen "Beraubte" gibt. Dieser Widerspruch ist eindeutig sozial. Denn ʿšq ist keine kriminalistische, sondern eine sozialkritische Kategorie (vgl. nur Dt 24,14; Am 4,1; Mi 2,2 u.ö.)[33], und für die Metapher vom "Rauben" ist Entsprechendes zu vermuten[34]. Die Aufgabe des Königs und eines "rechten Gerichts" ist also nicht die Aufrechterhaltung eines abstrakten Rechtsideals, sondern die Herstellung sozialer Gerechtigkeit, die Einschränkung der sozial Starken, sofern diese "unterdrücken", und der Schutz der sozial Schwachen, sofern sie unterdrückt werden. Damit wird ein Zug bestätigt, der in allen bisher behandelten Worten das Reden von *mišpāṭ* kennzeichnet: Es hat immer eine soziale Dimension (vgl. Jes 1,10-17.21-26; 5,1-7; 10,1-3; Mi 3,1-12; Jer 5,1-6).

Erstmalig wird hier das Königshaus direkt angesprochen ("Haus Davids"). Aber die Anrede an das "Haus" des Königs insgesamt wie die Pluralform in den Imperativen zeigen, daß bei der Pflege des Rechts nicht primär an eine persönliche Tätigkeit des Herrschers gedacht ist, sondern an eine Aufgabe, für die das Königtum als Institution verantwortlich ist. Sie wird wohl in der Praxis von "Führern" und den Mächtigen im Volk (Jes 1,10-17), "Beamten, Richtern und Räten" (Jes 1,21-26), "Führern und Häuptern" (Mi 3,1-12), "Beamten und Richtern" (Mi 7,3; Zeph 3,3), "Großen" (Jer 5,1-6) bzw. "Groß- und Reichgewordenen" (5,26-28) wahrgenommen.

1.4.2.2 Jer 22,13-19

Daß Jeremia in scharfer Opposition zu dem 609 durch direkte Intervention des Pharao Necho auf den Thron gekommenen Jojakim

---

S. 206: "En resumen, el tema de la justicia aparece como algo capital en esta breve colección sobre los reyes." Auch das Bild vom "Thema mit Variationen" stammt von Sicre, aaO S. 194; vgl. auch Sicre (1984) 353-365

[33] Siehe ferner Pons (1981) 67-83

[34] Vgl. Kessler (1989b) 189f und oben das zu Jes 3,14; Mi 2,2 Ausgeführte.

steht, belegt nicht nur die Prophetenerzählung in Jer 36, sondern
besonders auch Jeremias eigenes Wort gegen den König.

> (13) Wehe! der sein Haus mit Ungerechtigkeit baut
> und seine Obergemächer mit Widerrecht;
> seinen Nächsten läßt er umsonst arbeiten
> und seinen Lohn gibt er ihm nicht;
> (14) der spricht: "Ich will mir ein geräumiges Haus bauen
> und weite Obergemächer",
> der sich 'Fenster'[35] herausbricht und es mit Zedern täfelt
> und mit roter Farbe anstreicht.
> (15) Bist du dadurch König,
> daß du in Zedern wetteiferst?
> Dein Vater—hat er nicht gegessen und getrunken,
> hat Recht und Gerechtigkeit geübt?—
> da ging es ihm gut—,
> (16) hat den Rechtsstreit des Elenden und Armen geführt?—
> da war es gut.
> Heißt nicht das, mich erkennen?—
> Ausspruch JHWHs.
> (17) Deine Augen und dein Herz aber sind auf nichts aus
> als auf deinen Gewinn,
> und auf das Blut des Unschuldigen, es zu vergießen,
> und auf Unterdrückung und Erpressung, sie zu üben.
> (18) Deshalb hat so JHWH gesprochen
> zu Jojakim, dem Sohn Josias, dem König von Juda:
> Man wird nicht um ihn trauern:
> "Wehe, mein Bruder! Und wehe, Schwester!"
> Man wird nicht um ihn trauern:
> "Wehe, Herr! Wehe, seine Majestät!"
> (19) In einem Eselsbegräbnis wird er begraben,
> fortgeschleift und hingeworfen,
> draußen vor den Toren Jerusalems.

Der kunstvolle viergliedrige Aufbau des Wortes ist auch für seine inhaltliche Erfassung von Bedeutung. Im 1. Glied (V.13f) wird
Jojakim wegen einer konkreten Maßnahme angegriffen, im 2. Glied
(V.15f) wird sein Verhalten mit dem seines Vaters Josia kontrastiert, während das 3. Glied (V.17) umgekehrt wieder Jojakim
auf dem Hintergrund von Josias Haltung beurteilt. Die Gerichtsankündigung (V.18f) schließt als 4. Glied das Wort ab.

   1.) Anlaß des Wortes gegen Jojakim ist der Bau eines Palastes

---

[35] Das Suffix der 1.ps. an *ḥallônāj* stößt sich mit der 3.ps. des davor stehenden
wᵉqāraᶜ lô. Ich vermute mit Thompson (1987) 477 Haplographie des *w* und lese
ḥallônâw; anders BHS z.St.

("sein Haus", V.13) durch den König. Nun gehören Baumaßnahmen ohne Zweifel zu den Aufgaben des Königs. Was aber Jeremias
Kritik hervorruft, sind zwei Umstände, die bei diesem Bau zusammenwirken: Erstens seine luxuriöse Ausstattung (auffällige Fenster[36], kostbare Täfelung und aufwendiger Anstrich[37]) und zweitens die Tatsache, daß zu seiner Errichtung Fronarbeiter eingesetzt
werden (V.13). Es ist nämlich ganz unwahrscheinlich, daß die
Phrase "seinen Nächsten läßt er umsonst arbeiten und seinen Lohn
gibt er ihm nicht" sich auf die Nichtbezahlung von Lohnarbeitern
bezieht[38]. Denn welcher Tagelöhner würde, wenn ihm der Lohn
nicht ausbezahlt wird, über Jahre hinweg—so lange dauert doch
wohl der Bau eines Palastes—zur Arbeit erscheinen? Es muß sich
also doch um eine Form von Zwangsarbeit handeln[39]. Auch die
Beanspruchung von Fronarbeit dürfte, wie die Durchführung von
Baumaßnahmen, zu den selbstverständlichen Rechten des Königs
gehören. Was Jojakims Verhalten in den Augen Jeremias verwerflich macht, ist also die Tatsache, daß der König dieses Recht zu
einem unnützen, nämlich nur seinem Luxusbedürfnis dienenden
Zweck mißbraucht[40]. Und auf diesem Hintergrund wird dann die
Fronarbeit tatsächlich so kritisiert, als wenn sie nicht-bezahlte
Lohnarbeit wäre, als lo'-ṣædæq und lo' mišpāṭ.

---

36 Daß dies ein "Königsfenster" nach pharaonischem Muster ist (Greßmann,
1923, 26 mit Anm. 1) und Jeremia hier kritisieren wollte, daß der König sich als
Gott-König darstelle (Weiser, 1966, 190; Rudolph, 1968, 139; Schreiner, 1985,
131), ist höchst unwahrscheinlich. Denn abgesehen davon, daß der masoretische
Plural in Singular geändert werden muß, könnte dieses Bauelement nicht in der
Reihung Fenster—Täfelung—Tünche untergehen und müßte, wenn es den Kern
der Kritik ausmachte, im Vergleich mit Josia (V.15) statt der Täfelung als
wichtigstes Glied der Reihung wieder aufgenommen werden.
37 Aharoni (1964) 56-58.123 identifiziert die in Stratum V A von Ramat Rahel
ausgegrabene Zitadelle wegen dort gefundener auffälliger Fenster, Spuren von
roter Farbe und zu rekonstruierender Holzverwendung mit diesem Palast
Jojakims.
38 Wie Sicre (1983) 200 und Schreiner (1985) 131 vermuten.
39 So richtig Rudolph (1968) 139; Wisser (1982) 98. Woher Weiser (1966) 189
neben dem Frondienst auch noch die Enteignung nimmt, ist nicht nachvollziehbar.
40 Weiser (1966) 189f: "Ein doppelter Vorwurf spricht aus dem Wort des
Propheten."—Schreiner (1985) 131: "Nicht das Bauen als solches ist verwerflich
und verderbenbringend, sondern das Unrecht . . ., das im Fall Jojakims dabei
geschieht"; vgl. auch Rudolph (1968) 139.—Man wird also Riesener (1979) 137
nicht zustimmen können, die der Stelle entnimmt, "daß es zu jener Zeit keineswegs
zu den Rechten des Königs gehörte, die Israeliten Fronarbeit leisten zu lassen."
Bezeichnenderweise wird in der Kontrastierung Jojakims mit Josia das Thema der
Fron nicht wieder aufgenommen, wohl aber das des Luxus: Es ist das eigentliche
Thema.

Zur Struktur der Kritik ist Mi 3,9f zu vergleichen. Auch dort wird die Fron nicht als solche angegriffen, sondern die Art ihrer Durchführung. Da aber für die Durchführung einer Baumaßnahme Beamte verantwortlich sind, werden in Mi 3,1-12 diese—die "Führer und Häupter"—auch angegriffen. Bei Jeremias Kritik geht es dagegen nicht um die Art der Durchführung, sondern um den—unnützen luxuriösen—Zweck. Für den aber ist der König selbst verantwortlich, weshalb er auch direkt kritisiert wird. Zu beachten ist ferner, daß sowohl bei Micha als auch bei Jeremia das Verhalten bei Baumaßnahmen als Verstoß gegen das Recht (*mišpāṭ* in Mi 3,1.9 und Jer 22,13) denunziert wird.

Und schließlich läßt sich auch, was die Seite der Opfer der königlichen Maßnahme angeht, eine Parallele zu Micha feststellen. Sprach der von "meinem Volk" (3,3), so nennt Jeremia die Fronarbeiter die "Nächsten" (*rēaᶜ*) des Königs (V.13b). Damit sieht er nicht nur die Stellung des Königs grundsätzlich als die eines Gleichen unter Gleichen an. Sondern Jeremia verzichtet auch darauf, auf Seiten der Opfer zu differenzieren. Opfer sind nicht die "Waisen" und "Armen" (5,28), sondern im Prinzip alle Israeliten, die ja also solche "Nächste" des Königs sind.

2.) Unterstrichen wird die Kritik an Jojakim durch den unmittelbar folgenden Vergleich mit dessen Vater Josia (V.15f). Dessen Königsein erwies sich gerade nicht darin, daß er "in Zedern wetteiferte". Er hat "gegessen und getrunken"—was bekanntlich jeder Mensch tut. Das heißt aber im Klartext, er hat sich im Gegensatz zu Jojakim keinen ungebührlichen Luxus aufgrund seines Amtes angemaßt[41]. Stattdessen hat er sein Königtum darin bewährt, daß er *mišpāṭ* und *ṣ°dāqâ* geübt hat, was nach der Kritik an Jojakim in V.13f ebenfalls einen sozialen Inhalt haben muß. Während Jojakim durch seinen Luxus *mišpāṭ* und *ṣædæq* verletzt, richtet Josia durch seinen bescheidenen Regierungsstil *mišpāṭ* und *ṣ°dāqâ* auf. Dies konkretisiert sich nach V.16 auch in der Rechtspflege, die wiederum vorwiegend unter sozialem Gesichtspunkt gesehen wird, indem es nämlich die "Elenden und Armen" sind, die vom Tun des Königs profitieren.

---

[41] Die Rede vom Essen und Trinken Josias erhält, wie Alonso Schökel/Sicre Díaz (1987) 517 beobachten, ihren Sinn allein aus der Gegenüberstellung zum Luxusstreben Jojakims: "Comer y beber, simplemente, se opone a los alardes de construcciones lujosas."

3.) Erst auf dem Hintergrund dieses positiven Bildes von Josia wird dann Jojakims gesamte Regierungsführung in V.17 in den Blick genommen. Jeremias Urteil ist vernichtend, aber in seiner Art der Generalabrechnung auch wenig konkret. Allenfalls beim Vorwurf, daß Jojakim "das Blut des Unschuldigen" vergossen habe, kann man an die Ermordung des Propheten Uria denken (Jer 26,20-23), die nach 26,1 zu Beginn der Regierungtätigkeit Jojakims erfolgte. Aber im Gesamtduktus des Verses 17 scheint sich der Vorwurf doch nicht nur auf einen einzelnen Fall zu beschränken.

Um die Generalabrechnung in V.17 in ihrem Stellenwert richtig zu verstehen, muß man den Aufbau des gesamten Wortes 22,13-19 beachten. Anlaß der Kritik an Jojakim und ihr eigentlicher und konkreter Inhalt ist der Mißbrauch von Fronarbeit zu luxuriösen Baumaßnahmen. Erst über den Vergleich mit Josia rückt dann das Gesamtverhalten Jojakims in den Blick[42]. Daß es so wenig konkret geschildert wird, hängt also daran, daß es nicht den eigentlichen Anlaß und Inhalt der Kritik am König bildet[43].

Der logische Aufbau ist hier ganz ähnlich wie in dem Wort gegen die reichen "Frevler" in Jer 5,26-28. Kern der Kritik ist das soziale Verhalten der "Frevler" bzw. des Königs. Erst von daher und deutlich davon abgesetzt kommt dann im Fall der "Frevler" ihre Verantwortung für das Recht, im Fall Jojakims dessen allgemeine Regierungsverantwortung in den Blick.

Bestätigt wird diese Sicht, wenn man die Fülle von Anspielungen an die israelitische (und gemeinorientalische) Königsideologie in den Versen bedenkt. Ein Vergleich mit Ps 72 mag genügen:

Jer 22,13-19		Ps 72
V.13	*ṣædæq, mišpāṭ*	V.2
V.15b	dto.	
V.16	*dān dîn*	V.2
	ʿānî, ʾæbjôn	V.2.4.12f

---

[42] So richtig Sicre (1983) 199: "a partir de un hecho concreto, Jeremías desvela los sentimientos más profundos del rey y recuerda el ideal monárquico"

[43] V.15-17 ganz als nachträgliche Einfügung anzusehen (so Schreiner, 1985, 131), schießt deshalb über das Ziel hinaus. Thiel (1973) 241f hält V.17b für "ein Interpretament von D".

V.17	"deine Augen"	V.14
	dām	V.14
	ʿšq	V.4
V.18f	Fluch	V.17 Segen

Die Fülle der Parallelen springt ins Auge. Aber sie konzentriert sich in Jer 22,13-19 ausschließlich auf den generalisierend vorgreifenden Einleitungsvers 13a, auf den Vergleich mit Josia und die anschließende Generalabrechnung mit Jojakim. Anlaß und eigentliches Anliegen der Kritik Jeremias, der Mißbrauch von Fronarbeitern für luxuriöse Baumaßnahmen, hat dagegen keine Parallele in Ps 72 oder irgendeinem anderen königsideologischen Text. Denn bescheidener Regierungsstil ("essen und trinken" wie bei Josia) gehört nirgendwo zu den Idealen der Königsideologie. Dann ist aber der Schluß naheliegend, daß Jeremia nicht nur generell Jojakim an einem bestehenden Ideal mißt und verwirft, sondern daß das Luxusstreben des Königs und der Mißbrauch von Fronarbeit zu seiner Befriedigung für ihn das eigentlich Verwerfliche an diesem König darstellt.

1.4.3 Ergebnis

Im gesellschaftlichen Bereich bringt Jeremia das, was Jesaja, Micha und Zephanja in einzelnen Worten kritisiert haben, auf den Begriff. Er spricht von einem "Bruch durch mein Volk" (6,14). 9,1-8 mit der Rede vom "Mann" und seinem "Nächsten" bzw. "Bruder" zeigt, daß Jeremia dabei das Auseinanderbrechen einer Ordnung beschreibt, die eigentlich von der Solidarität gleicher und freier "Nächster" und "Brüder" getragen sein müßte.

Jeremia hat vor Augen, daß sich "im Volk" "Frevler" (5,26) bzw. "Böse" (6,29) finden, und zwar quer durch alle Gruppen (5,1-6) und so zahlreich, daß sie sich nicht mehr "ausscheiden" lassen (6,29). In Andeutung erfahren wir, daß es sich dabei um die Besitzer von Häusern und Feldern handelt, die als in Jerusalem ansässig gedacht sind, wenn auch nicht unbedingt auf die Hauptstadt beschränkt sein müssen (6,12; vgl. auch die Erwähnung der Häuser in 5,27). Diese Leute werden als solche bezeichnet, die "groß und reich geworden" sind (5,27). Nach Jer 34,10 sind es "alle Beamten und das ganze Volk", also die politisch und wirtschaftlich Mächtigen. So spärlich Jeremia in der Bezeichnung der Täter ist, so spärlich ist er in der Bezeichnung ihrer Opfer, für die nur einmal stellvertretend Waise und Arme genannt werden (5,28). Aus ihnen müssen sich die "Sklaven und Sklavinnen" von 34,8-22 rekrutieren.

Allerdings zeigen die Taten der Groß- und Reichgewordenen, worum es geht. Sie "wollen Menschen fangen" und haben ihre Häuser mit "Betrug", d.h. betrügerisch erworbenem Gut gefüllt (5,26f). Es ist wahrscheinlich, daß Jeremia hier an Verhältnisse denkt, in denen Menschen ihre wirtschaftliche Überlegenheit per Darlehensvergabe nutzen, um sich das Eigentum anderer anzueignen bzw. diese selbst in Schuldknechtschaft zu zwingen. 34,8-22 bestätigt dies durch die Existenz von Schuldsklaven und -sklavinnen. Dabei bleibt es nicht bei dem rein wirtschaftlichen Druck, sondern ergänzt wird er durch Maßnahmen wie falsches Schwören (5,2), Betrug (5,27; 9,5), Verleumdung ("Worte der Bosheit", 5,28), Rechtsbeugung (5,28), brachiale Gewalt (6,6f) und alle Formen übler Nachrede (9,1-8).

Jeremia erwartet vom "Haus Davids", daß es dieser gesellschaftlichen Entwicklung den *mišpāṭ* entgegenstelle, der als Rettung des "Beraubten aus der Gewalt des Unterdrückers", d.h. als Sicherung einer gerechten Sozialordnung verstanden wird (21,11f). Von Josia wird denn auch behauptet, daß er "Recht und Gerechtigkeit getan" habe und daß dies den "Elenden und Armen" zugute kam (22,15f), während Jojakim, statt dem "Unterdrücker" entgegenzutreten (21,12), selbst auf "Unterdrückung" aus ist (22,17).

Neben bzw. mit dem "Haus Davids" müßten die "Großen" diesen *mišpāṭ* kennen (5,1-6). Aber es sind eben diese Großen zusammen mit den "Reichgewordenen" (5,27), die den Rechtsstreit nicht führen und "das Recht der Armen" nicht herbeiführen (5,28). Dabei ist die Beobachtung wichtig, daß nach dem Aufbau von 5,26-28 die Rechtsbeugung nicht Ursache, sondern Begleiterscheinung und Folge des gesellschaftlichen Verfalls ist. Der Gedanke ist dabei ähnlich dem Jesajas. Die Armen haben einen Anspruch auf Recht, d.h. konkret sozialen Schutz (vgl. den *mišpaṭ ʾæbjônîm* von Jer 5,28 mit dem *mišpaṭ ʿanijjê ʿammî* von Jes 10,2). Es sind die politisch und wirtschaftlich Mächtigen (die "Groß- und Reichgewordenen" von Jer 5,27, die "Führer Sodoms" und das "Volk Gomorrhas" von Jes 1,10), die diesen *mišpāṭ* aufrichten müßten (und bei Jeremia ausdrücklich auch, über Jesajas Worte hinaus, das "Haus Davids"). Aber es ist gerade das Interesse an

ihrer politischen und wirtschaftlichen Macht, das sie dazu führt,
"das Recht der Elenden meines Volkes zu rauben" (Jes 10,2) und
"das Recht der Armen" nicht herbeizuführen (Jer 5,28).
Konkretisiert sich bis dahin "Recht" vorwiegend im forensischen
Bereich (vgl. dazu Jer 5,28; 22,16), dann führt Jeremias Kritik an
Jojakim noch darüber hinaus. Ihm wird vorgehalten, zum Bau eines
luxuriösen Palastes Fronarbeit einzusetzen. Mit Rechtspflege im
engeren Sinn hat das nichts zu tun, sondern es ist der Mißbrauch
eines dem König wohl zustehenden Rechts auf Dienstleistungen zu
persönlichen Zwecken. Und dieser wird, in großer Nähe zu Mi
3,1-12, als Verletzung von ṣædæq und mišpāṭ gegeißelt. ṣædæq und
mišpāṭ werden damit zu Ordnungsbegriffen, die sich nicht nur in der
Rechtspflege, sondern in der gesamten Regierungstätigkeit des
Königs konkretisieren müßten.

1.5 HABAKUK

Der Prophet Habakuk ist Zeitgenosse Jeremias. Da in 1,6 die Babylonier als drohende Gefahr erscheinen, andrerseits nichts auf die erste Einnahme Jerusalems 597 hinweist, ergibt sich für sein Wirken der Zeitraum zwischen 609 und 597[1]. Das entspricht dem Beginn der Sozialkritik Jeremias[2].

Darüberhinaus sprechen gewichtige Gründe dafür, daß Habakuk nicht nur in 1,2-4 auf die inneren Verhältnisse im Juda seiner Zeit Bezug nimmt, sondern daß auch den Wehe-Rufen in 2,6-20 eine Reihe ursprünglich rein sozialkritischer Worte zugrunde liegt. Dies ist Anlaß zu der Frage, ob sich aus dem Propheten Habakuk ergänzend zu Jeremia Erkenntnisse über die sozialen Verhältnisse im Juda der Wende vom 7. zum 6. Jahrhundert entnehmen lassen.

1.5.1 Hab 1,2-4

Der erste große Redekomplex im Habakukbuch umfaßt vier Elemente: 1,2-4 die einleitende Klage des Propheten, 1,5-11 eine erste Antwort JHWHs, 1,12-17 eine Einrede des Propheten und 2,1-5 die endgültige Antwort JHWHs. Ich verstehe den Text so, daß in 1,2-4 Habakuk die inneren Zustände im Juda seiner Zeit beklagt, daß darauf die göttliche Antwort statt der erwarteten Hilfe gegen die gesellschaftlichen Mißstände die Drohung mit dem Einfall der Babylonier zum strafenden Gericht bringt (1,5-11)[3]. Auf Habakuks "Einrede" (2,1) in 1,12-17 wird diese in einem "Gesicht" beschieden, das Habakuk schriftlich festhalten soll (2,2), weil das Gericht, auch wenn es sich verzögert, gewiß kommen wird (V.3). Darin wird die Sozialkritik von 1,2-4 dahin bestätigt, daß den einen

---

[1] Robinson/Horst (1954) 168: Zwischen 609 und 605; Jeremias (1970) 89: frühe und mittlere Jahre der Regierung Jojakims; Elliger (1975) 23f: zwischen 609 und 598; Rudolph (1975) 194: zwischen 605 und 597; Watts (1975) 122f: um 605

[2] Siehe o. S. 69

[3] Nur wenn man diesen Zusammenhang übersieht, kann man wegen der in V.5-11 angedrohten äußeren Bedrückung die voranstehenden Verse 2-4 auch auf äußere Unterdrückung beziehen, wie Robinson/Horst (1954) 173; Elliger (1975) 28 und neuerdings wieder Sweeney (1991) 73f tun. Richtig dagegen Jeremias (1970) 75-78 mit ausführlicher Begründung; Rudolph (1975) 201f; Watts (1975) 124f; Otto (1977) 102

der Untergang, den andern aber das Leben angesagt wird, wobei aus 1,4 das Stichwort vom "Gerechten" aufgegriffen wird[4]. Zum andern aber wird die Einrede dahin beschieden, daß der Babylonier zwar das Gericht ausführen wird, selbst aber auch schon dem Untergang geweiht ist[5].

Für unsere Fragestellung relevant ist also nur Habakuks Klage über die Zustände im Juda seiner Zeit (1,2-4):

> (2) Wie lange, JHWH, habe ich um Hilfe gerufen,
> und du hörst nicht!
> Ich schrie zu dir wegen Gewalt,
> und du hilfst nicht.
> (3) Warum läßt du mich Unheil sehen
> und schaust der Mühsal zu,
> sind Bedrückung und Gewalt vor meinen Augen,
> erheben sich Streit und Hader?
> (4) Deshalb erschlafft die Weisung,
> und nimmer kommt das Recht heraus.
> Weil der Frevler den Gerechten umringt,
> deshalb kommt das Recht verkehrt heraus.

Was Habakuk hier vor Augen hat und weshalb er zu JHWH schreit, erinnert nicht nur an Aussagen seines Zeitgenossen Jeremia, sondern auch an viele Worte anderer Propheten des 8. und 7. Jahrhunderts: "Gewalt" (Mi 6,12; Zeph 1,9; Jer 6,7); "Unrecht" (Jes 10,1; Mi 2,1; Ez 11,2); "Unheil" (Jes 10,1); "Bedrückung und Gewalt" (Am 3,10; Jer 6,7); das Fehlen von "Recht" (Am 5,7; Jes 5,1-7;

---

[4] Jeremias (1970) 83: "... daß die Frevler von Hab. 2,4f keine anderen als in 1,12f sowie 1,2-4 und 2,6ff sind: die das Recht und damit die Armen vergewaltigenden Mächtigen in Juda." Allerdings bezieht Jeremias sowohl 1,12f (vgl. die folgende Anmerkung) als auch 2,5 auf die inneren Verhältnisse in Juda und nicht, wie hier vorgeschlagen, auf die Babylonier.

[5] Zu dieser Auffassung insgesamt vgl. Rudolph (1975) 216f.—Jeremias (1970) 101-103 entnimmt aus 1,12b; 3,13a eine positive Stellung Habakuks zum König. Dazu muß freilich 1,12f aus dem Kontext getrennt (S. 75f.78-81) und das Suffix in V.12b ("hast du ihn bestellt, ihn bestimmt") auf eine vorher (nach Jeremias ist das 1,2-4) gar nicht genannte Person bezogen werden, was grammatisch kaum haltbar ist. Richtig versteht Watts (1975) 130 das singularische Suffix "as a collective for the Chaldaens", die in V.6a ja auch genannt sind. Und aus der Erwähnung des "Gesalbten" in der Theophanieschilderung 3,13a ("du ziehst aus, deinem Volk zu helfen, deinem Gesalbten zu helfen") kann man nicht mehr entnehmen als Elliger (1975) 53: "es ist also noch ein König in Juda vorhanden."—Watts (1975), der 2,5 zu dem ersten Wehe in 2,6-8 zieht (S. 136), bezieht V.5 auf Jojakim (S. 127). Doch ließe sich von dem sagen, daß er "alle Völker an sich riß und an sich raffte alle Nationen"? Offener S. 137: "the tyrant king or the oppressing conquerors".

Jer 5,1-6); und wie Jeremia spricht er von der Existenz von
"Frevlern" (Jer 5,26). Gerade die Fülle der Aussagen läßt mehr ein
allgemeines Stimmungsbild als eine scharfe Analyse konkreter
gesellschaftlicher Mißstände entstehen, dessen Topoi "zum kon-
ventionellen Wortschatz der Klagen" gehören[6].

Genau genommen trifft dies aber nur für die eigentliche Klage in
V.2f zu. Denn der abschließende V.4 führt über die konventionelle
Terminologie in Sprache und Gedanken hinaus[7]. Dabei ist zu
beachten, daß die Einführung des Satzes mit "deshalb" darauf hinweist, daß für Habakuk wie für Jeremia (5,26-28) die gesellschaftliche Gewalttat das Primäre und das Fehlen des Rechts das Sekundäre, daraus Abgeleitete ist. Nicht der Zusammenbruch der
Rechtsordnung führt zu gesellschaftlichen Mißständen, sondern die
gesellschaftlichen Mißstände haben den Zusammenbruch der
Rechtsordnung im Gefolge[8]. "Weil der *rāšāʿ* den *ṣaddîq* umringt",
wird der *mišpāṭ* pervertiert.

1.5.2 Hab 2,6-19

Auf den Komplex 1,2—2,5 folgen in 2,6-19 fünf Weherufe
(V.6.9.12.15.19), bei denen deutlich eine ursprüngliche Sozialkritik
auf die zum Gericht eingreifenden Babylonier umgedeutet ist. Ohne
diese Neuinterpretation bleibt als ursprünglicher Bestand der
Weherufe[9]:

(6) . . . Wehe, der vermehrt, was nicht sein ist—wie lange?—,
und 'sein Joch'[10] schwer macht durch Pfandnehmen!
(7) Werden nicht plötzlich aufstehen, die dir Zins zahlen,
und erwachen, die dich aufrütteln,
und du wirst ihnen zur Beute? . . .
(9) Wehe, der seinen Schnitt macht

---

[6] Robinson/Horst (1954) 173; im gleichen Sinn Elliger (1975) 27; Sweeney
(1991) 66. Vgl. auch den Hinweis von Jeremias (1970) 78 auf Ps 55,10-12
[7] Elliger (1975) 27: ". . . spricht so etwas wie eine eigene Sprache nur der
V.4"
[8] Sweeney (1991) 66: "Apparently, this oppression of the 'righteous' by the
'wicked' is the basic cause of the breakdown of order and the primary reason for
the prophet's complaint." Allerdings ist für Sweeney der "wicked" der Chaldäer,
vgl. o. Anm. 3.
[9] Vgl. Jeremias (1970) 58-67; Otto (1977) 81-88; anders jetzt wieder Sweeney
(1991) 77f.
[10] Lies *ʿullô* statt *ʿalâw*, vgl. Jeremias (1970) 59; Otto (1977) 85

—Unheil für sein Haus—,
um in der Höhe sein Nest anzulegen,
um sicher zu sein vor dem Zugriff des Unheils!
(10) Du hast Schande für dein Haus geplant ...[11]
und dein Leben geht fehl.
(11) Ja, der Stein schreit aus der Mauer,
und der Span aus dem Gebälk antwortet ihm.
(12) Wehe, der die Stadt mit Blut baut
und die Siedlung auf Ungerechtigkeit gründet! ...
(15) Wehe, der andern einschenkt,
indem er 'Rauschmittel'[12] beimischt und so trunken macht,
um ihre Blöße anzuschauen! ...
(19) Wehe, der zum Holz spricht: "Wach auf!",
"Werde munter!" zum stummen Stein! ...

Neben den sozialkritischen Mißständen in den drei ersten Wehe-
rufen werden im vierten und fünften sexuelle bzw. religiöse Verfehlungen angesprochen, die hier nicht weiter zu verfolgen sind.

Der erste Weheruf (V.6f) geht auf unsoziale Eigentumsver-
mehrung, u.zw. nicht durch nackten Diebstahl, sondern durch den
ökonomischen Vorgang des Verleihens gegen Zins. Das erste Stichwort von der Vermehrung dessen, was "nicht sein" ist, kann zwar
noch jede beliebige Art der Aneignung fremden Eigentums meinen.
Aber schon das zweite Stichwort "Pfandschuld" zeigt, worum es
hier geht. Denn die Wurzel ʿbṭ ist terminus technicus im Kontext des
Verleihvorgangs (Dt 15,6.8; 24,10-13). Da nun Habakuk kaum nur
einen einzigen Verleiher angreift, ist der Singular hier "gener-
isch"[13] zu verstehen. "Die Angeredeten sind somit Großgrundbesitzer"[14], die beim Verleihen dem Schuldner ein schweres Pfand
auflegen. Dieser wird im dritten Stichwort des Textes als "Zinszahler" apostrophiert. Denn das hier verwendete nšk qal bedeutet
"Zins zahlen", während das hifil "Zins nehmen" meint, wie Dt
23,20 belegt: "Du sollst von deinem Bruder keinen Zins nehmen
(hifil) ..., keinen Zins für irgend etwas, wofür man Zins zahlt
(qal)"[15]. Habakuk hat also einen ökonomischen Ausbeutungsvor-
gang vor Augen. Dessen letztes Ziel ist, den Schuldner in Schuldknechtschaft zu bringen. Zwar wirft Habakuk dies den von ihm

---

[11] Der Hinweis auf die Völker fällt aus dem Metrum und zeigt, daß an dem
Text eine entsprechende Bearbeitung vorgenommen worden ist.
[12] Nach Rudolph (1975) 220f
[13] Jeremias (1970) 70
[14] Jeremias (1970) 70
[15] Vgl. Jeremias (1970) 70f

Angegriffenen nicht direkt vor. Aber wenn die Unheilsankündigung davon spricht, daß die Zinszahler den Gläubiger "zur Beute" ($m^e\check{s}iss\hat{o}t$) nehmen, dann wird in der Umkehrung metaphorisch— vgl. das Beutebild ($\check{s}\bar{a}l\bar{a}l$) in Jes 10,2 und die Bilder vom Fangen in Mi 7,2; Jer 5,26—den Gläubigern das angedroht, was sie selbst wollen, andere in ihre persönliche Gewalt zu bringen. Daß $m^e\check{s}iss\hat{a}$ bzw. die Wurzel $\check{s}sh$ tatsächlich Metapher für den Vorgang des Geratens in Schuldknechtschaft ist, zeigt schön der Gebrauch bei Deuterojesaja, der die Exilierung sowohl bildlich als "zur Beute geben" (42,22.24) als auch in der Fachsprache des Schuldenwesens als "Verkauf an einen Gläubiger" (50,1) bezeichnen kann.

Der zweite Weheruf (2,9-11) bedroht solche, die "ihren Schnitt machen". Nach Jer 6,13 sind das alle: "Vom Kleinsten bis zum Größten, alle machen sie ihren Schnitt". Auch speziell der König kann mit diesem Vorwurf belegt werden (Jer 22,17). Nun ist $bæ\c{s}a^c$, das mit "Schnitt, Gewinn" wiederzugeben ist, ein allgemeines Wort, das sogar im nur übertragenen Sinn verwendet werden kann (Gen 37,26). Aber auffälligerweise taucht es doch immer wieder in einem spezifischen Sinn auf, u.zw. im Zusammenhang mit richtenden Tätigkeiten und der dabei auftretenden Gefahr der Bestechlichkeit. Bei der Neuordnung der Gerichtsbarkeit soll Mose Männer auswählen, zu deren Tugenden es u.a. gehört, daß sie $bæ\c{s}a^c$ verschmähen (Ex 18,21). Von Samuels Söhnen heißt es, daß sie auf $bæ\c{s}a^c$ aus waren, Bestechung nahmen und das Recht beugten (1Sam 8,3), und auch in Jes 33,15; Prv 15,27 stehen Streben nach $bæ\c{s}a^c$ und Bestechlichkeit in direktem Zusammenhang. Von daher ist die Möglichkeit zu erwägen, daß auch Habakuk an solche Vorgänge denkt, sei es bei staatlichen Beamten, sei es bei in der örtlichen Rechtsfindung tätigen Honoratioren, den Ältesten.

Der dritte Weheruf schließlich wendet sich gegen den, der "die Stadt mit Blut baut" (2,12). Dabei kann nicht an private Baumaßnahmen gedacht sein, bei denen einerseits schwer vorstellbar ist, in welchem Zusammenhang sie mit Bluttaten stehen sollen, und die andrerseits doch kaum als ein Bauen "der Stadt" bezeichnet werden könnten[16]. Es muß sich also um staatliche Baumaßnahmen

---

16 Deshalb überzeugt auch der Vorschlag von Jeremias (1970) 68 nicht, zu V.12—wie zu den übrigen Weheworten (S. 67-70)—weisheitlichen Hintergrund anzunehmen. Denn die beigezogene Stelle Prv 24,3 spricht eben vom Bauen "eines Hauses", und wo umgekehrt von "Blut" und "Ungerechtigkeit" in der weisheit-

handeln, deren Ausmaß als Bauen "der Stadt" aufgefaßt werden
kann und bei denen Zwangsmaßnahmen, die bis zum Tod der Ge-
zwungenen führen, auch gut vorstellbar sind. Bestätigt wird diese
Vermutung von dem nahe verwandten Text Mi 3,10, der eindeutig
von staatlichen Baumaßnahmen spricht und an den sich Habakuk
offenbar auch anlehnt, wie die Verwendung des Parallelismus von
"Blut" und "Ungerechtigkeit" belegt. Wie in Micha 3,1-12 dürfte
sich der Vorwurf also gegen die führenden Beamten richten, die für
die Durchführung derartiger Maßnahmen verantwortlich sind.
Zwar ließe der Singular *bānâ* auch an den König denken. Aber da
in sämtlichen Weheworten in Hab 2,6-19 die singularische Anrede
gewählt und durchweg als Kollektivsingular zu verstehen ist, scheint
mir wie in Mi 3,1-12 eine Deutung auf die für die Durchführung
von Baumaßnahmen verantwortlichen Beamten wahrscheinlicher[17].

Zusammenfassend läßt sich zu den Weherufen sagen, daß die von
Habakuk gewählte Partizipialform die Kritisierten nicht mit Name,
Gruppenbezeichnung oder Titel anredet, sondern durch ihre konkreten Taten charakterisiert. Die Zuordnung der Vorwürfe zu fest
umrissenen Gruppen ist wohl weder beabsichtigt noch im nachhinein eindeutig möglich. Dennoch sind die Worte dahin durch-
sichtig, daß sowohl wirtschaftlich Starke (erster Wehe-Ruf) als auch
Träger staatlicher Gewalt (eventuell zweiter, sicher dritter Wehe-
Ruf) angesprochen sind[18].

1.5.3 Ergebnis

Die Worte Habakuks bestätigen im wesentlichen das Bild, das
bereits aus den früheren Propheten des 8. und 7. Jahrhunderts und
aus Jeremia zu gewinnen war. Im Juda des späten 7. Jahrhunderts
herrschen "Bedrückung", "Unrecht", "Unheil" und "Gewalttat". Geführt wird dieser Kampf von den wirtschaftlich Starken
gegen die wirtschaftlich Schwachen, wobei der Prophet als Mittel

---

lichen Literatur die Rede ist (vgl. die Belege bei Jeremias S. 69, Anm. 1), geht es
nicht ums Bauen. Habakuk denkt schwerlich an "die Prachtbauten einflußreicher
Jerusalemer" (S. 71).

[17] Vgl. dazu o. S. 52f—Daß Worte Michas im Jerusalem des ausgehenden 7.
Jahrhunderts bekannt sind, belegt Jer 26,17-19 zur Genüge.

[18] Die "Mächtigen", die Jeremias (1970) 71 hier zu Recht angegriffen sieht,
sind also wirtschaftlich Mächtige und politisch Mächtige.

das Verleihen gegen Zinsen nennt (2,6f). Zum erstenmal nach Jes 3,12[19] verwendet hier ein Prophet keine Metaphorik, sondern die Fachsprache des Schuldenwesens. Das stützt die in dieser Untersuchung vorgetragene Auffassung, daß auch Metaphern wie "Fangen", "Raub" u.a. auf das Schuldenwesen zu deuten sind.

Folge der Ausbeutung und Unterdrückung ist, daß das Recht pervertiert wird (1,4). Statt daß es seine Schutzfunktion für die Ausgebeuteten und Unterdrückten wahrnimmt, wird es von den politisch und wirtschaftlich Mächtigen zu ihren Gunsten "verdreht". Wenn die Rede vom "Schnitt machen" (2,9) zu Recht auf Bestechlichkeit gedeutet wird, läge der gleiche Gedanke wie schon in Jes 1,23; 5,23; Mi 3,11; 7,3; Zeph 3,3 vor.

Darüberhinaus erwähnt Habakuk außerdem staatliche Baumaßnahmen, die offenbar mit extremem Zwang durchgeführt werden, so daß sie das Blut des Volkes kosten (2,12). Verantwortlich für sie dürften königliche Beamte sein. Auch wenn Habakuk dies anders als Mi 3,1-12 (vgl. auch Jer 22,13-19) nicht als Verletzung des *mišpāṭ* ausdrücklich kennzeichnet, liegt doch derselbe Gedanke zugrunde.

---

[19] Siehe o. S. 30

1.6 EZECHIEL

Mit hoher Wahrscheinlichkeit ist Ezechiel bereits mit der ersten Gola nach der Einnahme Jerusalems unter Jojachin im Jahr 597 nach Babylonien gekommen[1]. Seine Berufung fällt nach dem Datierungssystem des Ezechielbuches in das Jahr 593, also in die Regierungszeit Zedekias; das späteste Wort ist in das Jahr 571 datiert[2]. Somit hätte Ezechiel sowohl die letzten Jahre des noch selbständigen Juda miterlebt als auch in den ersten Jahren nach dem Ende an dem vehement einsetzenden Prozeß der Aufarbeitung dieser Katastrophe (vgl. nur die Entstehung des Deuteronomistischen Geschichtswerks und der Threni) mitgewirkt. Sein Buch enthält deshalb weniger—wie die bisher behandelten Prophetenbücher —eine Sozialkritik, die vorfindliche Verhältnisse kritisiert, sondern vermehrt geschichtliche Rückblicke in verschiedenster Form, die theologisch die Frage nach der Schuld Israels und des einzelnen reflektieren.

Gerade dieser Sachverhalt macht einen Vergleich Ezechiels mit Jeremia besonders reizvoll. Für die kurze Zeit von Ezechiels Berufung 593 bis zum Ende Gedaljas und den sich in Ägypten verlierenden Spuren der geflohenen Judäer, die Jeremia mit sich nehmen, wirken nämlich Jeremia und Ezechiel nebeneinander. Aber mehr als die sechs bis sieben Jahre Zeitgleichheit umfaßt dieses Nebeneinander kaum. Jeremias Berufung liegt über dreißig Jahre vor der Ezechiels. Und Jeremia wirkt in Juda selbst, während Ezechiel die Vorgänge aus der Golasituation heraus betrachtet. Wichtiger als diese zeitliche und räumliche Distanz der beiden Propheten ist aber, was sich daraus für ihre Verkündigung ergibt. Jeremia steht mitten in den Kämpfen seiner Zeit, mit seiner Verkündigung greift er aktiv in sie ein. Ezechiel dagegen sieht das Geschehen aus räumlichem und in vielen seiner Worte auch zeitlichem Abstand. Jeremias Rolle ist, daß er Partei unter Parteien im

---

[1] Vgl. die Zusammenfassung der Diskussion bei Alonso Schökel/Sicre Díaz (1987) 669f; anders neuerdings wieder Fuhs (1984) 13, der annimmt, "daß Ezechiel in der ersten Phase seiner Verkündigung (593-586) in Jerusalem gewirkt hat".

[2] Zu den Daten vgl. Fohrer (1955) XIII; Zimmerli (1969) 15*.24*; Becker (1971) 5; Carley (1974) 1; Fuhs (1984) 11 (593-568)

Kampf um den rechten Weg Judas ist, Ezechiels Bedeutung dagegen liegt darin, daß er als erster Prophet an der Verarbeitung der
schon geschehenen Katastrophe beteiligt ist.

Diese Unterschiedlichkeit, die noch verstärkt wird durch das verschiedene Milieu, dem beide entstammen—Jeremia ist stark von
der vor ihm liegenden prophetischen Tradition geprägt, während
Ezechiel im priesterlichen Denken wurzelt—, macht ihr Zeugnis für
die Frage nach den tatsächlichen Verhältnissen in Staat und Gesellschaft umso wertvoller. Denn sollten solch verschiedene Charaktere
die Verhältnisse gleich sehen, dann kann das seinen Grund nicht in
gleicher Herkunft, Schulzugehörigkeit oder gar gegenseitiger Be-
einflussung haben, sondern weist darauf hin, daß die Verhältnisse
tatsächlich so waren.

1.6.1 Ez 11,1-13

In die große Schau Ezechiels ''vom sündigen Gottesdienst Jerusalems und seinem Gericht''[3] in 8,1—11,25 ist in 11,1-21 ein Element eingebaut, das durch die Art seiner Vorwürfe—soziale, nicht
kultische Vergehen—wie durch das Thema der Spannungen
zwischen Jerusalemern und Golaangehörigen ''als Fremdkörper
aus dem übrigen Zusammenhang'' herausgehoben ist[4]. Kern
dieses Elementes ist das Gerichtswort von V.1-13, dem das Heils-
wort für die Gola ''nochmals als ein eigenständiges Element''[5]
angefügt ist.

Zunächst schaut Ezechiel visionär am Eingang des Osttores des
Jerusalemer Tempels eine Versammlung von 25 Männern, aus
deren Mitte Jaasanja ben Assur und Pelatja ben Benaja besonders
hervorgehoben werden. Sie werden als ''Beamte des Volkes''
bezeichnet (V.1). Dies ist sicher kein Titel im strengen Sinn, son-

---

3 Zimmerli (1969) 187
4 Zimmerli (1969) 202.—Gegen diese ''Sententia communis'' jetzt entschieden
Becker (1986) 149f, der Ez 8-11 als einheitliche pseudepigraphische Komposition
verstehen will. Hossfeld (1986) 153-156 verteidigt mit ausführlicher Begründung
den in Ez 8-11 sekundären Charakter von 11,1-13.14-21, wobei er gemäß seinem
Modell der ''Fortschreibung'' (S. 151f) allerdings nochmals V.1-8.13 als ''Grundtext'' und V.9f.11f als ''sekundäre Erweiterungen'' differenziert (S. 154, Anm. 7).
Den Grundtext des Einschubs führt er auf Schüler des Propheten zurück.
5 Zimmerli (1969) 241; zur Selbständigkeit von 11,1-13 vgl. auch Fohrer (1955)
58; Carley (1974) 66; Fuhs (1984) 60

dern bezeichnet allgemein die Beamten "als Träger öffentlicher Verantwortung im 'Volk'"[6]. Von ihnen heißt es:

> (2) ... Das sind die Männer, die auf Unrecht sinnen und böse Ratschläge planen in dieser Stadt, (3) die sprechen: "Man braucht nicht bald Häuser zu bauen. Sie ist der Topf, wir sind das Fleisch."

Völlige Klarheit ist nicht zu gewinnen über das, was der Prophet den Beamten in Jerusalem vorwirft. Sicher ist, daß sie üble Pläne aushecken, und die figura etymologica *jā'aṣ 'eṣâ* "deutet auf ein Ratschlagen im Bereich der öffentlichen Dinge" hin[7] (vgl. 7,26). Was aber hat es mit dem Häuserbauen auf sich? Ist *b'qārôb* zeitlich zu verstehen (wie in der obigen Übersetzung wiedergegeben), könnte gemeint sein, daß die Reichen Jerusalems sich an dem Besitz der Exilierten (vgl. 11,14-21) oder der von ihnen "Erschlagenen" (V.6f) schadlos halten und deshalb keine neuen Häuser bauen müssen[8]. Ist es dagegen räumlich zu deuten, könnte der Sinn auch sein: "Nicht (nur) in der Nähe wollen wir Häuser bauen", was meint, daß die angeredeten Beamten sich auch außerhalb Jerusalems Hausbesitz aneignen. Jedenfalls fühlen sie sich, das ist wieder klar, wie die Maden im Speck: Jerusalem ist der Topf, in dem sie das Fleisch sind.

---

[6] Zimmerli (1969) 242.—Daß der "Titel ... sich so nur noch in nachexilischen Formulierungen" finde (Zimmerli ebd.), ist angesichts von Jes 3,14 nicht haltbar, wo von den "Ältesten seines Volkes und seinen Beamten" die Rede ist; s. dazu o. S. 29–34

[7] Zimmerli (1969) 243. Kraetzschmar (1900) 115 denkt an "ein besonderes Rats- und Gerichtskollegium ..., in dessen Händen die Leitung der inneren Angelegenheiten lag". Einschränkend J. Herrmann (1924) 71: "politische Parteiführer ..., die zur Zeit die öffentliche Meinung beherrschen". Daß die Beamten "eine Richterfunktion am Stadttor" innehaben und "verantwortlich für die ungerechte Rechtsprechung" sind (Bettenzoli, 1979, 21), ist dem Text dagegen nicht zu entnehmen. Vollends ins Reich der Spekulation gehören die weitreichenden verfassungsrechtlichen Vorgänge, die Eichrodt (1968) 68f dem Text entnehmen will: "Im folgenden wird eine so unbeschränkte Machtübung dieses Kollegiums geschildert, daß wir nicht fehl gehen werden, wenn wir in ihm eine Art 'Volksrat' erblicken, der durch den inneren Umsturz von Gesellschaft und Politik im Gefolge der ersten Wegführung von 598 mit Billigung und vielleicht sogar Ermächtigung der babylonischen Oberregierung ans Ruder gekommen war und unter dem Schutze König Zedekias die Exekutivgewalt weitgehend an sich gerissen hatte. Jeder Widerstand der alten patrizischen Schicht wurde rücksichtslos zertreten, und die raschen Bluturteile, die jeden Verdächtigen unschädlich zu machen suchten, ehe er der konsequent babylonischen Politik der Regierenden gefährlich werden konnte, ließen diese servilen Henkersknechte der fremden Oberherrschaft auch bei den in Babylonien Verbannten berüchtigt werden."

[8] So Fohrer (1955) 60; Fuhs (1984) 60

Danach erhält der Prophet Befehl, über sie zu weissagen:

(5) ... So hat JHWH gesprochen: So habt ihr gesprochen, Haus Israel, und was in eurem Geist aufsteigt—ich weiß es. (6) Ihr habt eure Er-schlagenen zahlreich gemacht in dieser Stadt und habt ihre Gassen mit Erschlagenen gefüllt. (7) Deshalb hat der Herr JHWH so gesprochen: Eure Erschlagenen, die ihr in ihrer Mitte hingestreckt habt, sie sind das Fleisch und sie ist der Topf. Euch aber führe ich aus ihrer Mitte heraus.

Im Gerichtswort wird dem ''Haus Israel'', womit im Kontext aber nur seine Führungsschicht gemeint sein kann[9], vorgeworfen, die Erschlagenen in der Stadt zahlreich gemacht zu haben. Auch wenn das ezechielische Lieblingswort *ḥālāl*—von den fast hundert alt-testamentlichen Belegen entfällt über ein Drittel auf den Prophe-ten—überwiegend im Krieg Gefallene meint, ist diese Bedeutung hier doch kaum anzunehmen, denn es geht ja um Erschlagene noch vor dem vom Propheten angedrohten Fall Jerusalems (V.7-11)[10]. Nun ist die Vokabel *ḥālāl* keineswegs eingeschränkt auf im Krieg Gefallene, sondern kann jeden durch Gewalttat Erschlagenen mei-nen (vgl. Dt 21,1-3.6; Jer 41,9). Es ist also wohl an den Vorwurf zu denken, daß die Beamten, sei es durch Justizmord, sei es durch nackte Gewalttaten, eine erhebliche Zahl von Menschenleben auf dem Gewissen haben.

1.6.2 Ez 18

Mit Ez 18 stoßen wir zum erstenmal auf ein Prophetenwort, das nicht sozialkritisch in bestehende Verhältnisse eingreift oder auf sie hinweist. In Ez 18 geht es um die Bewältigung der Katastrophe von 587/6[11], u.zw.—anders als in den noch zu behandelnden Texten 22,1-16.23-31; 34—nicht auf der sozialen, sondern der indivi-duellen Ebene. Da aber das Individuum auch in seinem sozialen

---

[9] Schön Eichrodt (1968) 70: ''Die Anrede mit 'Haus Israel' entspricht dabei der Selbsteinschätzung der Regierenden ...''
[10] Mit Kraetzschmar (1900) 118; Hölscher (1924) 75; Fohrer (1955) 60; Eichrodt (1968) 69; Fuhs (1984) 60 gegen J. Herrmann (1924) 71f; Zimmerli (1969) 245. Den ausführlichen Nachweis, daß bei Ezechiel '''schwerterschlagen' als 'er-mordet' oder 'hingerichtet''' zu verstehen ist, erbringt Eißfeldt (1966), Zitat S. 7. Für Hossfeld (1986) 154 ist der ''von der Sprachnorm (sic!) Ezechiels'' ab-weichende Anwendungsbereich von *ḥālāl* ''verräterisch'' und weist auf die Hand von Schülern.
[11] Vgl. Zimmerli (1969) 401

Verhalten gesehen wird, lohnt ein Blick auf Ezechiels Ausführungen. Ausgangspunkt ist das im Land umgehende "Sprichwort":

> Die Väter essen unreife Weinbeeren, und den Söhnen werden die Zähne stumpf (V.2).

Es geht also nicht um das Schicksal der Gesellschaft als ganzer, sondern um die Frage nach der individuellen Schuld bzw. um den Teil, den der einzelne an den Folgen der Katastrophe zu tragen hat. Die Auseinandersetzung darüber ist "nicht von der Geschichte, sondern von der Rechtskasuistik her gedacht"[12]. Infolgedessen kommen die verschiedenen Verantwortlichen in der Gesellschaft—also etwa der König oder die Beamten—auch nicht in den Blick. Im Zentrum von Ez 18 steht ausschließlich der "Mann" (V.5), der freie Israelit. Ihm wird in Art eines Beichtspiegels vorgehalten, welches Verhalten gerecht und welches unrecht ist:

> (5) Wenn ein Mann gerecht ist und Recht und Gerechtigkeit tut, (6) nicht auf den Bergen ißt und seine Augen nicht zu den Götzen des Hauses Israel aufhebt und die Frau seines Nächsten nicht unrein macht und sich einer Frau zur Zeit ihrer Unreinheit nicht nähert (7) und gegen einen andern nicht gewalttätig ist, sein Pfand—Schuld—zurückgibt, keinen Raub an sich reißt, sein Brot dem Hungernden gibt und den Nackten mit einem Gewand bedeckt, (8) um Zins nicht gibt und Zuschlag nicht nimmt, von Unredlichkeit seine Hand zurückhält, wahres Gericht hält zwischen Mann und Mann, (9) in meinen Satzungen wandelt und meine Gebote beachtet, Wahrheit zu tun—ist er gerecht, leben soll er—Ausspruch des Herrn JHWH.

Zunächst wird in V.5b das Tun des ṣaddîq überschriftartig als Tun von mišpāṭ und ṣᵉdāqâ bezeichnet (ähnlich pauschal dann auch in V.19.21.27). Wie bei den Propheten vor ihm (vgl. Jes 5,7; Mi 3,1.9; Jer 5,1.4f; 22,13.15) stellen mišpāṭ und ṣᵉdāqâ Ordnungsbegriffe für die "gerechte Ordnung" insgesamt dar, die sich jeweils sehr verschieden konkretisiert, hier in Ez 18,5-9 auf kultischem und rituell-sexuellem (V.6), sozialem (V.7.8aα) und forensischem (V.8aβ.b) Gebiet. All diese Konkretisierungen faßt V.9a in den pluralischen Formulierungen "in JHWHs Satzungen wandeln" und "seine mišpāṭîm halten" zusammen (entsprechend V.17.19.21).

Die möglichen sozialen Vergehen belegen erneut die Bedeutung des Ausspielens ökonomischer Macht im Rahmen des Schulden-

---

[12] Zimmerli (1969) 397

wesens, durch Verweigerung der Pfandrückgabe, "Raub" als
Metapher für die "Beraubung des Armen und Schutzlosen durch
die übermächtigen Reichen"[13] (V.7a) und das Verleihen um Zins
und Zuschlag (V.8aα). Erst im Anschluß daran wird die Rechts-
verdrehung als forensisches Vergehen genannt. Das erinnert an die
Abfolge in Jer 5,26-28 und Hab 1,2-4: Nicht die Beugung des
Rechts führt zu wirtschaftlicher Macht, sondern wirtschaftliche
Macht hat die Beugung des Rechts durch die—in Ez 18 ja angeredeten—wirtschaftlich Starken zur Folge. Zwar ist diese Abfolge in
der Aneinanderreihung der *ḥuqqôt* und *mišpāṭîm* (V.9) nicht so deutlich ausgedrückt wie durch Jeremias "auch" (5,28) und Habakuks
"deshalb" (1,4). Aber daß doch auch für Ezechiel die Rechtsbeugung gegenüber dem Ausspielen wirtschaftlicher Macht sekundär
ist, belegt die Tatsache, daß in den weiteren Katalogen von Kap 18
zwar die ökonomischen Vergehen (V.12f.16-18), nicht aber die
forensischen wieder aufgenommen werden.

Die in V.5-9 entfalteten Normen werden in der folgenden Diskussion darüber, wie es sich mit den Folgen gerechten oder ungerechten
Handelns über die Generationen hinweg (V.5-20) bzw. bei erfolgter
Verhaltensänderung zum Guten oder Schlechten hin (V.21-32)
verhält, jeweils in leicht abgeänderter Form wiederholt. Sie stehen
"im Bereich einer Schulerörterung ..., die zu ihrem eigenen, fest-
geprägten Vokabular gelangt ist"[14]. Hintergrund ist "das Formu-
lar bestimmter, im Tempel beheimateter Begehungen"[15]. Doch
führt es zu weit, mit Reventlow daraus den Schluß zu ziehen: "nicht
historische Empire, sondern Bindung an das Ritual, das zeitlos ist,
prägt in weitem Maße Form und Inhalt der Verkündigung"[16].
Denn dagegen spricht die Erwähnung einer in allen prophetischen
Texten und auch Gesetzesformulierungen nicht genannten Gruppe,
dem "Hungernden" und dem "Nackten" (V.7.16)[17]. Ezechiel
rechnet hier also mit der Existenz blanker Bettelarmut, der gegenüber die Pflicht des Gerechten ist, Almosen zu geben (Brot und ein

---

[13] So zutreffend Junker (1963) 175
[14] Zimmerli (1969) 396
[15] Zimmerli (1969) 397; vgl. auch Fohrer (1955) 98; Junker (1963) 178; Becker
(1971) 51f; Carley (1974) 116
[16] Reventlow (1962) 111
[17] Reventlow (1962) 109, der Ez 18 detailliert mit gesetzlichen Bestimmungen
v.a. des Heiligkeitsgesetzes vergleicht, bemerkt richtig, daß V.7b "ein singuläres
Glied" ist.

Gewand). Die Existenz solcher Bettler, die nicht einmal das Aller-
nötigste zum bloßen Überleben haben, deutet einen Verfall der
Sozialordnung an, der weit über alles bisher Bekannte hinausgeht.
Hier ist eine Erscheinung, die in nachexilischer Zeit zum gesellschaftlichen Dauerproblem wird (vgl. Jes 58,7; Hi 22,6f; 31,16-20;
Prv 31,20; Sir 3,30—4,10; 7,10.32f; Matth 25,31-46), zumindest in
Ansätzen auch schon für die spätvorexilische Zeit greifbar. Damit
aber erweist sich Ezechiels Katalog als keineswegs "zeitlos". Bettelarmut hat eine in Ez 18 sehr wohl greifbare Zeit ihres Entstehens.

1.6.3 Ez 19

In Ezechiels Leichenlied (qînâ, V.1.14) über zwei judäische Könige
werden diese metaphorisch als Löwen geschildert. Die Ambivalenz
dieses Bildes macht eine Deutung schwer. Denn der Löwe kann
sowohl Bild für Tapferkeit und Stärke (Gen 49,9; Num 23,24; 24,9;
Dt 33,22; 2Sam 1,23; 17,10) als auch für Raub- und Beutegier (Jer
4,7; Ez 22,25; Zeph 3,3; Prv 28,15) sein. Und wo von seiner Beu-
telust die Rede ist, hängt es immer noch vom Blickwinkel dessen ab,
der das Bild benutzt, ob es positiv oder negativ zu werten ist. Heißt
es also vom ersten der beiden Könige in Ez 19,3—mit ihm muß wegen der Erwähnung der Deportation nach Ägypten in V.4 Joahas
gemeint sein[18]—

Und er lernte Raub zu reißen, Menschen fraß er,

dann kann dies durchaus "ganz im Bereich der gewählten Bildsprache das normale Erstarken und Kraftgewinnen des Königs
schildern"[19].

Beim zweiten König dagegen stößt diese Deutung auf Schwierigkeiten. Von ihm wird gesagt:

(6) ... Und er lernte, Raub zu reißen, Menschen fraß er.
(7) Und er entdeckte 'ihre Päläste'[20], und ihre Städte verheerte er,
so daß das Land und, was es erfüllt, verstummte vor dem Lärm seines
Brüllens.

Da Opfer der königlichen Machtentfaltung offenkundig das eigene

---

[18] Fohrer (1955) 106; Eichrodt (1968) 161; Zimmerli (1969) 423; Becker (1971)
53; Carley (1974) 123; Lang (1981) 102; Fuhs (1984) 100
[19] Zimmerli (1969) 425.—So auch schon Kraetzschmar (1900) 167
[20] Vgl. BHS z.St. und Lang (1981) 90

Land ist, ist kaum davon auszugehen, daß die Worte nur "ganz im Bildbereich verbleibend die furchterregende Königsherrlichkeit" des gemeinten Königs "malen" möchten[21]. Denn solche Königs- herrlichkeit kann doch nur positiv oder zumindest neutral gewertet werden, wenn sie sich gegen äußere Feinde wendet. Hier aber ver- stummt "das Land und, was es erfüllt", vor dem Brüllen des königlichen Löwen. Dieser Löwe ist aller Wahrscheinlichkeit nach Zedekia[22]. Ezechiel wirft ihm Aggression gegen das eigene Land vor. Freilich kommt man angesichts der Metaphern und Andeutungen sowie der textlichen Unsicherheit der Stelle zu keiner sicheren Lösung, welche innenpolitischen Maßnahmen genau kritisiert werden, ob etwa die Unterdrückung von Gegnern in der außenpolitischen Frage oder tyrannische Tributeintreibung oder, was nach der "Luxuskritik" sowohl in Zeph 1,8f als auch Jer 22,13-19 auch nicht auszuschließen ist, königliches Streben nach Luxus[23].

1.6.4 Ez 22,1-16

Das Wort Ezechiels über die "Blutstadt" Jerusalem[24] variiert in V.2-4 den doppelten Vorwurf, daß die Stadt "Blut vergießt in ihrer Mitte" und "sich Götzen gemacht hat, unrein zu werden" (V.3). In V. 6-12 wird diese Doppelanklage in eine Anzahl sehr konkreter

---

[21] Zimmerli (1969) 426; ähnlich Becker (1971) 53; Carley (1974) 124; am weitesten geht Hölscher (1924) 106: "... die Charakteristik der beiden Könige ... ist ... nicht als Vorwurf, sondern durchaus rühmend gemeint", wozu er freilich V.7a aus dem Text streichen muß.—Zur Kritik Lang (1981) 104f und schon Eichrodt (1968) 162, der die Auffassung zurückweist, man könne "in den Versen eine belanglose Bildrede, die nur der Untermalung des Königsbildes diente", sehen.

[22] Vgl. Fohrer (1955) 106; Eichrodt (1968) 162; Carley (1974) 123; Lang (1981) 102f mit ausführlicher Begründung; Fuhs (1984) 100f; anders Hölscher (1924) 106; Zimmerli (1969) 423f, die an Jojachin denken.

[23] Vielleicht sind dies aber auch gar keine echten Alternativen; vgl. Lang (1981) 181: "Vielleicht läßt sich dieser herausfallende Einzelzug (sc. Kritik wegen innerer Maßnahmen) aber doch auch in die außenpolitische Thematik ein- ordnen". Schon Eichrodt (1968) 162 sieht an Zedekia sowohl "die unstete und treulose Politik, durch die Juda unter seiner Regierung mehrfach den Frieden bedrohte", als auch "die Gewalttätigkeit der Machthaber gegenüber dem not- leidenden Volk" kritisiert.

[24] Da das ebenfalls gegen die "Blutstadt" gerichtete Gleichniswort 24,1-14 (vgl. V.6) die soziale Anklage über den Vorwurf des Blutvergießens hinaus nicht differenziert, wird es im folgenden nicht berücksichtigt.

Vorwürfe differenziert. Die pluralische Anrede der "Fürsten" in
V.6 weist darauf hin, daß das Wort—wie Kap. 18—in den "Vorgang der inneren Bewältigung des Gerichtes über Jerusalem"[25]
gehört.

(6) Siehe, die Fürsten Israels stützen sich ein jeder auf seine Macht in
dir, um Blut zu vergießen. (7) Vater und Mutter verachtet man in dir,
am Fremdling handelt man mit Unterdrückung in deiner Mitte, gegen
Waise und Witwe ist man gewalttätig in dir. (8) Meine Heiligtümer
achtest du gering und meine Sabbate entweihst du. (9) Verleumder sind
in dir, um Blut zu vergießen, und auf den Bergen ißt man in dir.
Schandtat begeht man in deiner Mitte. (10) Die Scham des Vaters ent-
blößt man in dir, mit der in ihrer Monatsblutung Unreinen hat man
Umgang in dir. (11) Und jeder treibt Greuel mit der Frau seines Nächsten, und jeder verunreinigt seine Schwiegertochter in Schandtat, und
jeder hat in dir Umgang mit seiner Schwester, der Tochter seines
Vaters. (12) Bestechung nimmt man in dir, um Blut zu vergießen, Zins
und Zuschlag nimmst du und verschaffst dir mit Unterdrückung
Gewinn von deinem Nächsten, mich aber hast du vergessen—Ausspruch des Herrn JHWH.

Entgegen der herrschenden Kommentatorenmeinung[26] ist dieses
Wort kunstvoll konzentrisch aufgebaut. Im Überblick läßt es sich so
darstellen:

V.6   Fürstengewalt und Blutvorwurf

   V.7   Die Schwachen in der Gesellschaft (Vater,
                Mutter, Fremdling, Waise und Witwe)

       V.8   Kultische Vergehen

          V.9a Verleumdung und Blutvorwurf

       V.9bα   Kultische Vergehen

---

[25] Zimmerli (1969) 506.—Fohrer (1955) 126; Fuhs (1984) 116 unterscheiden
eine ezechielische Grundschicht in V.1-5.14 von einer Bearbeitung in V.6-13.15f.
Noch weiter geht Hossfeld (1977) 148-152, der einen Grundtext V.1-5.6.9a.12, ei-
nen ersten Anhang V.13f, einen zweiten Anhang V.15f, eine zweite Satzgruppe
V.7.9bα.10, eine dritte Satzgruppe V.9bβ.11 und einen Einschub V.8 ausmacht.
Zu einer grundsätzlichen Kritik an der von Hossfeld angewendeten Methode vgl.
Greenberg (1986) (speziell zu Ez 22,1-16 auf S. 128-131)

[26] Fohrer (1955) 128: "Das Wort, dessen Aufbau nicht gerade planvoll zu nennen ist"; Eichrodt (1968) 205: "Eine straffe Ordnung der Aufzählung ist zwar zu
vermissen"; Zimmerli (1969) 509: "Von einer straffen Gliederung ist aber nicht
zu reden"

V.9bβ-11²⁷ Sexueller Mißbrauch der in dieser Hinsicht
            Schwachen

V.12 Gesellschaftliche Gewalt und Blutvorwurf

Eckpunkte der Komposition sind die staatliche Gewalt der "Fürsten" und die gesellschaftliche Gewalt gegen die wirtschaftlich
Schwachen. In der Mitte steht der Vorwurf der Verleumdung, das
typische Mittel im Kampf des "Mannes" gegen seinen "Nächsten"
(vgl. Jer 9,1-8). Diese drei Stellen enthalten jeweils den Vorwurf
des Blutvergießens. Um diese Mitte legen sich im engeren Kreis
kultische Vorwürfe, im weiteren Kreis Vorwürfe gegen Schwache,
sei es wegen ihrer gesellschaftlichen Stellung, sei es wegen ihrer
sexuellen Mißbrauchbarkeit.
   Welche Vorwürfe erhebt Ezechiel im einzelnen? In V.6 geht es
zunächst um die Könige; denn sie sind mit dem Titel *nāśî^ɔ*, wie
immer bei Ezechiel, gemeint (vgl. noch 7,27—zusammen mit
sekundärem *mælæk*—; 12,10; 19,1; 21,17.30; 22,25; 34,24; 37,25
sowie durchweg in Kap. 40-48). Was über die Könige gesagt wird,
ist dagegen äußerst knapp. Immerhin läßt es erkennen, daß es um
den Mißbrauch ihrer Macht geht—*z^ero^{aͨ}* steht als Metapher für
Macht (vgl. Jes 53,1; Jer 17,5; Ez 17,9 u.ö.), wenn es nicht sogar,
einem Vorschlag Conrads folgend, direkt "Militärmacht, Armee"
bedeutet²⁸—, und daß das Ergebnis dieses Mißbrauchs Blutvergießen ist. Das rückt Ez 22,6 nahe an Mi 3,1-12; Jer 22,13-19 und
Hab 2,12, wo ebenfalls staatlicher Machtmißbrauch und der Vorwurf des Blutvergießens (Mi 3,10; Jer 22,17; Hab 2,12) beisammen
stehen.
   Als Nächstes greift Ezechiel das Verhalten gegen die ohnehin
rechtlosen personae miserae der Gesellschaft, Fremdling, Waise
und Witwe, zu denen hier auch die alten Eltern hinzutreten, an
(V.7). Die Ausdrücke "Verachtung, Unterdrückung und Gewalttätigkeit" sind dabei so gehalten, daß sie die konkrete Form der
Gewalt gegen diese Personen nicht benennen. Das ist deshalb

---

²⁷ *zimmâ* bezieht sich nach Lev 18,17; 19,29; 20,14 auf sexuelle Vergehen.
Durch den Anschluß ohne Kopula in V.9bβ stellt es "eine Überschrift zu den folgenden Vergehen, welche sexuelle Tabus verletzen", dar (Zimmerli, 1969, 510).
²⁸ Conrad (1976).—Hossfeld (1977) 117 spricht ungenau von "anarchischer
Gewalt". Die Macht der Fürsten ist aber nicht an sich anarchisch, sondern eben
erst ihr Mißbrauch.

wichtig, weil es in V.12, wo es nicht um die von vornherein Schwachen geht, anders ist. Hier werden die Gewaltmittel genannt. Es sind Bestechung, die im Kontext auf Rechtsbeugung in der Rechtsgemeinde der freien Männer hinweist[29], und Zins und Zuschlag, also das Ausspielen wirtschaftlicher Übermacht. In beiden Fällen sind Opfer nicht die personae miserae, sondern "dein Nächster" (V.12).

Schon oft ist beobachtet worden, daß sämtliche in Ez 22,7-12 erhobenen Vorwürfe ihr Pendant in Torabestimmungen haben[30]. Das tut aber dem Realitätsgehalt von Ezechiels Anklagen ebensowenig Abbruch wie in dem ähnlich gelagerten Fall von Kap. 18. Denn das eine ist, woher bestimmte Normen genommen werden, das andere, ob solche Normen auf gegebene Verhältnisse kritisch angewendet werden[31]. Und daß Ezechiel tatsächlich nicht nur "die 'Fälle' des Gesetzes zitiert"[32], zeigt V.6: In seinem Angriff auf die Könige kann er nämlich gar keine "'Fälle' des Gesetzes" zitieren; es ist bezeichnenderweise die einzige Stelle ohne Parallele in der Tora. Die Fülle der "Fälle", die Ezechiel hier aufführt, rührt nicht aus schematischem "Zitieren". Sie meint freilich auch nicht eine Summe von Einzelwahrnehmungen. Sondern Ezechiel hat den Untergang Judas vor Augen—ob als unmittelbar bevorstehend oder schon geschehen, kann dabei außer Betracht bleiben—, und er exemplifiziert an einer Fülle von Einzelbeispielen, warum es dazu kommen mußte bzw. muß.

---

[29] Hossfeld (1977) 119 meint zum Vorwurf der Bestechlichkeit in V.12: "angezielt werden also leitende Beamte mit Richteraufgaben". Der Kontext in V.7-12 greift aber durchweg nur den "freien Bürger" an, "der", wie Hossfeld aaO S. 118f selbst zu V.9a bemerkt, "in der freien Rechtsgemeinde beim Prozeß die Rollen des Anklägers, Zeugen und Richters übernehmen kann." Es besteht also kein Anlaß, nur in V.12a plötzlich beamtete Richter zu finden.

[30] Vgl. die Parallelstellen bei Fohrer (1955) 128; Reventlow (1962) 104-106; Zimmerli (1969) 509-511; Fuhs (1984) 117

[31] So richtig Bettenzoli (1979) 116, der als Hintergrund von Ezechiels Polemik die "Gesetze von Lev 18-20 und 25" sieht: "Hier wird keine theoretische Überlegung vorgetragen, sondern die Anklagen entsprechen einer konkreten Situation und bestimmten geschichtlichen Zuständen ..." Ähnlich auch schon Eichrodt (1968) 205

[32] So Reventlow (1962) 102: "Verständlich wird die Aufzählung erst, wenn man erkennt, daß Ezechiel gar nicht konkrete Beobachtungen tatsächlich geschehener Verfehlungen wiedergibt, sondern die 'Fälle' des Gesetzes zitiert ...".

1.6.5 Ez 22,23-31

Einer der großen Rückblicke Ezechiels auf die abgeschlossene Geschichte des noch selbständigen Juda ist seine sog. Ständepredigt in Kap. 22,23-31[33]. "Predigt" ist dieser Text freilich nicht in dem Sinn, daß er die Angeredeten in ihrem aktuellen Verhalten beeinflussen will, sondern nur so, daß im nachhinein die Schuld der einzelnen Gruppen der Gesellschaft resümiert wird[34]. Besonders deutlich wird dieser rückblickende Charakter daran, daß die "Fürsten" in V.25 in der Mehrzahl angeredet werden; hier wird die Geschichte des davidischen Königshauses gleichsam in einen Satz zusammengerafft.

(23) Und es erging das Wort JHWHs an mich: (24) Menschensohn, sage zu ihm: Du bist ein Land, das nicht beregnet, nicht benetzt wurde am Tage des Zorns. (25) 'Seine Fürsten'[35] in seiner Mitte waren wie ein brüllender Löwe, Raub reißend; Menschenleben haben sie gefressen, Schätze und Kostbarkeiten genommen; seine Witwen haben sie zahlreich gemacht in seiner Mitte. (26) Seine Priester haben meine Weisung vergewaltigt und meine heiligen Gaben entweiht. Zwischen heilig und profan haben sie nicht unterschieden und den Unterschied zwischen rein und unrein nicht gelehrt und vor meinen Sabbaten die Augen verschlossen, so daß ich entweiht wurde in ihrer Mitte. (27) Seine Beamten in seiner Mitte waren wie Wölfe, Raub reißend, um Blut zu vergießen, Menschenleben zu verderben, damit sie ihren Schnitt machten. (28) Seine Propheten aber strichen ihnen Tünche darüber, indem sie Trug schauten und ihnen Lüge weissagten, indem sie sagten: So hat der Herr JHWH gesprochen—wo doch JHWH nicht geredet hatte. (29) Das Landvolk beging Unterdrückung und trieb Raub, und gegen den Elenden und Armen waren sie gewalttätig, und den Fremdling unterdrückten sie mit Widerrecht. (30) Und ich suchte unter ihnen einen, der die Mauer baute und in die Bresche träte vor mir für das Land, daß ich es nicht verderben müßte. Aber ich fand keinen. (31) Da schüttete ich meinen Zorn über ihnen aus, im Feuer meines Grimmes vertilgte ich sie. Ihren Wandel brachte ich über ihr Haupt—Spruch des Herrn JHWH.

---

[33] Nach Fohrer (1955) 130 rührt der Abschnitt "keinesfalls von Ez her"; vgl. auch Carley (1974) 151; Fuhs (1984) 119. Selbst wenn das der Fall wäre, wäre er nicht weniger relevant für die rückblickende Beurteilung staatlicher und gesellschaftlicher Verhältnisse im untergegangenen Juda. Vgl. etwa die Bemerkung von Eichrodt (1968) 210, daß hier ein "Schüler redet, der in treuer Benützung der Predigt seines Meisters ... dem ganzen Volk den Spiegel vorhält ..."

[34] Hierin unterscheidet sich Ez 22,23-31 dann auch von Zeph 3,3f, vgl. o. S. 66f

[35] Zur Textänderung vgl. BHS z.St. und Zimmerli (1969) 520f

Bevor wir im einzelnen sehen wollen, wie Fürsten, Beamte und Landvolk als die herausgehobenen Vertreter von Staat und Gesellschaft beurteilt werden, fassen wir die Aussage über Priester und Propheten ins Auge. Sie ist deshalb für die soziale Frage wichtig, weil diese beiden Gruppen jeweils ausdrücklich nach dem beurteilt werden, was ihre ureigenste Aufgabe gewesen wäre. Die Priester haben die Tora zu hüten und zwischen rein und unrein zu unterscheiden, die Propheten haben im Namen JHWHs die Wahrheit zu verkündigen. Beide haben vor dieser ihrer ureigensten Aufgabe versagt. Das läßt erwarten, daß auch die anderen Gruppen nicht mit allgemeinen Vorwürfen bedacht werden, sondern daß das, was ihnen vorgehalten wird, in Ezechiels Augen ebenfalls für ihre Aufgaben und Vergehen typisch ist.

An erster Stelle nennt Ezechiel die Könige Judas, die er, wie immer, mit dem Titel *nāśîʾ* belegt (vgl. zu 22,6[36]). Der Vorwurf gegen sie ist vierfältig. Zunächst werden sie mit einem brüllenden Löwen verglichen, der Raub reißt. Dies weist metaphorisch auf Ausplünderung der Bevölkerung durch das Königshaus hin, ist aber nicht sehr spezifisch. Ebenso ist es mit dem zweiten Vorwurf, daß sie ''Menschenleben gefressen'' haben. Damit ist zwar angedeutet, daß es nicht bei der bloßen Ausplünderung des Volkes geblieben ist, sondern daß dieser Vorgang auch Menschenleben gekostet hat. Aber wie das geschehen ist, wird nicht einmal angedeutet.

Dagegen ist der dritte Vorwurf schon deutlich spezifischer. Den Königen wird vorgeworfen, daß sie ''Schätze und Kostbarkeiten genommen'' haben. Zwar kann natürlich im Prinzip jeder an diese Dinge gelangen, nach der Spruchweisheit als Folge von Fleiß (Prv 12,27). Das gleiche Wortpaar *ḥosæn wîqār*, das Ezechiel in 22,25 für die Könige verwendet, benutzt Jeremia in 20,5 für die Stadt Jerusalem. Trotzdem ist auffällig, daß das Streben nach und der Besitz von edlen Dingen in besonderer Weise den Königen zugeschrieben wird. Den Edelstein der erbeuteten Ammoniterkrone eignet David sich an (2 Sam 12,30 = 1Chr 20,2). Die Königin von Saba bringt Salomo Luxusschätze ihres Landes als Geschenk (1Kön 10,2.10 = 2Chr 9,1.9), Salomo selbst schickt Schiffe aus, um sich Gold, edle Hölzer und Steine zu beschaffen (1Kön 10,11 = 2Chr 9,10). Nach 2Chr 32,27 ist Hiskia im Besitz gewaltiger Reichtümer, und in dem

---

[36] Siehe o. S. 105

königlichen Hochzeitslied Ps 45 wird die luxuriöse Ausstattung von Braut und Bräutigam besonders herausgehoben (V.9f.14f). Kurz, wenn Ezechiel den Königen Judas vorhält, sich ''Schätze und Kostbarkeiten genommen'' zu haben, dann wirft er ihnen offensichtlich ein typisch ''königliches'' Verhalten vor.

Auch der letzte Vorwurf kann so wohl nur gegen Könige erhoben werden. Denn daß sie ''die Witwen des Landes zahlreich gemacht haben in seiner Mitte'' zielt am wahrscheinlichsten auf die häufigen Kriege ab, die die Könige Judas geführt haben. Zwar sind auch sonst Gewalttaten von Königen überliefert, durch die Frauen zu Witwen wurden[37], aber das sind Einzelfälle, die gerade wegen ihres Ausnahmecharakters überliefert wurden. Der Ausdruck ''zahlreich machen'' paßt schwerlich auf sie. Vielmehr ist für Ezechiel daran zu erinnern, daß er sich immer wieder in Wort und Zeichenhandlung gegen die judäische Politik des Aufstands gegen Babylon gewendet (12,1-15; 17,1-10.11-21; 19; 21,23-37) und dabei auch darauf hingewiesen hat, daß diese Politik den Tod vieler Soldaten nach sich ziehen wird (17,21, vgl. 21,8f)[38].

Nach den Königen werden von Ezechiel die Beamten, die *śārîm*, als Gruppe, die staatliche Macht ausübt, in den Blick genommen (22,27). In ihrem Tun unterscheiden sie sich nicht von den Königen. Sind die Könige Raub reißende Löwen, dann die Beamten Raub reißende Wölfe. Einen Unterschied macht das nicht (vgl. auch den Parallelismus in Zeph 3,3), ebenso wenig wie die Ausdrucksweise ''Menschenleben fressen'' für die Könige und ''Blut vergießen, Menschenleben verderben'' für die Beamten.

Ein Unterschied, gering, aber signifikant, kommt erst auf, wo die Abzweckung ihres Tuns genannt wird. Bei den Königen war das die Aufhäufung von ''Schätzen und Kostbarkeiten'', bei den Beamten ist es, ''ihren Schnitt zu machen''[39]. Wir hatten schon zu Hab 2,9[40] auf Stellen hingewiesen, an denen diese Formulierung im Zusammenhang mit richtenden Tätigkeiten und der dabei auftretenden Gefahr der Bestechlichkeit erscheint. So ist es kaum

---

[37] Zimmerli (1969) 524 erinnert an 2Sam 11; 1Kön 21 und Jer 22,17.
[38] Zur Sache und den hier angeführten Texten vgl. grundlegend Lang (1981)
[39] Dieser feine Unterschied wird bei Bettenzoli (1979) 144 nicht genügend betont, wenn er von den ''Amtsträgern'' schreibt: ''Ihr Verhalten ist nur eine Variante zum Verhalten der Fürsten.''
[40] Siehe o. S. 93

auszuschließen, daß Ezechiel bei den Beamten Judas in erster Linie daran denkt, daß sie ihren Gewinn über Bestechungsgeschenke gemacht haben[41].

Werden Könige und Beamte in der Art ihres Tuns also nicht unterschieden, sondern nur in der ihrer gesellschaftlichen Stellung entsprechend unterschiedlichen Dimension der Abzweckung ihres Tuns, so befinden wir uns bei Ezechiels letzter Anklage gegen das Landvolk, den ʿam hāʾāræṣ[42], auf völlig anderem Gelände. Hier sind wir gleichsam an der Front der gesellschaftlichen Entwicklung. Anders als bei Königen und Beamten werden zum erstenmal auch die Opfer genannt—die in V.25 erwähnten Witwen sind nicht Opfer königlicher Unterdrückung, sondern werden erst zu Witwen als Folge königlichen Handelns—, die "Elenden, Armen und Fremdlinge". Doch sehen wir uns Ezechiels Vorwürfe der Reihe nach an.

Der erste Vorwurf geht auf Unterdrückung, ʿšq. Objekt der Unterdrückung können nach Ausweis anderer Texte sein: Witwe und Waise (Jer 7,6), Fremdling (Ez 22,7) und Nächster (Ez 22,12), Geringe (Am 4,1; Prv 14,31; 22,16; 28,3), der Mann und sein Haus (Mi 2,2), Fremdling und Elender (Sach 7,10) oder der Tagelöhner (Mal 3,5). In diese Reihe fügt sich Ez 22,29 mit der Nennung der Elenden, Armen und Fremdlinge nahtlos ein. Das "Landvolk", die freien und grundbesitzenden, rechts-, kult- und wehrfähigen Vollbürger, unterdrücken die, die entweder keine Rechte haben (die Fremdlinge), oder die, die aufgrund ihrer ökonomischen Schwäche nicht in der Lage sind, ihre Rechte wahrzunehmen (die Elenden und Armen[43]).

Ziel der Unterdrückung ist nach Ezechiel "Raub". Was das Landvolk von den Elenden raubt, sagt er nicht. Nach Ausweis anderer Stellen, die die Vokabel gzl verwenden, kann das von lebenswichtigen Besitztümern wie einer Wasserquelle (Gen 21,25) oder einem Esel (Dt 28,31) bis zur Grundlage der Existenz, dem Feld (Mi 2,2), dem Haus (Hi 20,19) oder der Herde (Hi 24,2), gehen. Der Vorwurf des Raubes läuft also darauf hinaus, daß die

---

[41] Sicre (1984) 403 und Alonso Schökel/Sicre Díaz (1987) 764 denken bei den Beamten denn auch an Richter.

[42] Zum ʿam hāʾāræṣ vgl. zusammenfassend unten S. 199f sowie S. 199–202

[43] Daß der ʿānî und der ʾæbjôn der zwar wirtschaftlich schwachen, aber noch freien "unteren Schicht der grundbesitzenden Bauern" angehören, betont zu Recht Koch (1991) 152-155, Zitat S. 154.

wirtschaftlich Schwachen durch Gewalt—welcher Art, wird nicht
ausgeführt—um die Grundlage ihrer Existenz gebracht werden.
Auch die an anderen Stellen genannten Opfer solchen Raubes, der
Elende (Jes 3,14), die "Elenden meines Volkes" (Jes 10,2), der
Mann (Mi 2,2), der "Bruder" (Ez 18,18) oder der Geringe (Prv
22,22) stimmen mit den hier genannten Opfern überein.
Abgerundet wird das Bild durch das zweite Verb neben $^c\check{s}q$ =
"unterdrücken", *jnh* hifil = "gewalttätig sein". Bei den sonstigen
Belegen sind Opfer solcher Gewalttätigkeit der Fremdling (Ex
22,20; Lev 19,33), der "Bruder" (Lev 25,14.17), der entlaufene
Sklave (Dt 23,17), Fremdling, Witwe und Waise (Jer 22,3), Elender
und Armer (Ez 18,12 wie hier) und wieder Witwe und Waise (Ez
22,7). Indem abschließend das Tun des ^{c}*am* $h\bar{a}^{\,\flat}\bar{a}r\ae\!\!\not\!s$ als Unterdrük-
kung $b^e lo^{\,\flat}$ *mišpāṭ* bezeichnet wird, wird—wie in Kap. 18—*mišpāṭ* als
Oberbegriff für eine gerechte Sozialordnung verwendet.

Insgesamt macht Ezechiel also nicht eine einzelne Gruppe für den
Untergang Judas verantwortlich, sondern sowohl die Träger staatlicher Macht (Könige und Beamte) als auch die religiösen Führer
(Priester und Propheten) als auch das Landvolk, d.h. die wirtschaftlich Mächtigen. Wichtig ist, daß jede Gruppe ihren je spezifischen
Teil an Verantwortung trägt. Wohl kann man also wie bei der Sozialkritik von Ezechiels Vorläufern sagen, daß sie "die Oberschicht"
angreife. Aber diese Oberschicht wird zugleich differenziert, wobei
für unsere Untersuchung die Unterscheidung zwischen den
Trägern staatlicher Macht und den wirtschaftlich Mächtigen besonders festzuhalten ist.

1.6.6 Ez 34

Was aus der Untersuchung der "Ständepredigt" Ez 22,23-31 als
Ergebnis gewonnen wurde, findet seine Bestätigung in dem großen
Wort über die Hirten und die Herde in Kap. 34. Auch dieser Text
ist höchstwahrscheinlich im Rückblick auf die Katastrophe Jerusalems 587/6 formuliert[44]. Er gliedert sich in zwei thematisch
unterschiedene Komplexe, das Wort über die Hirten (V. 1-16) und
das Wort über die Herde (V. 17-22)[45].

---

[44] Vgl. Zimmerli (1969) 847
[45] Zimmerli (1969) 834 weist dem ersten Komplex V. 1-6.9-15 und dem
zweiten V. 17-22(24?) zu.

Den Hirten wirft Ezechiel nicht nur vor, daß sie ihre Pflicht gegenüber der Herde vernachläßigt, sondern auch, daß sie sich an ihr bereichert haben:

> (2) ... Wehe, die Hirten Israels, die sich selbst weiden! Sollen die Hirten nicht die Herde weiden? (3) Das Fette eßt ihr und mit der Wolle kleidet ihr euch, das Gemästete schlachtet ihr—die Herde aber weidet ihr nicht. (4) Das Geschwächte habt ihr nicht gestärkt und das Kranke nicht geheilt und das Gebrochene nicht verbunden und das Versprengte nicht zurückgebracht und das Verlorene nicht gesucht. Und mit Gewalt habt ihr sie niedergetreten und mit Mißhandlung. (5) Und sie haben sich zerstreut, weil kein Hirte da war, und sie wurden zum Fraß für alle Tiere des Feldes und haben sich zerstreut. (6) Meine Tiere irrten umher auf allen Bergen und auf jedem hohen Hügel, und über das ganze Land wurden meine Tiere zerstreut, und es war keiner, der nach ihnen fragte und sie suchte.

Wer sind die von Ezechiel angeredeten Hirten? Nach verbreiteter altorientalischer Übung werden sowohl Gottheiten als auch Könige als Hirten apostrophiert[46]. Dies ist auch in Israel der Fall, wo sowohl JHWH (Gen 48,15; 49,24; Jes 40,11; Jer 31,10; Hos 4,16; Mi 7,14; Ps 23,1; 28,9; 80,2) als auch herausragende Persönlichkeiten mit diesem Prädikat belegt werden können. Solche Gestalten sind Mose (Jes 63,11), die Richter als Vorläufer der Könige (2Sam 7,7 cj = 1Chr 17,6), David (2Sam 5,2 = 1Chr 11,2; Ps 78,71f), der Perserkönig Kyros (Jes 44,28) oder andere namentlich nicht genannte Herrscher (Mi 5,3; Sach 11,4-17; 13,7). Von daher könnte man auch bei Ez 34 nur an die Könige Judas denken, zumal Ezechiel sie ja auch schon in 22,25 pluralisch zusammengefaßt hat.

Dem widerrät aber der Duktus von Ez 34 selbst. Durchweg werden die Hirten im Plural angeredet (V.2-4.8-10), und dabei ist deutlich, daß immer das gleichzeitige Tun mehrerer Hirten gemeint ist und nicht das Tun aufeinander folgender Einzelner über einen langen Zeitraum hinweg. Hinzu kommt die Beobachtung, daß auch Jeremia und die jeremianische Tradition mit dem Bild der Hirten im Plural nicht nur die Könige selbst, sondern mit diesen die gesamte politisch verantwortliche Führung meinen (vgl. Jer 2,8; 10,21; 12,10; 22,22; 23,1f; 25,34-38), ein Sprachgebrauch, der dann auch von Nahum (3,18, auf Assur bezogen), Tritojesaja (56,11) und Deuterosacharja (10,3) aufgenommen wird. Von daher

---

[46] Belege und weitere Literatur bei Zimmerli (1969) 834f und Soggin (1984) 793f

ist davon auszugehen, daß Ezechiel hier nicht nur die Könige, sondern die gesamte politische Führungsschicht des Landes im Auge
hat[47].

Damit sind wir aber wieder ganz in der Nähe dessen, was schon
zur sog. Ständepredigt zu beobachten war. Auch dort werden die
Fürsten und die Beamten fast mit den gleichen Vorwürfen belegt,
der Unterschied zwischen ihnen besteht eher graduell im Ausmaß
und der Art der Bereicherung. Solcher Unterschied fällt in der Hirtenmetapher des Kap. 34 ganz weg, die gesamte Führung wird in
einem Bild kritisiert. Dabei lassen sich zwar die Metaphern der
Rede nicht einzeln allegorisch auflösen, aber die Motive der
Bereicherung auf Kosten der Herde, der gewalttätigen Unterdrük-
kung und der mangelnden Sorge fügen sich glatt in das aus 22,25.27
gewonnene Bild.

Noch überraschender ist die Nähe zu der formal so ganz anders
aufgebauten Ständepredigt in dem, wie Ezechiel—darin auch über
Jeremia hinausgehend—das Hirtenbild ausweitet, indem er in einem zweiten Komplex auch die Herde selbst in den Blick nimmt:

(17) Und ihr, meine Herde—so hat der Herr JHWH gesprochen: Ich
schaffe einem Tier gegen das andere, gegen Widder und Böcke, Recht.
(18) Ist es euch zu wenig—die gute Weide weidet ihr ab, und den Rest
eurer Weide zertretet ihr mit euren Füßen, und das klare Wasser trinkt
ihr, was aber übrigbleibt, trübt ihr mit euren Füßen. (19) Und meine
Tiere, was ihr zertreten habt mit euren Füßen, müssen sie abweiden,
und was ihr getrübt habt mit euren Füßen, trinken. (20) Deshalb hat der
Herr JHWH so zu ihnen gesprochen: Siehe, ich selber schaffe Recht
zwischen dem fetten Tier und dem mageren Tier, (21) weil ihr mit Seite
und Schulter wegdrängt und mit euren Hörnern niederstoßt alles
Geschwächte, bis ihr sie nach draußen zerstreut habt. (22) Und ich werde meine Tiere erretten, und sie sollen nicht mehr zum Raub werden,
und ich schaffe einem Tier gegen das andere Recht.

In diesem Redeteil geht es ausschließlich ''um die Gewalttätigkeit
innerhalb der Herde, in welcher das starke Tier das schwache
verdrängt'', und keineswegs auch ''um die Hut des Hirten, der darin zum Rechten sieht''[48]. Der oder die Hirten als die verantwort-

---

[47] So auch Fohrer (1955) 192; Becker (1971) 81.—Fuhs (1988) 191 nimmt dem
Wort alle kritische Schärfe, wenn er unterstellt: ''hier ist vielmehr das Gottesvolk
als Ganzes im Ganzen seiner Geschichte auf seine verantwortete Lebensführung
vor Jahwe angesprochen ... Das Volk trägt für seine Führung Verantwortung und
umgekehrt''.
[48] So Zimmerli (1969) 840. Richtig Fohrer (1955) 194: ''Es wendet sich nicht

liche Führung des Volkes spielen in den Versen keine Rolle mehr; an ihrer Stelle handelt JHWH selbst. Vielmehr unterscheidet Ezechiel hier wie in der Ständepredigt den Gegensatz zwischen Herrschenden und Beherrschten (Hirten und Herde) klar von dem Gegensatz innerhalb der Beherrschten (der Herde). Mit 34,17-22 sind wir also da, wo wir in der Ständepredigt bei dem Wort über das Landvolk (22,29) waren. Nicht nur die Führung unterdrückt das Volk und beutet es aus, sondern auch innerhalb des Volkes herrscht Kampf zwischen Starken und Schwachen, fetten und mageren Tieren. Es liegt auf der Hand, die starken Tiere von 34,17-22 mit dem Landvolk von 22,29, die schwachen Tiere dagegen mit den Armen, Elenden und Fremdlingen zu identifizieren.

1.6.7 Ergebnis

Ezechiel[49] sieht die untergegangene oder im Untergang befindliche Gesellschaft Judas in doppelter Hinsicht als gespaltene Gesellschaft an. In ihr stehen sich die Herrschenden, repräsentiert durch den König und die Beamten, und das Volk gegenüber (11,1-13; 19,3.6f; 22,6; 22,25.27; 34,1-16). Aber auch das Volk selbst ist gespalten in "fette Tiere" und in "magere Tiere" (34,20; vgl. 18; 22,7-12; 22,29; 34,17-22). Zwar werden die Anklagen gegen die Herrschenden wie gegen die "fetten Tiere" im Volk in den großen Geschichtsrückblicken jeweils zusammen erhoben (22,1-16; 22,23-31; 34). Aber innerhalb dieser Worte sind sie doch streng voneinander unterschieden (vgl. den Aufbau von 22,6-12; ferner 22,25.27 mit 22,29; 34,1-16 mit 34,17-22), u.zw. nicht nur formal, sondern auch nach dem Inhalt der einzelnen Vorwürfe.

---

wie im vorhergehenden Wort gegen die regierende, sondern gegen eine andere führende Schicht innerhalb des Volkes." Vgl. auch schon Hölscher (1924) 170: "nicht die Könige, sondern die Mächtigen im Volke." Ähnlich Eichrodt (1968) 329 und Alonso Schökel/Sicre Díaz (1987) 811

[49] Ich benutze den Namen Ezechiel als den Namen, unter dem das entsprechende Buch steht, unbeschadet der Möglichkeit, daß das eine oder andere Wort so erst von Schülern und Nachfolgern des Propheten formuliert wurde (siehe die Anmerkungen zu den behandelten Texten). Wenn etwa Hossfeld (1977) 522 in den von ihm analysierten Texten "mindestens sechs Stufen im Wachstum zum heutigen Endtext" ausmacht, zugleich aber vermutet, "daß sie sich in ziemlicher Dichte hintereinander staffeln", dann wird die Bedeutung solcher Schichten für die inhaltliche sozialgeschichtliche Frage sogleich fast bis zur Bedeutungslosigkeit relativiert.

Wo die Spaltung im Volk selbst nicht nur metaphorisch gefaßt ist (34,17-22), benennt Ezechiel den ʿam hāʾāræṣ als die unterdrückende Klasse (22,29). Er ist, von 22,29 her gesehen, wohl auch in 22,12 gemeint. Sein primäres Opfer sind die "Elenden und Armen", also die rechtlich und politisch zwar noch freien, aber anders als das angeklagte Landvolk wirtschaftlich aufs äußerste gefährdeten Vollbürger. Die Mittel, mit denen der Kampf zwischen Starken und Schwachen ausgefochten wird, sind Ausspielen der wirtschaftlichen Überlegenheit (18,7f.12f.16-18; 22,12), Beugung des Rechts (18,8; 22,12) und nackte Gewalt (18,7; 22,12; 22,29). Dieses Verhalten ist nach 18,5.19.21.27 als Verletzung von mišpāṭ und ṣᵉdāqâ, der gerechten Sozialordnung, zu qualifizieren. Sie drückt sich auch in Rechtsbeugung aus (18,8; 22,12), aber nicht ausschließlich und vordringlich, wie sowohl Kap. 18 als auch die Qualifizierung der Unterdrückung durch das Landvolk als bᵉloʾ mišpāṭ geschehend (22,29) belegen.

Als Opfer der wirtschaftlich Starken erscheinen neben den wirtschaftlich Schwachen auch die klassischen personae miserae Fremdling (22,7.29), Waise und Witwe (22,7), mit denen Vater und Mutter als Schutzbedürftige auf eine Stufe gestellt werden (22,7). Noch unter diesen personae miserae, die, wenn auch im Effekt recht- und wehrlos, wenigstens noch durch die Ansprüche der tradierten Moral geschützt sind, erscheinen in 18,7.16—und zwar zum erstenmal in der vorexilischen Prophetie—Menschen, die aus dem Sozialsystem völlig herausfallen. Es sind "Hungernde und Nackte", Bettelarme, die überhaupt nur eine Überlebenschance haben, wenn sie von den Besitzenden Almosen erhalten.

Anders als die meisten seiner Vorläufer bringt Ezechiel die politisch Mächtigen nicht ausdrücklich mit dem Gedankenkreis von Recht und Gerechtigkeit in Verbindung (vgl. Jes 1,10-17.21-26; Mi 3,1-12; Jer 5,1-6.26-28; 21,11f; 22,13-19). Allenfalls in Ez 22,27 läge ein Anklang an das Motiv der Beamtenbestechlichkeit vor (vgl. Jes 1,23; Mi 3,11; 7,3; Zeph 3,3; evtl. Hab 2,9), wenn das "seinen Schnitt machen" tatsächlich so zu verstehen ist.

Allerdings ist Ezechiel in seiner Kritik der Herrschenden nun doch auch nicht allzuweit von den vor ihm wirkenden Propheten entfernt. So erinnern die Bilder des aggressiven Vorgehens der Hirten gegen die Herde (34,1-16, als Illustration dazu die Kritik an den 25 "Beamten des Volkes" in 11,1-13 und an Zedekia in 19,6f) an Mi 3,1-3. Und wie in Mi 3,1-3 Opfer der Aggression "mein Volk" ist (vgl. auch den "Nächsten" des Königs in Jer 22,13-19), so richtet sich die Aggression der Hirten gegen die gesamte Herde. Der Vorwurf des Machtmißbrauchs (Ez 22,6) findet sich auch schon bei Micha (3,1-12) und dann Jeremia (22,13-19), ist bei Ezechiel allerdings nicht auf Baumaßnahmen, sondern auf die Folgen einer verfehlten Militärpolitik (22,6.25, evtl. auch 19,3.6f) zugespitzt. Und mit der Kritik am Luxusgebaren der Könige (22,25) wird ein Motiv aufgenommen, das schon bei Zephanja (1,8f) und Jeremia (22, 13-19) vorkommt.

1.7 ERGEBNIS

Das von den Propheten dargebotene Material ist so reichhaltig, daß an dieser Stelle ein erster Versuch unternommen werden kann, die gesellschaftlichen und staatlichen Verhältnisse im vorexilischen Juda zusammenfassend zu skizzieren. Das so gewonnene Bild wird dann im weiteren Verlauf der Untersuchung anhand weiteren Textmaterials zu überprüfen und zu vertiefen sein.

1.7.1 Die ökonomische Entwicklung

Ausgehend von den in der Einleitung aufgeworfenen Fragen[1] lassen sich folgende Beobachtungen zusammenfassen.

1.) Die Propheten lassen eine Entwicklung erkennen, die als das Auseinanderbrechen einer auf relativer Gleichheit beruhenden Gesellschaft in eine Klassengesellschaft beschrieben werden kann. Diese relative Gleichheit beruht auf dem jeweiligen Grundbesitz. Sie ist relativ, insofern dieser Grundbesitz unterschiedlich groß oder ertragreich sein mag. Sie ist dennoch Gleichheit, weil alle Grundbesitzer im Prinzip gleiche Rechte der Teilnahme an der Rechtspflege, am Kult und am Kriegsdienst haben. Wie ein Fanal steht die Bedrohung dieser Gleichheit am Anfang der prophetischen Kritik im 8. Jahrhundert (Jes 5,8-10; Mi 2,1-11). Aber das Thema bleibt auch da aktuell, wo reiche Grundbesitzer angegriffen werden (Mi 6,9-15; Zeph 1,12f). Es steht im Hintergrund, wo kritisiert wird, daß Menschen in die Abhängigkeit von anderen geraten, also ihre auf dem Grundbesitz beruhende Freiheit einbüßen (Mi 7,2; Jer 5,26; 34,8-22). Und es ist die Voraussetzung dafür, daß es gegen Ende der hier untersuchten Epoche zur Ausbildung einer Schicht von Bettelarmen kommt (Ez 18,7.16). Jeremia bezeichnet diese Klassenspaltung als "Bruch durch mein Volk" (6,14), Ezechiel beschreibt sie im Bild der Herde als Kampf der fetten gegen die mageren Tiere (34,17-22).

2.) Wer sind die Träger dieser Entwicklung, wer ihre Opfer? Jes 3,14 nennt einmal die Ältesten und Beamten, Jer 5,26-28 spricht

---

[1] Siehe o. S. 14–17

von "Groß- und Reichgewordenen", Jer 34,8-22 erwähnt "Beamte" und "das Volk" als Sklavenhalter, und Ez 22,29 spricht vom Landvolk. Andere Texte lassen erkennen, daß es sich um die Besitzer von Häusern und Feldern handelt (Jes 5,8-10; Mi 2,1-11; Zeph 1,12f; Jer 5,27; 6,12), die in Mi 6,12 als "Reiche" bezeichnet werden. Formal stehen sie zunächst noch auf einer Stufe mit denen, deren Grundbesitz (Jes 5,8; Mi 2,1f) oder Habe (Jes 3,12-15; 10,2; Jer 5,27; Hab 2,6f) sie sich aneignen oder die sie in ihre persönliche Verfügungsgewalt bringen (Jes 10,2; Mi 7,2; Jer 5,26; 34,8-22). Darauf weisen besonders die Texte, die den Widerspruch zwischen dem "Mann" und "seinem Nächsten" festmachen, ohne direkt von Reichen und Armen oder Mächtigen und Ohnmächtigen zu sprechen (Mi 7,5; Jer 9,1-8; Ez 22,12). Aber offenkundig haben sie so viel wirtschaftliche Macht—es "steht in ihrer Hände Macht" (Mi 2,1)—, daß die fetten Tiere die mageren verdrängen können (Ez 34).

Zu diesen wirtschaftlich Mächtigen gehören nach Jes 3,14 und Jer 34,8-22 auch Beamte (vgl. auch die "Großgewordenen" von Jer 5,27). Aber dadurch wird keineswegs, wie Alt und Donner meinen, die gesamte gesellschaftliche Transformation zu einer von Beamten ausgehenden Aktion. a) In keinem der Texte, die die Entstehung ökonomischer Ungleichheit angreifen, werden Beamte allein genannt, sondern immer zusammen mit Ältesten (Jes 3,14), "Reichgewordenen" (Jer 5,27) und dem "Volk" (Jer 34,8-22). b) Die Mehrzahl der Texte, die von wirtschaftlichen und gesellschaftlichen Vorgängen handeln, erwähnt überhaupt keine Beamten (Jes 5,8-10; 10,1-3; Mi 2,1-11; 6,9-15; Jer 9,1-8; Hab 1,2-4; Ez 18; 22,12). c) In einigen Textkompositionen werden Beamte und wirtschaftlich Mächtige je für sich behandelt (so Zeph 1,8f neben V.10f.12f; Hab 2,6f neben V.9-11; Ez 22,27 neben V.29; Ez 34,1-16 neben V. 17-22), also in ihrer gesellschaftlichen Rolle voneinander unterschieden. d) Die Mehrzahl der unten unter 1.7.2 zu behandelnden Texte, die Beamte direkt angreifen, tun dies nicht wegen deren wirtschaftlicher Tätigkeit, sondern wegen ihrer Funktion in der Rechtspflege und staatlichen Verwaltung.

Geht also die Umwälzung des 8. Jahrhunderts zwar nicht von Beamten als solchen aus, so sind sie doch erkenntlich Teil einer "Oberschicht", die sich aus wirtschaftlich Starken und aus politisch Mächtigen zusammensetzt, und "als Angehörige der Oberschicht werden sie ihre Rolle bei den zugrunde liegenden Vorgängen

gespielt haben'', wie Rüterswörden zu Recht feststellt[2]. Die Kritik
Jesajas, der "Führer Sodoms" und "Volk Gomorrhas" (1,10),
"Älteste und Beamte" (3,14) in einem Atemzug nennt, zeigt, daß
diese Oberschicht bereits zu Beginn der sozialen Krise im letzten
Drittel des 8. Jahrhunderts existiert. Allerdings wird noch zu zeigen
sein, daß sich die Rolle der Beamten bei der ökonomischen Umwälzung nicht darauf beschränkt, zusammen mit den nicht in Staats-
dienst stehenden Reichen "den Weinberg abzuweiden" (Jes 3,14).
    3.) Dem Bild auf Seiten der "Täter"—formal gleich, aber wirt-
schaftlich stärker—entspricht das auf der Seite der Opfer. Nach Mi
2,1f ist es der ʾîš oder gæbær, d.h. der bis dahin noch freie Mann,
und die unter Nr. 2 angeführten Stellen, die vom Widerspruch
zwischen dem "Mann" und "seinem Nächsten" sprechen, bestätigen dies. Freilich ist die prinzipielle Gleichheit der Männer nur formal. Deshalb finden sich unter den Opfern vorrangig die wirtschaftlich Schwachen, die "Elenden", "Armen" und "Geringen" (Jes
3,12-15; 10,1-3; Jer 5,26-28; Ez 22,29; vgl. auch Jer 21,11f; 22,16).
Neben ihnen erscheinen auch die traditionellen personae miserae
unter den Opfern der wirtschaftlichen Entwicklung, Waise und
Witwe (Jes 1,17.23; 10,2; Jer 5,28), zu denen bei Ezechiel der
Fremdling (22,7.29) tritt. Die Tatsache, daß neben den klassischen
personae miserae die wirtschaftlich Schwachen, aber noch Freien
unter den Opfern der Entwicklung sind, ist dahingehend von Bedeutung, daß es in der gesellschaftlichen Krise seit dem 8. Jahrhundert nicht primär um das alte Problem der personae miserae geht,
sondern um eine neue Erscheinung, die Verelendung eines Teiles
der bisher Freien.
    4.) Diese Aufspaltung der Gesellschaft relativ Gleicher in wirt-
schaftlich Starke und wirtschaftlich Schwache hat Konsequenzen
auch für den Sprachgebrauch. Denn mit ihr wird die undifferen-
zierte Rede von "dem Volk" oder, wie es bei Ezechiel (22,29) und
im Deuteronomistischen Geschichtswerk heißt, dem ʿam hāʾāræṣ[3]
problematisch. Faktisch nämlich wird ab dem 8. Jahrhundert der
ʿam hāʾāræṣ immer mehr identisch mit den Reichen, weshalb der ʿām
in Jer 34 zusammen mit den Beamten als Sklavenhalter erscheinen
und Ezechiel den ʿam hāʾāræṣ zusammen mit Königen, Priestern,
Beamten und Propheten als für den Untergang Judas verantwort-

---

[2] Rüterswörden (1985) 138
[3] Siehe u. S. 199–202

lich bezeichnen kann (22,29). Diese Aufspaltung kündigt sich schon
an, wenn Jes 3,15 unter "mein Volk" die "Elenden" versteht,
wenn Jes 10,2 von den "Elenden meines Volkes" spricht und wenn
Jer 6,14 einen "Bruch durch mein Volk" konstatiert. Denn wenn
ʿam hāʾāræṣ ein fester Terminus ist, wie die Verwendung im Deuteronomistischen Geschichtswerk und unabhängig davon bei
Ezechiel belegt, kann das Reden vom ʿām bei Jesaja und Jeremia
nur die Assoziation an den ʿam hāʾāræṣ auslösen.

Es scheint, daß in der Spätzeit Judas die Erkenntnis dieses
Problems zur Ausbildung neuer Termini für die Armen im ʿām
geführt hat. So spricht Zeph 2,3 in deutlicher Anlehnung an den
Begriff ʿam hāʾāræṣ von den ʿanwê hāʾāræṣ, den "Elenden des
Landes". Der Bericht von der Einnahme Jerusalems im an sozialen
Fragen weitgehend uninteressierten Deuteronomistischen Geschichtswerk stellt dem ʿam hāʾāræṣ (2Kön 25,19 = Jer 52,25) die
dallat hāʾāræṣ (2Kön 25,12) bzw. dallôt hāʾāræṣ (Jer 52,16) entgegen.
In bewußter Abwandlung dieses Verses spricht Jer 39,10 von "hā-
ʿām haddallîm, die keinen Besitz hatten"[4]. Und schließlich wird,
wenn auch anachronistisch, bereits bei der ersten Wegführung die
gleiche Menschengruppe als dallat ʿam-hāʾāræṣ bezeichnet (2Kön
24,14). In all diesen Texten spiegelt sich das Bewußtsein, daß der
ʿam hāʾāræṣ auseinandergefallen ist und das Wort faktisch nur noch
die Reichen des "Landvolks" bezeichnet[5].

5.) Fragen wir nun nach den Mitteln, die eingesetzt werden, um
die Spaltung der Gesellschaft in Reiche und Arme voranzutreiben,
so ist zunächst eine negative Feststellung zu machen. Nichts weist
darauf hin, daß die Rechtsbeugung das Hauptmittel in der gesellschaftlichen Auseinandersetzung ist. Insofern hat Kochs Behauptung ihr Recht, daß "die Machenschaften der Gegner im Rahmen
dessen, was nach damals geltendem israelitischen Recht legal war",
bleiben[6]. Die Texte, die die Herausbildung des ökonomischen
Gegensatzes von Reich und Arm im Auge haben, sprechen
auffallenderweise nicht von Rechtsbeugung. Jes 3,12-15 nennt mit
den "Bedrängern" und "Gläubigern" (V.12) wirtschaftlich
Mächtige und deutet in V.14f ökonomische und brachiale Gewalt,
nicht aber Rechtsbeugung an. Von dieser ist auch in Jes 5,8-10 nicht

---

[4] Zur Tendenz von Jer 39,10 vgl. Hardmeier (1990) 189
[5] Vgl. dazu auch Gorgulho (1991) 83f.
[6] Koch (1991) 158.

die Rede. Mi 2,1-11 läßt sogar erkennen, daß die, die Felder und Häuser "rauben", kein Unrechtsbewußtsein haben, und Micha greift sie auch gar nicht wegen der von ihnen eingesetzten Mittel, sondern wegen des Vorgangs an sich an. Mi 6,9-15 spricht zwar von Betrug, aber nicht von Rechtsbeugung im forensischen Sinn. Und wo, wie in Mi 7,1-7, von Rechtsbeugung die Rede ist, wird sie nicht den wirtschaftlich Mächtigen, sondern den Beamten und Richtern vorgehalten (V.3). Das gleiche Bild bietet dann auch Zephanja, der in der Komposition von 1,2—2,3 mit keinem Wort von Rechtsbeugung spricht, sie aber, wo sie anklingt, auf Beamte und Richter bezieht (3,3).

Bei Jeremia verschiebt sich das Bild nur leicht. Auch er erwähnt brachiale Gewalt (6,1-8) und fügt die mit der "Zunge", also verbaler Denunziation, ausgeführte Gewalt hinzu (9,1-8). Aber er spricht in 5,26-28 auch direkt vom Recht, indem er den "Groß- und Reichgewordenen" Rechtsbeugung vorwirft (V.28). Hier aber ist die Abfolge entscheidend: Ursache für das Groß- und Reichwerden ist die ökonomische Gewalt (V.26f), die Rechtsbeugung ist erst die Folge. Die gleiche Beobachtung gilt auch für Habakuk. Er beklagt in 1,2f zunächst die allgemeine Gewalt in der Gesellschaft, um dann in V.4 als deren Folge die Verkehrung des Rechts zu konstatieren: "Deshalb erschlafft die Weisung . . .". Und auch in den Katalogen von Ez 18 spielt das Ausspielen von ökonomischer Macht (Pfandnahme und Zinsforderung) eine zentrale Rolle (V.7f.12f.16-18), während Rechtsbeugung nur einmal und da erst nach dem Ausspielen der ökonomischen Macht genannt wird (V.8aβ.b).

Was sich negativ in der Feststellung ausdrückt, daß in der gesellschaftlichen Entwicklung ab dem 8. Jahrhundert die Rechtsbeugung kein wesentliches Mittel ist, um die Aufspaltung der Gesellschaft in Reich und Arm voranzutreiben, heißt positiv, daß der Vorgang im wesentlichen auf ökonomischer Eigengesetzlichkeit beruht. In wessen "Hände Macht" es steht (Mi 2,1), der kann einem in Not Geratenen leihen. Selbst wenn er nicht die als verwerflich angesehenen Praktiken des Zinsnehmens (vgl. Hab 2,7; Ez 18,8.10.17; 22,12) oder Betrugs an Maßen, Gewichten und Waagen (Mi 6,9-15) anwendet, gewinnt er damit Gewalt über den wirtschaftlich Schwächeren. Als "Gläubiger" wird er zu dessen "Bedränger" (Jes 3,12 cj). Wichtigstes Instrument ist dabei die Verpflichtung des Schuldners, ein Pfand zu geben (vgl. Hab 2,6; Ez 18,7.12.16). Besteht dieses Pfand in beweglichen Gegenständen, können die Reichen bald ihre Häuser damit füllen (Jes 3,14; 10,2; Jer 5,27; Hab 2,6). Muß der Schuldner sich selbst oder ein Familienmitglied verpfänden, kommen die reichen Gläubiger in die Lage, "Menschen zu fangen" (Jer 5,28, vgl. Jes 10,2; Mi 7,2; Jer 34,8-22). Und muß der Schuldner Haus und Feld, die Grundlage seiner Existenz, als Pfand einsetzen, kommt der Prozeß der Grundbesitzkonzentration in den Händen Weniger in Gang, den Jesaja und Micha gleich zu Beginn der Epoche beklagen (Jes 5,8-10; Mi 2,1f). Was wir vor uns sehen, ist die Dynamik des Schuldenwesens. Ihr Grundwiderspruch ist der zwischen Gläubiger und Schuldner —Jeremia wählt diese beiden, um einen von allen Verfluchten zu charakterisieren (15,10[7]; vgl. später auch Jes 24,2)—, und ihre Folge ist, daß "der Reiche über die Armen herrscht", genauer, daß, "wer Darlehen nimmt, Sklave dessen wird, der verleiht" (Prv 22,7)[8]. Es ist diese ökonomische Eigendynamik, von außerökonomischen Aspekten wie brachialer Gewalt, Betrug oder Rechtsbeugung allenfalls begleitet oder gefolgt, die die gesellschaftliche Entwicklung Judas ab dem letzten Drittel des 8. Jahrhunderts prägt.

6.) Nach dem bisher Ausgeführten handelt es sich bei den von den Propheten kritisierten Zuständen nicht—wie die These vom "Rentenkapitalismus" unterstellt—um "Mißstände . . ., die den Alten Orient allgemein geplagt haben"[9], sondern um eine grundlegende Umwandlung der Gesellschaft. Dies wird gestützt von weiteren Beobachtungen. a) Mi 2,1-11 und vor allem Jes 5,8-10 machen ganz den Eindruck, daß hier eine neu einsetzende Entwicklung angegriffen wird. Jesajas Perspektive "bis kein Platz mehr ist und ihr allein ansässig seid inmitten des Landes" (5,8) gibt bei einem immer gleichbleibenden Grundübel keinen Sinn, sondern nur, wenn eine historische Entwicklung vorliegt, deren Endpunkt absehbar ist. b) Die Propheten verbinden ihre Kritik—was hier nicht insgesamt

---

[7] "Wehe mir, meine Mutter, daß du mich geboren hast, einen Mann des Haders und Mann des Streites für alle Welt! Ich habe nicht dargeliehen und man hat mir nichts geliehen, und doch verfluchen mich alle."—Rudolph (1968) 107 erkennt richtig, daß der Vergleich Jeremias, soll er treffen, mitten aus dem Leben gegriffen sein muß: "wohl ein sprichwörtlicher Ausdruck voll Lebenswahrheit". Deshalb führt er aber noch lange nicht auf das Feld allgemein-menschlicher Banalitäten: "nirgends entsteht leichter Streit als in Geldsachen." Jeremias "Geldsachen" haben einen sehr konkreten historischen Ort.
[8] Zum Schuldenwesen und seiner Dynamik vgl. insgesamt Kessler (1989b) 181-185
[9] Loretz (1975) 274

zu untersuchen war—mit der Ankündigung zukünftiger Katastrophen. Zwar herrscht zunächst die Vorstellung vor, daß es die von der Kritik Betroffenen sind, die auch von der Katastrophe getroffen werden (vgl. Jes 5,9f nach V.8; Mi 2,3f nach V.1f usw.). Aber zunehmend kommt ins Bewußtsein, daß durch die kritisierten Praktiken nicht nur die sie Verübenden, sondern die Gesellschaft insgesamt in ihrem Bestand gefährdet wird. Am klarsten ist dies in der Sammlung von Jer 5f und ihrem Schlußpunkt zum Ausdruck gebracht: ''Die Bösen lassen sich nicht ausscheiden'' (6,29). Immer gleiche gesellschaftliche Verhältnisse eröffnen aber nicht die Perspektive auf eine Endkatastrophe, sondern nur eine an einem Punkt einsetzende und dann eskalierende Entwicklung. c) Wird bei den Propheten, die vor dem Fall Jerusalems wirken, eine zukünftige Katastrophe als Zielpunkt der Entwicklung vorhergesehen, dann geht Ezechiel umgekehrt von der schon geschehenen Katastrophe aus und deutet sie als Folge der vorangegangenen Entwicklung (22,23-31; 34). Auch er sieht also das Übel nicht in immer gleichen Zuständen.

Daß mit den von den Propheten ab dem 8. Jahrhundert kritisierten Zuständen tatsächlich eine neue Stufe der Entwicklung—wenn auch immer im Rahmen des Schuldenwesens—einsetzt, zeigt nun auch ein Blick in die frühe Königszeit. So finden sich zwar schon unter den Leuten, die David um sich sammelt, solche, die vor einem Gläubiger geflohen sind (1Sam 22,2; vgl. auch Ri 9,4; 11,3), und der reiche Nabal stellt ausdrücklich fest, daß ''heutzutage'' viele ^{c}abādîm ihrem 'ādôn davonlaufen (1Sam 25,10). Daß sich das Problem für den einzelnen durch Flucht lösen läßt, zeigt aber auch, daß es noch nicht die ganze Gesellschaft beherrscht. Auch die Prophetenlegende 2Kön 4,1-7 zeigt für die frühe Königszeit die Last des Schuldenproblems und der damit verbundenen Schuldsklaverei. Aber auch hier ist mit der Witwe und ihren Kindern als Opfer zunächst nur eine gesellschaftlich ohnehin schwache Gruppe betroffen. Wie anders dagegen ist das Bild, das die Propheten von Jesaja und Micha bis Jeremia und Ezechiel zeichnen. Hier sind nicht mehr nur Randgruppen bedroht, sondern der freie Mann selbst und seine Familie (Mi 2), und mit individueller Flucht ist bei Verhältnissen, wie sie Jer 34,8-22 erkennen lassen, das gesellschaftliche Problem auch nicht mehr zu lösen. Daß die Entwicklung sich im übrigen nachexilisch weiter verschärft—darauf sei hier nur ergänzend hingewiesen—, belegt der große Schuldenerlaß unter

Nehemia (5,1-13, vgl. auch 10,32). Nicht nur, daß sich jetzt fest gefügte Klassen gegenüberstehen, das Problem hat mittlerweile auch eine solche Sprengkraft erreicht, daß es nur durch einen sofortigen Eingriff entschärft werden kann.

Die Theorie des Rentenkapitalismus beschreibt also zwar den Grundwiderspruch, der dieser Entwicklung zugrunde liegt, im großen Ganzen treffend[10]; nur die Annahme durchgängiger Stadtsässigkeit der reichen Darlehensgeber läßt sich für das vorexilische Juda so nicht aufrechterhalten, da sie nur in Mi 6,9-15; Zeph 1,12f und Jer 6,12 ausdrücklich erwähnt wird, für die grundlegenden Texte Jes 5,8-10 und Mi 2,1f aber nicht vorauszusetzen ist und auch Ezechiels Benennung der Reichen als ʿam hāʾāræṣ dieser Annahme widerrät[11]. Aber das Modell des "Rentenkapitalismus" geht fälschlich von einer stagnierenden Situation aus, wo die Texte ab dem 8. Jahrhundert selbst wie auch der Vergleich mit der davorliegenden Zeit eine dynamische Entwicklung erkennen lassen. Man wird also mit Alt von einem "radikalen Umsturz der alten Gesellschafts- und Wirtschaftsordnung"[12] oder mit Kippenberg von der "Transformation der archaischen Stammesgesellschaft"[13] sprechen müssen, wenn man auch die neu sich ausbildende Klassengesellschaft nicht nach Kippenbergs Definition[14] als entwickelte "antike Gesellschaft" bezeichnen kann. Vor allem fehlt im vorexilischen Juda Münzgeld ganz, selbst Händler und Geldabwäger tauchen erst relativ spät bei Zephanja als sozial relevante Gruppe auf (Zeph 1,10f), und es gibt auch keine Hinweise, daß "Arbeit ... mehr oder weniger vollständig den Sklaven aufgebürdet" wurde. Nicht Sklavenarbeit ist das Hauptkennzeichen der neu sich bildenden Gesellschaft, sondern Besitzkonzentration auf der einen und Überschuldung auf der anderen Seite, deren eine Folge zwar Schuldsklaverei sein kann, die aber auch in eine Existenz als Tagelöhner—dies wird v.a. nachexilisch wichtig (vgl. Lev 19,13; 25,6; Mal 3,5 u.ö.), ist aber auch vorexilisch schon belegt (Dt 15,18; 24,14f)—oder in blanke Bettelarmut (Ez 18,7.16 erstmals belegt) führen kann.

Die Frage, was die Krise im 8. Jahrhundert ausgelöst hat, kann

---

[10] Vgl. die o. S. 10f zitierte Darstellung von Lang (1983) 55-57
[11] Vgl. ferner u. S. 197–199
[12] Alt (1968a) 353
[13] Kippenberg (1977) 41
[14] Kippenberg (1977) 10; zitiert o. S. 12

hier nicht geklärt werden. Daß die Beamtenschaft als solche nicht
der entscheidende Faktor ist, wie Alt annimmt, hat die Analyse
gezeigt (oben Nr. 2). Zudem könnte Alts These, selbst wenn sie zu-
träfe, nicht erklären, warum die Entwicklung erst 200 Jahre nach
Errichtung eines Staates mit schnell sich bildender Beamtenschaft
einsetzt[15]. Klar ist, daß die Voraussetzungen für die Krise, das
Schuldenwesen und besonders die Möglichkeit, nicht nur mit der
eigenen Person, sondern mit Grund und Boden zu haften, im 8.
Jahrhundert bereitliegen, und daß die Existenz eines Staates die
Möglichkeit, sich wie noch zu Sauls Zeiten dem Zugriff eines
Gläubigers durch Flucht zu entziehen (1Sam 22,2; 25,10), ein-
schränkt. Was die Krise dann aber ausgelöst hat und warum das
wahrscheinlich um die Mitte des 8. Jahrhunderts geschehen ist, läßt
sich nach dem gegenwärtigen Stand der Forschung nicht sagen.
Eine Lösung dieser Frage müßte m.E. auf drei Wegen gesucht werden. Erstens müßte die Sozialgeschichte der ersten zwei Jahrhunderte des judäischen Königtums vom Beginn der Monarchie bis
zum 8. Jahrhundert erarbeitet werden. Zweitens müßte die Entwicklung des Nordreichs auf Parallelen und Abweichungen hin untersucht werden. Und drittens wäre anhand der Analyse anderer
früher Staaten[16] zu prüfen, ob sich Gesetzmäßigkeiten der Entwicklung finden lassen, die dann Rückschlüsse auf Juda (und Israel)
zuließen.

Möglich ist, daß—nach dem jüngsten Vorschlag von Fleischer—
ein Faktor wie das Wachstum der Bevölkerung dabei eine Rolle
gespielt hat[17]. Aber die Entwicklung in Juda wäre historisch nicht
die einzige, bei der bestimmte Faktoren über längere Zeit allmählich
heranreifen, um dann sprungartig eine neue Qualität anzunehmen.
Das allmähliche Vordringen von Manufakturen in England ab dem
16. Jahrhundert und die dann in wenigen Jahrzehnten um die
Wende vom 18. zum 19. Jahrhundert stattfindende Durchindustri-
alisierung des Landes wäre ein ökonomisches Beispiel, das Dissiden-
tentum in den Ländern Osteuropas seit den 60er Jahren und der
dann innerhalb eines Jahres (1989) stattfindende Zusammenbruch
der dortigen Gesellschafts- und Staatsordnung ein politisches[18].

---

[15] Darauf insistiert zu Recht Fleischer (1989) 364
[16] Zum Begriff s.u. S. 157–160
[17] Fleischer (1989) 370-383 hält ihn für den entscheidenden.
[18] Gegen die Vorstellung einer graduellen Entwicklung, die dann in eine neue

Statt auf die Frage nach den die judäische Krise des 8. Jahrhunderts auslösenden Faktoren wollen wir den Blick auf die Rolle des Staates für den Verlauf dieser Krise richten. Denn mit der Feststellung, daß Beamte als Teil der Oberschicht wirtschaftlich tätig werden (oben Nr. 2), ist ja noch nichts über die Rolle des Staates als solchen ausgesagt. Was lassen die prophetischen Texte dazu erkennen?

1.7.2 Die Rolle des Staates

Soweit die prophetischen Texte Träger staatlicher Macht in den Blick nehmen, tun sie dies unter drei Aspekten, dem der Rechtspflege, dem der Luxuskritik am König und seinem Hof und dem der Ausübung genuin staatlicher Tätigkeiten wie Baumaßnahmen und Kriegsführung. Den breitesten Raum nimmt dabei der erste Gesichtspunkt ein.

1.) Jeremias Vorwurf der Rechtsbeugung gegen die "Groß- und Reichgewordenen" (5,26-28), Habakuks Klage über die Verkehrung des *mišpāṭ* infolge der gesellschaftlichen Gewalt (1,2-4) und Ezechiels Erwähnung des "wahren Gerichts zwischen Mann und Mann" (18,8) zeigen, daß Rechtsbeugung wenn nicht Ursache, so doch Begleiterscheinung und Folge der ökonomischen Entwicklung ist. Und Michas Vorwurf des Betrugs (6,9-15) wie Ezechiels Erwähnung der Verweigerung der Pfandrückgabe (18,7.12.16) und des Zinsnehmens (18,8.13.17; 22,12) als Verstoß gegen JHWHs *ḥuqqôt* und *mišpāṭîm* (18,9.17.19.21) belegen, daß "die Machenschaften der Gegner" nun doch nicht so ganz "im Rahmen dessen, was nach damals geltendem israelitischen Recht legal war"[19], bleiben. Offenkundig haben die Propheten eine Vorstellung von dem, was "Recht" und "Unrecht" ist und setzen sie bei ihren Hörern voraus.

Solches Recht ist "nicht eine iustitia distributiva, sondern eine iustitia adiutrix miseri"[20]. Nach Jes 1,17.23 müßten in ihren

---

Qualität umschlägt, wendet Fleischer (1989) 362 fragend ein: "wer bzw. was setzt das Maß?". M.E. verkennt er damit zutiefst das Wesen historischer Entwicklungen. Weder die industrielle Revolution noch der Zusammenbruch des "realexistierenden Sozialismus" in Osteuropa sind Ergebnis dessen, daß jemand "das Maß gesetzt" hat.

[19] Koch (1991) 158
[20] Wildberger (1980) 48

Genuß die Witwen und Waisen gelangen. Jes 10,2 spricht vom "Recht der Elenden meines Volkes", Jer 5,28 vom "Recht der Armen". Nach Jer 21,11f müßte "rechtes Gericht" "den Beraubten aus der Hand des Unterdrückers" retten, nach Jer 22,15f kam Josias Übung von "Recht und Gerechtigkeit" den "Elenden und Armen" zugute. In Ez 18 sind die, die damit um *mišpāṭ* und *ṣᵉdāqâ* (V.5.19.21.27) gebracht werden, die wirtschaftlich Schwachen, die Pfand geben und Zins zahlen müssen, und die "Unterdrückung" *bᵉloʾ mišpāṭ* durch den *ʿam hāʾāræṣ* betrifft nach Ez 22,29 den Elenden, Armen und Fremdling.

Dieses Recht, das sich forensisch konkretisiert, ist dabei Ausdruck einer "gerechten Ordnung" überhaupt, des *mišpāṭ*, dessen Jerusalem einst voll gewesen ist, des *ṣædæq*, der einst in der Stadt gewohnt hatte (Jes 1,21). Indem im "Weinberg" *mišpāṭ* und *ṣᵉdāqâ* ausbleiben, wird nicht nur ein Teilaspekt—ordentliche Rechtspflege—, sondern die gesellschaftliche Ordnung überhaupt gestört (Jes 5,1-7). Und noch Ezechiel versteht in 18,5 das gesamte soziale Verhalten des Gerechten als "Tun von *mišpāṭ* und *ṣᵉdāqâ*" (vgl. auch V.19.21.27), worunter das forensische Verhalten nur eine von mehreren Konkretisierungen ist (V.8).

Diese "gerechte Ordnung" zugunsten der wirtschaftlich und gesellschaftlich Schwachen zu schützen, wäre also Aufgabe des Rechts. Warum aber kann es nach Aussage der prophetischen Sozialkritik diese nicht wahrnehmen? Hier geben die Texte eine Reihe von Antworten, die sich alle unter dem Nenner zusammenfassen lassen: Wer gesellschaftliche und politische Macht hat, hat letztlich auch Macht über das Recht.

a) Am plumpesten ist dieser Zusammenhang da, wo offensichtlich betrogen (Mi 6,9-15) oder ein gesellschaftlicher Grundkonsens wie die Ächtung der Zinsforderung oder das Gebot der Pfandrückgabe (Ez 18; 22,12) mißachtet wird. Wer in einer Notlage ist, kann so weit erpreßt werden, daß jeder Rechtsanspuch hinfällig wird. Wer ein Darlehen zum Überleben braucht, muß "freiwillig" auf Zins- und Pfandforderungen eingehen und zu Betrug schweigen.

b) Wenn unsere Deutung von Jes 10,1-3 zutrifft, wäre ein weiteres Mittel, "das Recht der Elenden meines Volkes zu rauben", das Diktat wirtschaftlicher Verträge. Die ökonomisch Starken, die solche Verträge diktieren können, bräuchten das Recht nicht offen zu brechen. Sie könnten es im Vorfeld umgehen.

c) Wird aber dennoch das Recht von den wirtschaftlich und

gesellschaftlich Schwachen eingefordert, dann haben die wirtschaftlich Starken das immer wieder genannte Mittel der Bestechung als
ultima ratio in der Hand (vgl. Jes 1,23; 5,23; Mi 3,11; 7,3; Zeph
3,3; Ez 22,12; evtl. auch Hab 2,9-11; Ez 22,27). Hier geraten nun
die Träger staatlicher Macht in den Blick. Denn immer wieder werden gerade sie wegen ihrer Bestechlichkeit kritisiert (Jes 1,23; Mi
3,11; 7,3; Zeph 3,3; wohl auch Hab 2,9-11; Ez 22,27). Die Häufigkeit der Erwähnung beamteter Richter zeigt, daß ihnen im vorexilischen Juda eine wichtige Rolle in der Rechtspflege zukommt (vgl.
auch die entsprechende Forderung an das "Haus Davids" in Jer
21,11f), und zwar wohl besonders in der Stadt Jerusalem (Jes 1,23;
Mi 3,11; Zeph 3,3).

d) Aber ausschließlich ist diese Zuständigkeit nicht. Texte wie Jes
5,23; Ez 22,12 (vgl. auch Hab 1,2-4) zeigen, daß unter den
Bestochenen auch die freien Männer der Rechtsgemeinde sein können. Und Ez 18,8 erwartet von dem wirtschaftlich starken Freien,
daß er "wahres Gericht hält zwischen Mann und Mann". Wieder
stoßen wir, wie schon bei den wirtschaftlichen Tätigkeiten, auch in
der Rechtspflege auf das Phänomen einer Oberschicht, die sich aus
zwei Elementen zusammensetzt, für die Rechtspflege zuständigen
Beamten und den in der Rechtsgemeinde Einflußreichen. Ausdrücklich richtet Jesaja die Forderung, "Recht zu suchen", an die
"Führer Sodoms" und das "Volk Gomorrhas", also die politisch
und wirtschaftlich Mächtigen (1,10-17). Nach Jer 5,1-6 sind es die
"Großen", die "den Weg JHWHs, das Recht ihres Gottes" kennen müßten. Jer 5,26-28 beschuldigt die "Groß- und Reichgewordenen" der Rechtsbeugung. All diese Texte gehen davon aus, daß
die Allianz der "Groß- und Reichgewordenen" solches "Recht der
Armen" (Jer 5,28) nicht aufrichtet. Dafür sorgen entweder gleich-
gerichtete wirtschaftliche Interessen oder aber Bestechungsgeschenke, durch die die *śārîm* zu "Genossen von Dieben" (Jes 1,23)
gewonnen werden.

2.) Neben dem Aspekt der Bewahrung der "gerechten Ordnung"
durch die Pflege des Rechts kommen die Träger staatlicher Macht,
genauer der König und sein Hof, unter dem Aspekt der Luxuskritik
in den Blick prophetischer Anklage, von Zephanja (1,8f) über
Jeremias Kritik an Jojakim (22,13-19) bis zu Ezechiels Abrechnung
mit den Schuldigen an der Katastrophe (22,25). Wie auf dem Feld
der Rechtspflege, für die sowohl die freien Männer, die Beamten
wie das "Haus Davids" verantwortlich sind, zeigt sich auch hier,

daß die Kritik am Hof gar nicht so weit von der übrigen Sozialkritik entfernt ist. Denn zwar wird der Hof quantitativ von der übrigen Sozialkritik abgehoben—einen Palast wie den Jojakims kann sich nur der König leisten—, aber nicht qualitativ. Denn erstens ist das Luxusstreben auch für andere Schichten kennzeichnend, man vergleiche Jesajas Kritik an den reichen Frauen von Jerusalem (3,16-26) und an den Gelagen der Reichen (5,11f.22) (vgl. eventuell auch Hab 2,15). Und zweitens setzt der Hof, um sein Luxusstreben zu befriedigen, die gleichen Mittel ein, die auch bei anderen kritisiert werden, "Gewalt und Betrug" (Zeph 1,9), ist der König aus auf "Gewinn, Blutvergießen, Unterdrückung und Erpressung" (Jer 22,17).

3.) Anders verhält es sich dagegen in einer dritten Gruppe von Texten, die genuin staatliche Tätigkeiten im Blick haben und ihre Ausführung mit dem *mišpāṭ* als der "gerechten Ordnung" in Zusammenhang bringen: Mi 3,1-12; Jer 22,13-19 und Hab 2,12. Diese Texte greifen staatliche Bautätigkeiten an und sehen darin eine Verletzung von *mišpāṭ* und *jᵉšārâ* (Mi 3,1.9), einen Akt der ʿ*awlâ* (Mi 3,10; Hab 2,12), den Ausdruck von *loʾ-ṣædæq* und *loʾ mišpāṭ* (Jer 22,13). Und weil es hier nicht mehr um die Kritik des Kampfes der fetten gegen die mageren Tiere (Ez 34,17-22), sondern der Hirten gegen die Herde (V.1-16) geht, erscheint als Opfer staatlicher Fronforderung nicht eine bestimmte Gruppe im Volk, etwa die wirtschaftlich Armen oder gesellschaftlich Schwachen oder die personae miserae, sondern es sind quasi "alle", denen der Staat mit seiner Forderung nach Fronleistung gegenübersteht. Micha nennt sie "mein Volk" (3,3), Jeremia spricht von den "Nächsten" des Königs (22,13).

Es sind zweierlei Hinsichten, die diese Texte so bedeutend machen für die Frage nach der Wechselwirkung von Staat und Gesellschaft. a) Die Texte sprechen von durchaus gewöhnlichen Staatstätigkeiten. In keinem der Texte wird dem Staat das Recht bestritten, Baumaßnahmen durchzuführen und dazu Fronarbeit einzusetzen. Kritisiert wird entweder die Art der Durchführung der Maßnahmen ("mit Blut", Mi 3,10; Hab 2,12) oder deren Zweck, das Luxusbedürfnis des Königs (Jer 22,13-19). Kritisiert wird also der Mißbrauch staatlicher Macht. Sind die Erwähnung der königlichen "Macht" (*zᵉroaʿ*) (Ez 22,6) und Ezechiels Polemik, die "Fürsten Israels" hätten "seine Witwen zahlreich gemacht in seiner Mitte" (22,25), tatsächlich auf die Kriegspolitik der judäischen Könige zu beziehen[21], dann läge hier ein ähnlicher Fall vor. Daß Könige Kriege führen können, wird nicht im Prinzip bestritten. Aber im konkreten Fall wäre dieses Recht mißbraucht worden. Der Staat kann also durch Mißbrauch ihm an sich zustehender Rechte die "gerechte Ordnung" stören.

b) Anders als bei den wirtschaftlich begründeten gesellschaftlichen Entwicklungen, wo es erkennbar um das Gegenüber von Stark und Schwach, Reich und Arm, Mächtig und Ohnmächtig geht, stehen dem Staat "alle" gegenüber—"mein Volk" (Mi 3,3), "die Nächsten" des Königs (Jer 22,13), die ganze Herde (Ez 34,1-16). Aber es sind nicht alle gleich betroffen. Denn man wird im Ernst nicht behaupten können, unter "mein Volk" fasse Micha auch die Felder und Häuser an sich reißenden Grundbesitzer (2,1f) oder die "Reichen" von Jerusalem (6,9-15), die er in seiner Sozialkritik geißelt, ebensowenig wie Jeremia mit den "Nächsten", die der König "umsonst arbeiten" läßt, die "Großen" (5,1-6), die "Groß- und Reichgewordenen" (5,27) oder die reichen Haus- und Grundbesitzer (6,12) meint. Und was für die Folgen der Fronarbeit gilt, gilt analog für die Folgen von Kriegen: Die Schwachen der Gesellschaft sind am stärksten betroffen. Man kann es auch in der Bildsprache Ezechiels ausdrücken: Die mageren Tiere werden zugleich von den fetten "weggedrängt" (34,20f) und von den Hirten "niedergetreten" (V.4).

1.7.3 Weitere Fragestellung

Die Durchsicht der prophetischen Texte unter der Frage nach der Rolle des Staates für die gesellschaftliche Entwicklung wirft drei Fragen auf:

1.) Sowohl im gesellschaftlichen Transformationsprozeß, der ab dem 8. Jahrhundert greifbar ist, als ganzem als auch in der konkreten Rechtspflege, die diesem Prozeß entgegenwirken oder zumindest seine Folgen für die gesellschaftlich und wirtschaftlich Schwachen abmildern müßte, begegnet uns das Phänomen einer Oberschicht, die aus reichen Grundbesitzern und aus Beamten zusammengesetzt ist. Zwar werden im Zusammenhang mit den gesellschaftlichen Umwälzungen nur gelegentlich die Beamten als Pfandnehmer und Sklavenhalter genannt (Jes 3,14; Jer 5,26-28;

---

[21] Vgl. auch Ez 19

34,8-22). Aber auch diese wenigen Texte setzen voraus, daß die
śārîm als wirtschaftliche Subjekte Teil an der gesellschaftlichen Entwicklung haben. Zugleich und viel häufiger erscheinen sie im
Zusammenhang mit der konkreten Rechtspflege, für die außerdem
direkt das ''Haus Davids'' verantwortlich gemacht wird (Jer 21,
11f). Aber auch hier stehen die Träger staatlicher Macht nicht
allein, sondern jeder, der wirtschaftliche oder politische Macht hat,
hat damit auch Einfluß auf das Recht (vgl. Jes 5,23; Jer 5,26-28; Ez
18,8; 22,12). Ein ähnliches Phänomen zeigt sich in der Luxuskritik,
bei der sich der Hof zwar quantitativ, aber nicht qualitativ von
den übrigen Reichen abhebt. Was ist das für eine Oberschicht,
deren Elemente in den Texten zwar immer wohl unterschieden
werden[22], die aber in wesentlichen Funktionen—wirtschaftliche
Tätigkeit und Pflege des Rechts—eng aneinander rücken können?
Wie sind die verschiedenen Elemente dieser Oberschicht miteinander verbunden?

2.) Neben der unmittelbaren Verbindung der Elemente der
judäischen Oberschicht durch gemeinsame wirtschaftliche Interessen finden wir das Problem der Beamtenkorruption. Hier geht es
darum, den Staatsapparat für eigene wirtschaftliche Interessen zu
funktionalisieren. Wir müssen fragen, welche Voraussetzungen im
judäischen Staatsapparat selbst gegeben sind, die eine solche Funk-
tionalisierung möglich machen.

3.) In der Kritik staatlicher Bautätigkeit (und eventuell Kriegsführung) kommt dagegen der Staat nicht in seinen Amtsträgern,
sondern in seinen Tätigkeiten in den Blick. Seine gewöhnliche
Tätigkeit hat, wo sie mißbraucht wird, zur Folge, daß die ohnehin
wirtschaftlich und gesellschaftlich Schwachen weiterer Belastung
ausgesetzt sind. Wir müssen fragen, welche weiteren Tätigkeiten
des judäischen Staates außer Bautätigkeit und Kriegsführung wir
erkennen können und wie sie sich auf die gesellschaftliche Entwicklung auswirken.

Diesen drei Fragekomplexen gehen wir im nun folgenden Teil 2
der Arbeit—in umgekehrter Reihenfolge—nach.

---

[22] Siehe o. S. 117-119

2. DAS ÜBRIGE ALTTESTAMENTLICHE UND DAS EPIGRAPHISCHE MATERIAL

Das Bild, das die prophetische Sozialkritik von den gesellschaftlichen und staatlichen Verhältnissen des vorexilischen Judas zeichnet, kann nur nach einer Seite hin weiter an biblischen Texten verfolgt werden, der staatlichen. Denn das Material außerhalb der prophetischen Sozialkritik äußert sich zu den sozialen Fragen entweder so gut wie gar nicht—dies gilt v.a. für das Deuteronomistische Geschichtswerk in der in Frage kommenden Epoche— oder sehr allgemein und im einzelnen schwer datierbar, wie etwa die Proverbien. Und unter den epigraphischen Funden sind in Israel bisher keine Wirtschaftstexte aufgetaucht, obwohl mit schriftlichen Wirtschaftsurkunden im Prinzip gerechnet werden kann (vgl. Jer 32,10-14.44).

Für den staatlichen Bereich aber sieht es anders aus. Für das Deuteronomistische Geschichtswerk ist die Geschichte der Königszeit im spezifischen Sinn Staatsgeschichte, wobei Staatätigkeit in ihm Königstätigkeit ist. Zwar liegt dabei alles Interesse auf der Kultpolitik der Könige. Aber daneben findet sich reichliches Material, das über weitere Staatätigkeiten Auskunft gibt. Neben dem Deuteronomistischen Geschichtswerk als wichtigster außerprophetischer Quelle haben wir einige königsideologische Texte, v.a. Königspsalmen, die über das Selbstverständnis des judäischen Königtums Auskunft geben, sowie epigraphisches Material, das zu verschiedenen Einzelaspekten ergiebig ist.

Dieses Material ist nun unter den zuletzt formulierten Fragen[1] nach den Staatätigkeiten selbst (2.1), nach der staatlichen Hierarchie (2.2) und dem Charakter der judäischen Oberschicht (2.3) zu sichten. Dabei wird immer mitzufragen sein, was diese Texte direkt oder über Rückschlüsse für das Verhältnis des Staates zu der in den Texten der prophetischen Sozialkritik erkennbaren gesellschaftlichen Entwicklung erkennen lassen.

---

[1] Siehe o. S. 130f

2.1 TÄTIGKEITEN DES JUDÄISCHEN STAATES UND IHRE GESELLSCHAFTLICHEN FOLGEN

Bevor wir uns nun den einzelnen Feldern staatlicher Tätigkeit im vorexilischen Juda zuwenden und fragen, welche Folgen sie für die gesellschaftliche Entwicklung haben, müssen wir kurz die außenpolitischen Rahmenbedingungen skizzieren, unter denen die Entwicklung seit dem 8. Jahrhundert stattfindet. Denn die Sozialgeschichte des vorexilischen Juda spielt sich ja nicht im Rahmen eines unhistorischen soziologischen Modells ab, sondern unter konkreten historischen Bedingungen. Mit dem Eintritt in die erste Stufe der assyrischen Vasallität unter Ahas im Jahr 733 gerät das judäische Königtum in andere historische Rahmenbedingungen, als sie im Großreich Davids und Salomos und in der weitgehend unabhängigen Kleinstaatenexistenz bis zum letzten Drittel des 8. Jahrhunderts bestanden, nämlich in die der Vorherrschaft von imperialistischen Vormächten.

2.1.1 Die außenpolitischen Rahmenbedingungen und ihre Folgen

In dem in Frage kommenden Zeitraum seit den 30er Jahren des 8. Jahrhunderts sind die äußeren Beziehungen Judas weitgehend identisch mit der Abhängigkeit oder vorübergehenden Unabhängigkeit von zunächst Assyrien, kurzfristig Ägypten und dann Babylonien.

Unter Usia erlebt Juda zunächst noch eine letzte Blüte in Selbständigkeit. Er bringt Elath, das in der Zeit nach Salomo (1Kön 9,26) verloren gegangen war, wieder an Juda (2Kön 14,22). Die Regierungszeit seines Enkels Ahas'—über den Nachfolger Jotham liegen keine außenpolitischen Nachrichten vor—ist zunächst von regionalen Konflikten gekennzeichnet. Die Aramäer von Damaskus belagern im Bündnis mit Israel Jerusalem (2Kön 16,5, vgl. Jes 7,1-16). Die Edomiter nutzen die Schwäche Judas und bringen Elath wieder an sich (2Kön 16,6[1]), wobei der Verlust dieses Rotmeerhafens Juda von den Handelsverbindungen zur arabischen Halbinsel und darüber hinaus abschneidet. Um sich dem ara-

---

[1] Zur Gestalt des Textes vgl. BHS z.St.

mäisch-israelitischen Druck zu entziehen, tritt Ahas in ein freiwilliges Vasallenverhältnis zu Assyrien (V.7). Es wird erkauft mit einem Tribut aus dem Schatz von Tempel und Palast (V.8).

Erst Ahas' Nachfolger Hiskia fällt wieder von Assur ab (18,7) und schlägt die Philister (V.8). Dies trägt ihm 701 einen Feldzug Sanheribs gegen Juda ein, in dessen Verlauf das Land verwüstet wird (V.13, vgl. Jes 1,7f und die Annalen Sanheribs[2]). Eine Einnahme Jerusalems kann Hiskia nur durch eine hohe Tributzahlung abwenden (2Kön 18,14 und Annalen Sanheribs[3]), die wiederum aus dem Schatz von Tempel und Palast genommen wird. Als Folge des Feldzugs wird die Landschaft Juda von Jerusalem abgetrennt und an verschiedene Philisterfürsten vergeben (Annalen[4]).

Unter Hiskias Nachfolgern Manasse und Amon bleibt Juda für Jahrzehnte unter assyrischer Vorherrschaft und damit tributpflichtig, wie die Erwähnung Manasses als Tributar in einer assyrischen Inschrift von vor 669 belegt[5]. Erst Josia gelingt es, unter Ausnutzung der rasch abnehmenden Weltmachtstellung Assyriens sein Land freizumachen und Eroberungen in Richtung Küstenebene (Ausgrabung eines judäischen Kastells aus der Josiazeit bei Yavneh Yam[6]) und Norden (vgl. die Erwähnung von Bethel, der "Städte Samarias" und Megiddos in 2Kön 23,15-20.29) vorzunehmen. Als er sich 609 einem ägyptischen Heer bei Megiddo entgegenstellen will, das den bedrängten Assyrern gegen die aufstrebenden Babylonier zur Hilfe entgegenzieht, kommt er ums Leben[7].

Unter Josias Nachfolgern wird die Abhängigkeit Judas von den jeweiligen Großmächten immer drückender. Erstmalig in der Geschichte Judas bestimmen ausländische Herrscher über die Thronfolge in Jerusalem. Zunächst 609 setzt Pharao Necho II. den als Nachfolger Josias eingesetzten Joahas ab und macht an seiner Stelle dessen älteren Bruder Jojakim zum König (23,33f). Selbstverständ-

---

[2] TUAT S. 388-391
[3] TUAT S. 389f.—Der Tribut ist nach den Annalen noch höher als nach der Angabe in den Königebüchern. Zu Sanheribs Bericht vgl. ausführlich Begrich (1975) 194-196
[4] TUAT S. 390
[5] TGI S. 70
[6] Vgl. KAI II S. 199
[7] Zu den Unklarkeiten über Josias Tod vgl. Donner (1986) 357 mit weiteren Literaturangaben.

lich wird auch bei diesem Anlaß wieder eine Geldzahlung festgesetzt
(V.33).

Nach der ägyptischen Niederlage gegen die Babylonier 605 wech-
selt Jojakims Abhängigkeit zu den Babyloniern. Ein Abfall nach
drei Jahren (2Kön 24,1) führt zunächst zu kleineren kriegerischen
Verwicklungen (V.2) und schließlich—nach dem verstorbenen
Jojakim war sein Sohn Jojachin eben auf den Thron gekommen
(V.6.8)—zur Einnahme Jerusalems durch die Babylonier 597 und
zur ersten Exilierung judäischer Bevölkerungsteile mit dem König
an der Spitze (V.10-16). Wieder werden die Schätze von Tempel
und Palast geplündert (V.13).

Zum zweitenmal nach Jojakim setzt der Sieger einen König
seiner Wahl ein, Zedekia (V.17). Dieser ist Zeit seiner Regierung
von Babel abhängig. Als er schließlich einen Aufstandsversuch wagt
(V.20), belagert das babylonische Heer Jerusalem, nimmt die Stadt
ein und verwüstet sie. Der König wird gefangen, ein Großteil der
Bevölkerung exiliert. Der Staat Juda hört auf zu bestehen (25,1-21).

Der deuteronomistische Bericht über die 150 Jahre judäischer
Geschichte bis zum Ende des Staates spricht mit einer gleich zu behandelnden Ausnahme nicht davon, welche Folgen die außenpolitischen Wechselfälle für die gesellschaftliche Entwicklung des
Landes haben. Dennoch lassen sich gewisse Schlußfolgerungen
unschwer ziehen, die sich daraus ergeben, daß das bedrängte Juda
in der gesamten Epoche entweder seine beschränkte Unabhängigkeit mit Tributzahlungen an eine Vormacht erkaufen oder durch
Zahlungen an die konkurrierende Macht deren Unterstützung
suchen muß[8] oder in kriegerische Auseinandersetzungen mit den
Großmächten verwickelt wird.

In einem Fall wird die gesellschaftliche Folge einer Tributver-
pflichtung sogar direkt angesprochen. Es handelt sich um die Bußzahlung, die Pharao Necho Juda nach der Niederlage bei Megiddo
609 auferlegt und die Jojakim über eine Umlage auf die Bevölkerung finanziert (23,35). Hier wird greifbar, wie ein außenpolitisches
Ereignis direkte Auswirkungen auf die inneren Verhältnisse be-
kommt. Die entsprechende Notiz lautet:

Das Silber und das Gold gab Jojakim dem Pharao. Jedoch ließ er das
Land einschätzen, um das Geld nach dem Befehl des Pharao abzu-

---

[8] Vgl. dazu Jes 30,6f

liefern. Wie jeder eingeschätzt wurde, trieb er das Silber und das Gold 'vom'[9] Landvolk ein, um es dem Pharao Necho zu geben.

Daß Jojakim als regierender König das Geld abzuliefern hat, ist selbstverständlich, daß er dazu eine Umlage veranstaltet, aber nicht mehr. Das den Satz mit dieser Notiz einleitende *'ak* = jedoch dient auch sonst häufig dazu, einen vorhergehenden Satz einzuschränken[10]. Daß diese Umlage als Zwangsmaßnahme gegen das Landvolk geschildert werden soll, zeigt auch das verwendete Verb *ngś*. Es bezeichnet das Bedrängen Abhängiger, so der hebräischen Fronarbeiter in Ägypten (Ex 3,7; 5,6.10.13f), das Bedrängen von Schuldnern (Dt 15,2f) und abhängigen Arbeitern (oder auch Schuldnern?, vgl. BHS z.St.) (Jes 58,3)[11].

Daß zu einer solchen Zwangsmaßnahme eine ökonomische Notwendigkeit bestand, kann mit Fug bezweifelt werden[12]. Ahas entnimmt 733 den Tribut an die Assyrer dem Tempel- und Palastschatz. 32 Jahre später ist Hiskia in der Lage, aus der gleichen Quelle die Zahlung an Sanherib zu entrichten. Es ist kaum anzunehmen, daß Jojakim mehr als 90 Jahre nach Hiskia und vor allem nach den 30 Jahren der Herrschaft Josias, in denen zumindest während eines größeren Teils keine Tributzahlungen ans Ausland geleistet werden mußten, nicht in der Lage gewesen wäre, nur ein Drittel der Summe, die Hiskia zahlen mußte (vgl. 2Kön 18,14 und 23,33), aus den Mitteln von Tempel und Palast aufzubringen. Wenn Jojakim die Buße an den Pharao nicht aus dem Tempel- und Palastschatz entnimmt, dann nicht, weil er es nicht kann, sondern weil er es nicht will[13]. Der Zweck dieses Vorgehens ist ein dop-

---

9 Ich lese *me'et-'am hā'āræṣ*, vgl. BHS z.St. Allenfalls könnte man M ohne Änderung übersetzen: "er bedrängte hinsichtlich des Silbers und des Goldes das Landvolk". Subjekt von *ngś* ist jedenfalls Jojakim, Objekt, ob im grammatikalischen oder sachlichen Sinn, das Landvolk. Unhaltbar ist die Auffassung von Gillischewski (1922) 140, das Landvolk treibe das Geld von ihm Untergebenen ein. Dagegen steht auf jeden Fall das *'et* vor *'am hā'āræṣ*, so daß *'iš ke'ærkô* mit Ges-K § 139c "als eine Art casus pendens" zu verstehen ist. Zur Diskussion älterer Auffassungen vgl. Würthwein (1936) 34-36.
10 Vgl. Ges-K § 153. Snaith (1964) 225 kommt sogar zu dem Schluß, daß "in all cases where *'ak* is found, there is an idea of contrariness, exception, restriction, and even contradiction."
11 Vgl. ferner Pons (1981) 104-109
12 Gegen Gray (1970) 751; Hentschel (1985) 116
13 So auch Würthwein (1936) 9.34-36 und (1984) 467; Ihromi (1974) 427; Kegler (1979) 69

pelter. Jojakim nimmt Rache am Landvolk, das ihn als den Älteren bei der Nachfolge Josias zugunsten Joahas' übergangen hatte (2Kön 23,30f.36), und er schont den Staatsschatz für seine eigenen Luxusbedürfnisse (Jer 22,13-19).

Doch auch ohne den besonderen Fall Jojakims läßt sich festhalten, daß Tributzahlungen—und die Texte nennen nur herausragende Ereignisse, doch ist sicher, daß im Vasallenstatus regelmäßige Abgaben zu leisten sind (2Kön 17,4: "Jahr für Jahr"[14])—und Zahlungen zur Gewinnung von Bündnispartnern letztlich, auch wenn sie aus dem Staatsschatz bestritten werden, von der produzierenden Bevölkerung aufgebracht werden müssen. In welcher Form das Surplus vom Staat abgeschöpft wird, wird unten versuchsweise zu klären sein[15]. Unabhängig davon aber ist jetzt schon festzuhalten, daß sich Abgabenbelastung in einer Gesellschaft, die sich in reich und arm spaltet—wovon als Ergebnis der Untersuchung der prophetischen Sozialkritik auszugehen ist—, auf die sich herausbildenden Klassen unterschiedlich auswirkt. Denn selbst wenn Abgaben in ihrer Höhe an die Wirtschaftskraft des Abgabepflichtigen angepaßt sind, wird ein sich auf ausreichenden Grundbesitz stützender Großbauer weniger von ihnen betroffen als ein am Rande des Existenzminimums wirtschaftender, überschuldeter Kleinbauer. So wirkt die von außen aufgezwungene Zahlung an fremde Mächte im Inneren verstärkend auf die Spaltung in arm und reich.

Das gleiche gilt für militärische Einfälle ins Land. Denn sie sind nicht nur mit Lebensmittelplünderungen zur Versorgung des eingefallenen Heeres, sondern auch mit gezielten Zerstörungen verbunden. So ist aus der gesamten orientalischen Antike die Praxis bekannt, Nutzpflanzungen von Obst-, Oliven- und Feigenbäumen, von Weinstöcken u.a. gezielt abzuholzen[16]. Auch vom Heer Israels wird diese Übung bei dem Feldzug gegen die Moabiter im 9. Jahrhundert berichtet (2Kön 3,25), und gleichermaßen ist sie für die Assyrer, die 701 Juda verwüsten, belegt[17]. Angesichts der Tat-

---

[14] Zur Tributpflicht Judas in der Manassezeit vgl. die Nachweise bei Begrich (1975) 201.214-216
[15] Vgl. u. S. 142–153
[16] Ein ägyptischer Beleg aus dem 3. Jahrtausend in ANET S. 227f; einer aus dem 2. Jahrtausend in TUAT S. 531
[17] Zitiert bei Lang (1981) 40.—Gleiches erwartet Jer 5,10; 6,6 vom babylonischen Heer.

sache, daß etwa Ölbäume nach der Neupflanzung zehn Jahre brauchen, bis sie zum erstenmal tragen[18], bedeutet das für kleine Bauern den sicheren Ruin bzw. ein Überleben nur um den Preis hoffnungsloser Überschuldung, während der Besitzer größerer Ländereien doch eher die Möglichkeit hat, durch Feldbau und Viehwirtschaft die Zeit zu überbrücken, bis der einträgliche Öl-, Obst- und Weinbau wieder Früchte trägt.

Insgesamt lassen diese außenpolitischen Gegebenheiten zwar keinen Schluß auf die Entstehung der sozialen Krise im Juda des 8. Jahrhunderts zu[19]. Sie zeigen aber, daß praktisch zeitgleich mit dem Aufbrechen der Krise ein Faktor wirksam wird, der in seinen Konsequenzen—Zahlungen an fremde Mächte und Kriegsverwüstungen—nicht in Richtung auf Verlangsamung, sondern auf Beschleunigung und Verfestigung des Prozesses der Klassenspaltung wirkt.

2.1.2 Felder staatlicher Tätigkeit

Daß es bei der Frage nach dem Staat um mehr als um das Recht im engeren Sinn geht und dabei doch das "Recht" im Sinne einer "gerechten Ordnung" auf dem Spiel steht, zeigt neben den Propheten ein Text, der im Deuteronomistischen Geschichtswerk an den Uranfang des israelitischen Königtums gestellt wird, 1Sam 8,11-17. Da wird ein *mišpāṭ* des Königs in Aussicht gestellt (V.11), der mit Rechtspflege im engeren Sinn gar nichts zu tun hat. In ihm geht es um die Heranziehung zu Führungsaufgaben im Heer (V.11b.12a), um Fronarbeit von Männern (V.12b) und Frauen (V.13), um die Einziehung von Grundbesitz (V.14) und die Erhebung eines Zehnten (V.15.17a), um die Konfiszierung zum Haus gehöriger Personen und Tiere (V.16), letztlich um die "Versklavung" der bisher Freien (V.17b). Wie steht es mit diesen Dingen im Juda des späten 8. bis frühen 6. Jahrhunderts? In der prophetischen Sozialkritik hören wir von Fronarbeit (eindeutig Jer 22,13-19, sehr wahrscheinlich Mi 3,1-12) und, wenn Ez 22,25 so zu deuten ist, von Kriegsdienst. Was ist mit dem übrigen "Recht des Königs"?

---

[18] Kippenberg (1977) 28.—Dalman (1935) 174f: drei Jahre nach Umsetzung eines bereits aufgewachsenen Wurzelschoßes erscheinen die ersten Früchte.

[19] Siehe o. S. 124–126

2.1.2.1 Das Militär

Mit der Bildung des Königtums unter Saul und dann besonders David und Salomo erhält das israelitische Militärwesen eine Doppelstruktur[20]. Neben das allgemeine Aufgebot, das als "das Volk" (2Sam 16,6), als "Israel und Juda" (11,11) oder "ganz Israel" (1Kön 11,16) bezeichnet werden kann, tritt ein Berufsheer, die "ʿabādîm meines Herrn" (2Sam 11,11) bzw. *gibborîm* (16,6) (vgl. auch 20,4-7 u.ö.). Wie aus den Nachrichten über Davids "Helden" (23,8-39) hervorgeht, handelt es sich bei ihnen um Berufssoldaten, unter denen sich auch Ausländer befinden.

Seit Salomo gehört zum besonderen Aufgabenbereich der Berufstruppe die Streitwagenmacht (1Kön 5,6-8; 9,19.22; 10,26). Noch im späten 8. Jahrhundert scheint sie die Hauptstütze des judäischen Heeres darzustellen (Jes 2,7; 30,16; 31,1.3; Mi 1,13). Dagegen hören wir in den Nachrichten aus dem 7. Jahrhundert und vor allem aus den ersten Jahren des 6. Jahrhunderts von ihr nichts mehr[21]. Mit dem Verschwinden einer bestimmten Waffengattung verschwindet aber nicht gleichzeitig auch die Doppelstruktur von Berufsheer und allgemeinem Aufgebot. Die Nachrichten, die wir besonders aus der letzten Zeit Judas haben, weisen auf deren Fortbestand hin.

Im Deuteronomistischen Geschichtswerk liegen uns drei knappe Notizen im Zusammenhang mit der ersten Gola, dem Ende Zedekias und der zweiten Gola vor, alle also vom letzten Ende Judas. Nach der Einnahme Jerusalems unter Jojachin heißt es, der König von Babel ließ wegführen *kol-gibbôrê haḥajil* (2Kön 24,14) bzw. *kol-ʾanšê haḥajil, kol gibbôrîm ʿośê milḥāmâ* (V.16). Dieser Nachricht ist zunächst nicht mehr zu entnehmen, als daß Nebukadnezar alle unter Waffen stehenden Männer weggeführt hat, gleich welchen Status sie im Heer haben. Das gleiche gilt für die Notiz von der letzten Belagerung Jerusalems, wonach Zedekia in verweifelter Lage mit *kol-ʾanšê hammilḥāmâ* einen Ausbruch wagt (2Kön 25,4 = Jer 39,4 = Jer 52,7).

Weiter führt dagegen eine Nachricht im Zusammenhang mit der zweiten Wegführung (2Kön 25,19 = Jer 52,25):

---

[20] Vgl. dazu Galling (1929) 24f
[21] Auf diesen Wandel aufmerksam gemacht zu haben, ist das bleibende Verdienst der Arbeit von Junge (1937), wie man auch sonst zu seinen Erklärungen im einzelnen stehen mag.

Und aus der Stadt nahm er (sc. der die Exilierung durchführende Babylonier) einen Hofbeamten, der der Aufseher über die Kriegsleute war, . . . und den Schreiber des Heeresobersten[22], der das Landvolk aushob . . .

Hier erfahren wir, daß es neben einem zivilen Aufseher (der *sārîs*) und einem militärischen Oberbefehlshaber (der *śar haṣṣāʾbāʾ*[23]) einen Schreiber gibt, der die Aushebung (*ṣbʾ* hifil, nur hier vorkommend) des *ʿam hāʾāræṣ* vornimmt. Dieser ist also wehrpflichtig, womit die Doppelstruktur von Berufsheer und allgemeinem Aufgebot auch für die letzte Zeit Judas belegt ist[24].

Das Kommando im Heer führen die Offiziere = *śārîm*. Sie sind nach Rängen hierarchisch gegliedert. An der Spitze steht der *śar haṣṣābāʾ*[25]. Weitere Ränge bilden die *śārê ʾalāpîm* (1Sam 8,12; 17,18; 18,13; 22,7; 2Sam 18,1; vgl. Ex 18,21.25; Num 31,14.48.52.54; Dt 1,15), die *śārê meʾôt* (1Sam 22,7; 2Sam 18,1; 2Kön 11,4.9f.15.19; vgl. Ex 18,21.25; Num 31,14.48.52.54; Dt 1,15), die *śārê ḥᵃmiššîm* (1Sam 8,12; 2Kön 1,9-11.13f; Jes 3,3; vgl. Ex 18,21.25; Dt 1,15) und *śārê ʿᵃśārot* (nur Ex 18,21.25; Dt 1,15). Daneben findet sich eine Gliederung des Offizierskorps nach Waffengattungen in *śārê-gᵉdûdîm* (Streifscharen) (2Sam 4,2), *śārê haḥajil* (2Sam 24,2.4; 2Kön 9,5) bzw. *śārê haḥᵃjālîm* (Infanterie) (2Kön 25,23.26; Jer 40,7.13; 41,11.13.16; 42,1.8; 43,4f), *śārê hārækæb* (Streitwagen) (1Kön 9,22; 16,9; 2Kön 8,21) und *śārê hārāṣîm* (Läufer, wohl Palastwache) (1Kön 14,27; vgl. 2Kön 11,4). Diese durchorganisierte Struktur des Offizierskorps zeigt, daß das Militär als Machtapparat fest in der Hand des Königs ist, der im Arad-Ostrakon Nr. 24 mit der einen Befehl verstärkenden Wendung ''das Wort des Königs (ist) bei euch auf euren Seelen''[26] denn auch als oberster Befehlshaber eingeschärft wird.

Die Doppelstruktur des judäischen Heerwesens hat zwei Konsequenzen für die gesellschaftliche Entwicklung. 1.) Die Pflicht zum militärischen Dienst wirkt sich ökonomisch unterschiedlich aus je nach Größe einer Bauernwirtschaft. Im Falle eines alleinwirt-

---

[22] Text nach Jer 52,25
[23] Siehe u. S. 174
[24] Ob dagegen das Ostrakon Nr. 24 von Arad nicht nur von einer Truppenverlegung (so Aharoni, 1981, 46-49), sondern von Truppenaushebung (so Lemaire, 1977, 188.194) spricht, ist fraglich.
[25] Siehe u. S. 174
[26] Aharoni (1981) 46

schaftenden Kleinbauern wird die Produktion schwerer betroffen als im Falle eines Grundbesitzers, der "Haus an Haus gereiht" und "Feld an Feld gefügt" hat (Jes 5,8). Möglicherweise bezieht sich Jesajas Rede von der "Ruhe für die Müden" (28,12) auf derartige Belastungen kleiner Bauern durch Kriegsdienst. 2.) Die Spaltung des wehrpflichtigen ʿam hāʾāræṣ selbst[27] reproduziert sich offenkundig bis zu einem gewissen Grad in der Militärorganisation. Denn nach 1Sam 8,11f werden die Söhne der wohlhabenden und selbst Sklaven und Sklavinnen besitzenden Familien (V.16) sogleich zu Offizieren im Heer[28]. Dann müssen die ihrem Kommando unterstehenden Soldaten aber eben die sein, die auch im wirtschaftlichen und gesellschaftlichen Bereich von ihnen abhängig sind.

Zu diesen zwei Faktoren kommt ein dritter hinzu. Die in Arad gefundenen Ostraka[29] und hier speziell das Archiv des Festungskommandanten Eljaschib vom Anfang des 6. Jahrhunderts[30] belegen nämlich für die letzte Zeit Judas die Existenz ausländischer Söldnerkontingente, die in mehreren Ostraka[31] als Empfänger von und im Zusammenhang mit Lebensmittelrationen erwähnten "Kittäer". Der Name weist darauf hin, daß es sich dabei um aus dem griechischen Raum stammende Söldner handelt. Sie dienen im judäischen Heer in geschlossenen Kontingenten, deren Größe aufgrund der ihnen zugewiesenen Rationen zwischen 50 und 100 Mann liegen muß[32]. Es handelt sich also um einfache Soldaten und nicht um Offiziere, wobei nicht zu erkennen ist, ob sie dem Kommando judäischer oder eigener (griechischer) Offiziere unterstehen. Neben den Arad-Ostraka belegt auch die in der judäischen Festung von Mesad Hashavjahu gefundene griechische Keramik—und hier besonders die Haushaltskeramik—das Vorhandensein griechischer Söldner in judäischen Diensten[33]. Söldner aber müssen versorgt werden, und letztlich kommt der Sold aus den nun zu behandelnden

---

[27] Siehe o. S. 117–120

[28] Siehe auch u. S. 190f

[29] Veröffentlicht bei Aharoni (1981); vgl. auch Lemaire (1977) 145-235; Smelik (1987) 94-107

[30] Die einzelnen Strata von Arad werden von Aharoni (1981) 130 mit 920, 800, 734, 701, 609 und 595 datiert.

[31] Bei Aharoni (1981) Nr. 1.2.4.7.8.17

[32] Aharoni (1981) 145: 50 bzw. 100; Lemaire (1977) 229f; Smelik (1987) 99: 75 Mann

[33] Vgl. zuletzt ausführlich Wenning (1989)

Abgaben und Dienstleistungen der Bevölkerung, die den Ärmeren härter treffen als den Reicheren.

2.1.2.2 Abgaben und Versorgung der Festungen

Bekanntlich sind die Mitteilungen der biblischen Texte über die Abgabenbelastung der Bevölkerung gegenüber dem Hof äußerst spärlich, und für das Juda des hier untersuchten Zeitraumes fehlt sogar jeder direkte Beleg[34]. So kann sogar auf die Existenz eines Abgabenwesens nur aus allgemeinen Überlegungen heraus geschlossen werden: "Spätestens mit der Abhängigkeit von Assur und der Pflicht zur regelmäßigen Tributzahlung wird auch in Juda ein eigenes Steuersystem unabweisbar geworden sein"[35].

Allerdings werden solche Überlegungen gestützt durch den singulären Spruch Prov 29,4:

> Mit Recht gibt ein König dem Land Bestand, ein Mann von Abgaben aber reißt es nieder.

Zwar ist die Vokabel *terûmâ* im biblischen Hebräisch ausschließlich auf den kultischen Bereich beschränkt (Ex 25,2f; 29,27 u.o., auch Ez 45,13-16, wo die Abgabe zwar an den Fürsten geht, aber zu kultischen Zwecken), doch im Zusammenhang mit dem König ist kaum an etwas anderes als an staatliche Steuern zu denken[36]. Zweierlei ist an dem Spruch für unsere Frage von besonderer Bedeutung: 1.) Die sprachliche Entgegensetzung von Abgaben und *mišpāṭ*. Wie in der Kritik an den Fronmaßnahmen in Jer 22,13-19 und Mi 3,1-12 wird der Mißbrauch eines staatlichen Rechtstitels als Verletzung von *mišpāṭ* bezeichnet (*mišpāṭ* in Jer 22,13; Mi 3,1.9). Es bestätigt sich, daß die staatliche Beachtung des *mišpāṭ* mehr als die Rechtspflege im engeren Sinn umfaßt. 2.) Die Wirkung von Abgaben, an sich ein staatliches Recht, ist die gleiche wie die von Kriegs- und Fronpflicht. Übertrieben gefordert—dies der Sinn des Ausdruckes "ein Mann von Abgaben"—ruinieren sie das Land. Dabei wäre die Folge für "das Land" freilich durchaus unterschiedlich je nach Reichtum oder Armut des Abgabenpflichtigen.

---

[34] Vgl. Crüsemann (1985), bes. S. 34-42, zum Problem allgemein auch Rüterswörden (1985) 127-133

[35] Crüsemann (1985) 44f

[36] So auch Plöger (1984) 343

Ist somit die Existenz eines Abgabenwesens zu vermuten, so bleiben dagegen die Fragen nach der Höhe der Abgaben, ihrer Berechnung, nach dem Kreis der Abgabepflichtigen und nach weiteren Modalitäten wie Zeitpunkt der Abgabe, Art des Einzugs (dorfweise oder einzeln), Organisation der Erhebung, verantwortlichen Personen usw., weitgehend offen. Ja, die wenigen Nachrichten, die einigermaßen auswertbar sind, ergeben sogar eher ein uneinheitliches Bild.

So erscheint auf einem in Jerusalem gefundenen Ostrakon die Buchstabenfolge *l'śr*, in der Lemaire "la première attestation indiscutable de la dîme en épigraphie paléo-hébraïque" findet[37]. Trifft Lemaires Lesung und seine Datierung an das Ende des 8. Jahrhunderts zu, dann hätten wir hier einen Beleg für den Zehnten aus der Hiskiazeit. Möglicherweise ist auch auf dem Ostrakon Nr. 5 von Arad das dort in Z. 11 zu findende m^c in $(m^c)śr$ = "Zehnter" zu ergänzen[38], was allerdings angesichts der Fülle im Hebräischen mit m^c beginnender Worte[39] äußerst unsicher ist.

Daneben steht die Mitteilung über Jojakims Bußzahlung an den Pharao (2Kön 23,35)[40]. Zwar handelt es sich hierbei um eine "Sonderabgabe"[41] und gerade um keine regelmäßig zu entrichtende Steuer. Aber die bloße Möglichkeit, "das Land einschätzen" zu lassen, setzt doch wohl ein organisiertes Abgabenwesen voraus. Und es gibt keinen Grund für die Annahme, daß Abgaben aus einem besonderen Anlaß wesentlich anders beigebracht werden als die regelmäßigen Entrichtungen. Dabei ist die Angabe, daß "jeder, wie er eingeschätzt wurde" (*ʾîš kᵉᶜærkô*), abliefern mußte, nicht einfach identisch mit der Nachricht des Ophel-Ostrakons über den Zehnten. Denn während der "Zehnte" einen feststehenden Anteil am abgabepflichtigen Produkt bezeichnet, läge dieser bei individueller "Einschätzung" nicht von vornherein fest.

Während beim Zehnten und bei einer Einschätzung von individueller Abgabepflicht auszugehen ist, verschiebt sich das Bild noch einmal leicht beim Arad-Ostrakon Nr. 25[42]. Es besteht aus

---

[37] Lemaire (1978) 159f; zurückhaltender Smelik (1987) 73
[38] Aharoni (1981) 20; Smelik (1987) 102
[39] Das Wörterbuch von Gesenius führt rund 80 Lexeme auf, die mit dieser Buchstabenfolge beginnen.
[40] Vgl. o. S. 135–137
[41] Crüsemann (1985) 36
[42] Lemaire (1977) 195-197; Aharoni (1981) 50f

einer Liste von drei Ortsnamen, denen *mn* vorangeht—was sie als
Herkunftsorte ausweist—und jeweils eine Getreidemenge folgt. Die
wahrscheinlichste Deutung dieses Befundes ist, daß es sich hier um
eine Aufzeichnung über Abgaben handelt, die aus umliegenden
Dörfern an die Festung Arad abgeliefert wurden[43]. Freilich muß
dies mit individueller Abgabenpflichtigkeit der judäischen Bevölkerung nicht unbedingt in Widerspruch stehen, weil es möglich
ist, daß die einzelnen Abgabepflichtigen zwar individuell abliefern
mußten, die Lieferungen dann aber aus praktischen Gründen dorfweise weitergeleitet wurden.

Die spärlichen und uneinheitlichen Nachrichten über das Abgabenwesen lassen zunächst den Schluß zu, daß dieser Sektor staatlicher Tätigkeit weit weniger durchorganisiert ist als etwa das
Militärwesen[44]. Möglicherweise gibt es nacheinander verschiedene
Erhebungssysteme—in der Hiskiazeit den Zehnten, in der Jojakim-
zeit individuelle Einschätzung—und zudem regionale Unterschiede
(Arad).

Andrerseits wird man das insgesamt karge Material nun auch
nicht so deuten dürfen, daß der staatliche Bedarf an Geld und v.a.
Naturalien gering gewesen sei. Denn neben dem Verzehr des Hofes
und den Tributen war das Militär in den Festungen zu versorgen.
Die Ausgrabungen von Lagerhäusern in Beerseba und Arad—dort
ist es neben dem Tempel das größte Gebäude der Zitadelle[45]—belegen nämlich, daß die Festungen zugleich Lagerplätze für Lebens-
mittelvorräte sind. Ferner geht aus den Ostraka von Arad hervor,
daß von dort aus große Mengen von Lebensmitteln an verschiedene
Truppenteile und Arad unterstellte kleinere Festungen weitergege-
ben werden. Im einzelnen werden genannt Wein (Nr. 1-4.8),
Weinessig (Nr. 2), Weizen (Nr. 3.8), Mehl (Nr. 1.5.18), Brot
(Nr. 2.3) und Öl (Nr. 4.7.17).

Nun stammt wohl ein Teil dieser Vorräte aus Abgaben der umliegenden Ortschaften, wie die Liste des Ostrakons Nr. 25 von Arad
zeigt. Daneben ist allerdings auch damit zu rechnen, daß die
Festungen nicht aus Abgaben der Bevölkerung oder deren Dienstleistungen, sondern aus königlichen Gütern versorgt werden.

---

[43] Vgl. Lemaire (1977) 195-197
[44] Siehe o. S. 139f
[45] Aharoni (1981) 143

Darauf weisen die bisher schon über 1500 Funde[46] von mit *lmlk* gestempelten Krughenkeln[47].

Die Legende der an den Henkeln von 40-45 l fassenden Vorratskrügen angebrachten Königsstempel enthält drei Elemente: 1.) Die Aufschrift *lmlk*. Wegen der sprachlichen Struktur und dem üblichen Gebrauch auf Siegeln, die fast ausschließlich mit possessivem *l* beginnen[48], muß *lmlk* die Angabe des Besitzers sein, also: "dem König gehörend"[49]. Der Aufdruck besagt also, daß der Krug bzw. dessen Inhalt staatliches Eigentum sind. 2.) Einen Skarabäus oder eine geflügelte Sonnenscheibe, die als Hoheitssymbol zu deuten sind. 3.) Einen der vier Ortsnamen Socho, Hebron, Ziph und *mmšt*, das gelegentlich als *mmš(l)t* = Herrschaft mit Jerusalem identifiziert worden ist[50], was aber bis zum Fund weiterer Beweisglieder Spekulation bleibt.

Die Ortsnamen können, da die Krughenkel über ganz Juda hin gefunden wurden, keine Bestimmungs-, sondern nur Herkunftsorte sein. Welche Herkunft aber wird so bezeichnet? Vier Deutungen sind denkbar.

a) Es handelt sich um abgabenpflichtige Orte. Wegen der großen Zahl der Funde und der durchgehenden Beschränkung auf die vier Ortsnamen scheidet diese Deutung aus, denn es ist nicht vorstellbar, daß nur vier Orte in Juda abgabenpflichtig wären[51].

b) Es handelt sich um Sammelplätze für Abgaben. Dagegen spricht aber die Lage der Orte[52]. Denn für nur vier Sammelplätze wäre zu erwarten, daß sie je für sich das Zentrum eines größeren Gebietes abdecken. Das aber ist nicht der Fall[53]. Der gleiche Einwand gilt für die Variante, daß die vier Orte nicht Sammelplätze für Abgaben, sondern vier Zentren von "Verteidigungszonen" sind, von denen aus die zugehörigen Festungen beliefert wurden[54].

---

[46] Avigad (1988) 13
[47] Monographische Bearbeitung bei Welten (1969) mit der bis dahin erschienenen Literatur; weitere Bearbeitungen bei Lance (1971); Ussishkin (1976); Naʾaman (1979); Lemaire (1981); Mommsen/Perlman/Yellin (1984).
[48] Vgl. Hestrin/Dayagi-Mendels (1979) 9 und die entsprechenden Beispiele auf S. 16-173
[49] So Welten (1969) 8f
[50] Ginsberg (1948)
[51] Vgl. Welten (1969) 121
[52] Vgl. die Karte bei Pritchard (1989) 124
[53] Vgl. Welten (1969) 123; Smelik (1987) 124
[54] So Yadin (1961)

Erschwert wird diese Theorie noch zusätzlich dadurch, daß in der zu konstruierenden "Verteidigungszone Negev" so gut wie keine *lmlk*-Abdrücke gefunden wurden.

c) Die vier Orte bezeichnen königliche Töpfereien[55]. Hier ist zunächst zu fragen, ob der Empfänger einer Lieferung von Wein oder Öl wirklich ein Interesse hat zu erfahren, woher das Gefäß stammt, und nicht vielmehr, woher der Inhalt kommt. Auch moderne Verpackungen weisen nicht auf den Hersteller bzw. Herkunftsort der Verpackung, sondern auf deren Inhalt hin. Vor allem aber haben die chemischen Analysen von Mommsen, Perlman und Yellin gezeigt, daß alle untersuchten Exemplare "were made from clays which are indistinguishable"[56], so daß unterschiedliche Herkunftsorte nicht in Frage kommen.

d) So bleibt es die wahrscheinlichste Deutung, daß die vier auf den Königsstempeln angegebenen Orte vier königliche Domänen angeben, mit deren Produkten die gestempelten Krüge gefüllt wurden[57].

Die Bestimmungsorte sind ausweislich der Funde auf Juda beschränkt, dort aber breit gestreut[58]. Bis auf einen sind alle Fundorte Festungen[59]. Dies läßt darauf schließen, daß die in den entsprechenden Krügen gelieferten Lebensmittel der Versorgung von Soldaten in diesen Festungen dienten. Wenn man neben der bloßen Streuung der Funde über Juda hin deren Häufigkeit an bestimmten Orten ins Auge faßt, ergibt sich eine auffällige Häufung in Festungen, die in Richtung zur Schefela hin liegen. Die größte Gruppe von gestempelten Krughenkeln stammt aus der Festung Lachis[60], in Ramat Rahel wurden etwa 150 gestempelte Krughenkel gefunden[61]. Andere Festungen, besonders im Negev, weisen dagegen überhaupt keine oder nur wenige *lmlk*-Stempel auf, so Arad[62]—wo dies wegen der umfassenden Ausgrabung auch kein Zufall sein

---

[55] So Smelik (1987) 124
[56] Mommsen/Perlman/Yellin (1984) 94
[57] So Lapp (1960) 22; Welten (1969) 3.133-142; Pritchard (1989) 124.—Mit leichter Variante auch Rainey (1982) 61: "centers where wine was collected from the royal vineyards"
[58] Vgl. die Karte bei Pritchard (1989) 124, allerdings ohne Differenzierung der Häufigkeit von Funden an den einzelnen Orten.
[59] Welten (1969) 167
[60] Lance (1971) 321
[61] Fritz (1987) 46
[62] Aharoni (1981) 126f

kann—und Beerseba. Eine Deutung dieses auffälligen Befundes muß von der militärstrategischen Situation im Juda des 8. und 7. Jahrhunderts ausgehen. Denn zwar ist ausweislich der Arad-Ostraka Nr. 21.24.40.88[63] und der Zerstörungen von Arad und Beerseba auch der Negev im 8. und 7. Jahrhundert in militärische Auseinandersetzungen vor allem mit den Edomitern verwickelt. Aber die Hauptfront gegen die assyrische bzw. babylonische Großmacht liegt eindeutig zur Schefela. Es ist anzunehmen, daß die dort liegenden Festungen massive Truppenverstärkungen erfahren haben und man sich zugleich auf lange Belagerungszeiten einstellte[64]. Die Häufung der dort gemachten *lmlk*-Stempel-Funde dürfte mit der Notwendigkeit der Versorgung solcher zusätzlicher Truppen für längere Zeit zusammenhängen, während im Negev solche Maßnahmen nicht nötig waren[65].

Was die Datierung der Funde und damit des durch sie belegten Versorgungssystems angeht, haben die Untersuchungen der verschiedenen verwendeten Stempel ergeben, daß sie wohl alle aus einer einzigen Epoche stammen. Paläographische Gründe[66] sowie die genauere Bestimmung der Fundschichten haben zudem zu dem Ergebnis geführt, daß die *lmlk*-Stempelabdrucke in die Hiskia-Zeit zu datieren sind[67]. So stellt sich nach dem gegenwärtigen Forschungsstand als wahrscheinlichstes Ergebnis dar, daß während der Hiskiazeit ein System in Kraft war, wonach in Vorbereitung von Belagerungen die wichtigsten Festungen mit Truppen verstärkt und diese Zusatztruppen aus Lieferungen aus königlichen Gütern versorgt wurden, die in den mit dem Stempel *lmlk* versehenen Krügen aufbewahrt waren. Einzelne Funde in späteren Schichten und an anderen Orten—etwa in Arad—stehen dieser Deutung nicht entgegen; denn es ist gut möglich, daß erhalten gebliebene Krüge auch später und andernorts Verwendung fanden[68].

---

63 Vgl. Aharoni (1981) 46-49.70-74.103f; Smelik (1987) 96-98.105f
64 Vgl. Yadin (1985a) 25
65 So auch die bei Ussishkin (1985) 144 an erster Stelle referierte Deutung des unterschiedlichen Befundes hinsichtlich der *lmlk*-Funde in den 701 zerstörten Schichten von Lachis III und Beerseba II. Die anderen Deutungen, die die Zerstörung von Beerseba II zeitlich von der von Lachis III abrücken, entschärfen zwar scheinbar das Problem, führen aber angesichts des Befundes von Arad, wo wie in Beerseba nur wenige *lmlk*-Krughenkel gefunden wurden, nicht wirklich weiter.
66 Lemaire (1975) und (1981) 58*
67 Ussishkin (1977) und (1985) 143; Naʾaman (1979) 71-79; Yadin (1985a) 25; Smelik (1987) 123; Avigad (1988) 13; Pritchard (1989) 124
68 Vgl. resümierend Yadin (1985a) 25

Führt die Interpretation der *lmlk*-Krugstempel somit in die Hiskiazeit, so ist doch keineswegs auszuschließen, daß auch später noch—also etwa im frühen 6. Jahrhundert, der Zeit des Eljasib-Archivs von Arad—Festungen neben Abgaben aus der Bevölkerung Lieferungen aus königlichen Gütern erhielten. Denn mit der Maßnahme, die Krüge entsprechend zu stempeln, fallen die königlichen Güter ja nicht weg, und damit braucht ihre Funktion, zumindest teilweise Festungen mit Lebensmitteln zu versorgen, auch nicht wegzufallen[69].

Resümieren wir die Nachrichten über die Abgaben und die Versorgung der Festungen, dann ergibt sich ein doppeltes Bild. Einerseits finden sich Hinweise auf eine direkte Abgabepflicht, und deren soziale Folge ist—zumindest bei Mißbrauch—eine Verletzung der gerechten Ordnung (Prv 29,4). Daneben aber besteht ein staatlicher Wirtschaftssektor, auf den im übrigen auch Nachrichten der Chronik hinweisen (1Chr 27,25-31; 2Chr 26,10), der v.a. aber durch die *lmlk*-Abdrücke bestätigt ist. Damit aber stellt sich die Frage, ob nicht auch dieser staatliche Sektor Folgen für die soziale Entwicklung hat. Das führt uns zur Frage nach der Fron.

2.1.2.3 Frondienste

Aus der prophetischen Kritik ist zu schließen, daß königliche Bautätigkeit und in ihrem Zusammenhang besonders die Anwendung von Fronarbeit zu den besonderen Belastungen der judäischen Bevölkerung gehören (Mi 3,10; Hab 2,12; Jer 22,13-19). Das deuteronomistische Geschichtswerk bestätigt, daß Bautätigkeit zu den herausragenden Aktivitäten der Könige gehört.

Von Usia (Asarja) erfahren wir, daß er "Elath gebaut hat" (2Kön 14,22). Hier erscheint nicht nur das auch von den Propheten verwendete Stichwort *bnh* (Mi 3,10; Hab 2,12; Jer 22,13), sondern die in Bezug auf den König verwendete absolute Ausdrucksweise "Elath bauen" bestätigt auch die zu Mi 3,10; Hab 2,12 vorgetragene Auffassung, daß das dort verwendete "Zion bauen" bzw. "die Stadt bauen" staatliche Baumaßnahmen meinen muß[70].

Wird von Usia der Ausbau einer ganzen Stadt gemeldet, so

---

[69] Ussishkin (1977) 57: "... that the tradition of using storage jars of that shape persisted till the end of the Judean monarchy."
[70] Vgl. o. S. 52 und 93f

erwähnen andere Notizen einzelne Baumaßnahmen von Königen (wie Jer 22,13-19). Nach 2Kön 15,35 hat Jotham "das obere Tor des JHWH-Tempels gebaut" (*bnh*), während Ahas den Bau eines neuen Altares innerhalb des Tempelbereichs anordnet (16,10f). Von Hiskia hören wir, daß er "den Teich und die Wasserleitung gemacht und das Wasser in die Stadt gebracht" hat (20,20).

Aufgrund von Mi 3,1-12 und Jer 22,13-19 ist davon auszugehen, daß die Könige zur Durchführung ihrer Baumaßnahmen auf Fronarbeiter zurückgreifen können. Dies wird im erzählenden Material durch eine allerdings vor dem untersuchten Zeitraum liegende Notiz bestätigt, wonach Asa (Anfang des 9. Jahrhunderts) zu Festungsarbeiten "ganz Juda ohne Ausnahme" aushebt (1Kön 15,22).

Ergänzen so die erzählenden Texte das aus den Propheten zu gewinnende Bild aufs Beste, so steht dazu auch die Tatsache nicht im Widerspruch, daß im Deuteronomistischen Geschichtswerk durchweg einzelne Könige Subjekt der Bautätigkeit sind, während Micha ausdrücklich die "Häupter des Hauses Jakob und Führer des Hauses Israel" angreift (3,10, vgl. V.1), also eine Mehrzahl von Personen. Denn die historischen Notizen meinen ja weder, daß der König selbst die Kelle geschwungen, noch auch nur, daß er die Durchführung der Maßnahmen persönlich dirigiert hat. Sondern gearbeitet haben Fronarbeiter, und die Aufsicht lag bei königlichen Beamten. Wo es nun um die Aufsicht und damit die Art der Durchführung von Baumaßnahmen geht, da werden auch die dafür verantwortlichen Beamten genannt (bei Micha und wohl auch Habakuk). Wo es dagegen um die Baumaßnahmen als solche geht, ist es nur folgerichtig, wenn der Auftraggeber selbst, nämlich der König, genannt wird (so im Deuteronomistischen Geschichtswerk und auch bei Jeremia, 22,13-19, wo es ja auch nicht um die Art der Durchführung, sondern um die Verantwortung für die Baumaßnahme selbst geht).

Neben der Verpflichtung zu persönlicher Dienstleistung bei staatlichen Baumaßnahmen scheint es auch eine Fronpflicht in der Landwirtschaft zu geben. Dies legt das in der kleinen in der Nähe des Meeres gelegenen Festung von Mesad Hashavjahu gefundene Ostrakon mit der Bittschrift eines Arbeiters nahe[71], das aufgrund

---

[71] Text, Übersetzungen und Bearbeitungen bei KAI Nr. 200; TUAT 249f; Yeivin (1962); Talmon (1964); Lemaire (1977) 259-269; Jaroš (1982) Nr. 55; Crüsemann (1983) 76-86; Smelik (1987) 87-93

der Grabungsumstände in die Zeit Josias zu datieren ist[72]. Sein
Text wird im folgenden in der Übersetzung von Jaroš wiedergegeben, wobei allerdings das Wort *šr* unübersetzt bleibt:

(1) Es möge hören mein Herr, der *šr*, (2) das Wort seines Knechtes. Dein
Knecht (3) war ernten, dein Knecht, in Ha(4)zar Asam. Und es erntete
dein Knecht (5) und er maß und er häufte auf wie tagtäglich, bevor er
auf(6)hörte. Nachdem dein Knecht seine Ernte beendet hatte; er häufte
auf (7) wie tagtäglich, da kam Hoschijahu, der Sohn des Schob(8)aj.
Und er nahm das Gewand deines Knechtes weg. (10) Und alle meine
Brüder werden mir bezeugen, die mit mir ernten in der Glut (11) (der
Sonne). Meine Brüder werden mir bezeugen: wahrlich ich bin frei von
(12) (Schuld. Bringe mir zurück) mein Gewand; aber wenn nicht, so ist
es dem *šr* möglich, zurück(13)(zubringen mein Gewand) . . . ??? . . . (14)
. . . dein Knecht. Nicht mögest du ihn verstoßen.

Zwar enthält der Text einige sprachliche Schwierigkeiten. Aber
weder hindern diese das Grundverständnis noch sind sie für die
Frage, was aus dem Schreiben für die sozialen Verhältnisse zu entnehmen ist, von ausschlaggebender Bedeutung. Zur Beantwortung
dieser Frage sind die in dem Text vorkommenden Personen und
ihre Funktion zu untersuchen:

1.) Gerichtet ist das Schreiben an ''den *šr*''. Er ist die Instanz, an
die sich der Bittsteller mit seinem Rechtsbegehren wendet. Angesichts des Bedeutungsspektrums von *šr* kann er der Kommandant
der Festung sein, doch wird er hier in keiner spezifisch militärischen
Funktion angeredet, sondern in richterlicher[73].

2.) Dem Bittsteller hat ein Hoschijahu, Sohn des Schobaj, sein
Gewand fortgenommen. Der Kontext läßt erkennen, daß es sich
dabei nicht um einen Diebstahl, sondern eine mit der mangelnden
Arbeitsleistung des Bittstellers begründete Maßnahme handelt.
Hoschijahu, Sohn des Schobaj, ist also ein Arbeitsaufseher. Er un-
tersteht dem angerufenen *šr*.

3.) Als Zeugen ruft der Bittsteller seine ''Brüder, die mit mir
ernten'' (Z.10f), auf. Es handelt sich also um eine kollektive Arbeit,
die Hoschijahu beaufsichtigt.

4.) Wer ist dann der Bittsteller? Von den denkbaren Möglichkeiten scheiden die zwei extremsten aus. Der Bittsteller ist weder ein

---

[72] Smelik (1987) 91.—Anders jetzt Wenning (1989), der für die Zeit Jojakims
eintritt.
[73] Das Französische hat die Möglichkeit, die militärische und zivile Funktion
von *šr* mit ''officier'' wiederzugeben, vgl. Lemaire (1977) 262

freier Bauer bei der eigenen Erntearbeit, da dann weder die kollektive Form der Arbeit noch die Funktion des Wegnehmens des Gewandes erklärbar ist, noch ein Sklave, da kaum von dessen Rechtsfähigkeit ausgegangen werden kann. Wäre der Bittsteller ein Tagelöhner[74], dann ließen sich zwar sowohl seine Rechtsfähigkeit als auch die kollektive Form der Arbeit erklären. Aber das Wegnehmen des Gewandes ist auch so kaum deutbar. Offenbar geht der Bittsteller davon aus, daß er seine Arbeit beendet hat (Z.5f.8f) und damit auch das seiner Ansicht nach zu fordernde Pensum. Hoschijahu scheint gerade dies zu bestreiten. Bei einem Tagelöhner hätte er in diesem Fall aber kaum den umständlichen Weg zu wählen brauchen, dessen Gewand zu konfiszieren. Kürzung oder gänzliche Verweigerung des Lohnes, der abends auszuzahlen war (vgl. Dt 24,14f), wären doch das einfachste und nächstliegende Druckmittel gewesen[75]. Erst wenn man davon ausgeht, daß der Bittsteller—mit anderen zusammen—zur Fronarbeit verpflichtet war[76], löst sich auch diese Schwierigkeit. Der Streit zwischen ihm und dem Aufseher geht dann entweder darum, ob er die Arbeit tatsächlich, wie er behauptet, "wie tagtäglich" (Z.5.7.9) "beendet" (Z.5f.8f) hat, oder um eine vom Aufseher geforderte höhere Norm. So oder so hätte der Aufseher das Gewand als Pfand konfisziert, entweder um die volle Erfüllung der schon immer geltenden oder die Erfüllung der höheren Norm zu erzwingen.

Was aus Mi 3,10; Jer 22,13-19; Hab 2,12 sowie dem Ostrakon von Mesad Hashavjahu nur zu erschließen ist, wird durch den Fund des Siegels des ''Pelajahu ʾšr ʿl hms'', vom Ende des 7. Jahrhunderts[77], archäologisch bestätigt. Das Amt eines Fronministers, biblisch nur für die frühe Königszeit belegt (2Sam 20,24; 1Kön 4,6; 5,28; 12,18)[78], beweist die Existenz von Fronarbeit auch im 8. und 7. Jahrhundert.

Daß diese Einrichtung, deren Existenz in keinem der Texte

---

[74] So Lemaire (1977) 266f

[75] Man vergleiche die Hilfskonstruktionen, zu denen Lemaire (1977) 267f greifen muß: Der Arbeiter sei, als der Aufseher zur Kontrolle kam, nicht mehr auf dem Feld gewesen; der Aufseher habe eine Geldstrafe gegenüber seinem Auftraggeber befürchtet und dafür als Pfand das auf dem Feld zurückgelassene Gewand des Arbeiters genommen.

[76] So Yeivin (1962) 8-10; Amusin/Heltzer (1964) 156; Talmon (1964) 30; Crüsemann (1983) 81-86

[77] Avigad (1980); Jaroš (1982) 79f; Smelik (1987) 127f

[78] Vgl. ferner u. S. 174

grundsätzlich in Frage gestellt wird, wenn sie mißbraucht wird, negative Folgen gerade für die wirtschaftlich Schwachen in der Gesellschaft hat, liegt auf der Hand und wird von der prophetischen Kritik auch so gesehen. Denn während der Reiche eventuelle Anforderungen nach Arbeitskräften aus seinem "Haus" decken kann, muß der alleinwirtschaftende Arme während des Frondienstes die eigene Produktion unterbrechen und gerät damit leicht in das Netz des Schuldenwesens.

Blicken wir von den Nachrichten über das Fronwesen zurück auf das, was über Abgaben und Versorgung von Festungen zu erheben war[79], dann lassen sich weitere Folgerungen ziehen.

1.) Das Fronwesen ist breiter belegt als das Abgabenwesen. Dies läßt fragen, ob die Fron nicht eine gewichtigere Rolle für die soziale Entwicklung spielt als das Abgabenwesen. Dabei ist freilich gleich darauf hinzuweisen, daß sich durch Einbeziehung der hier nicht untersuchten religiösen Abgaben an Tempel und Priesterschaft das Bild erneut verschieben könnte[80]. Dennoch gibt es weitere Hinweise auf die große Bedeutung der Fron in vorexilischer Zeit. a) In der prophetischen Sozialkritik findet sich zwar Kritik im Zusammenhang mit Fron, nicht aber mit Abgaben. Nimmt man zum Kontrast Neh 5,1-13 hinzu, dann zeigt dieser Text, daß neben den auch von den Propheten kritisierten ökonomischen Mechanismen des Schuldenwesens (V.2f) in persischer Zeit die Abgaben an den König (V.4) eine wichtige Rolle bei der Überschuldung spielen. Das Schweigen der Propheten kann als Hinweis darauf verstanden werden, daß sie diese Funktion in vorexilischer Zeit so noch nicht ausgeübt haben. b) Während das Amt des Fronministers für die gesamte Königszeit belegt ist, taucht das wohl mit Abgaben zusammenhängende Amt des ʿal-hanniṣṣābîm (1Kön 4,5) nach Salomo nicht mehr auf[81], und die beobachtete Uneinheitlichkeit in der Abgabenerhebung[82] weist auch darauf hin, daß auf diesem Feld staatlicher Tätigkeit keine durchbürokratisierte Organisation vorherrscht. c) Texte, die exemplarisch von staatlicher Belastung sprechen, machen dies nicht an Abgaben fest, sondern an der Fronpflicht. Dies gilt v.a. von den Erzählungen über die Bedrückung in

---

[79] Siehe o. S. 142-148
[80] Die oben S. 19f begründete Ausblendung des religiösen Bereichs stößt hier deutlich an ihre Grenze.
[81] Siehe auch u. S. 175
[82] Siehe o. S. 142-148

Ägypten (Ex 1-13). Aber auch das deuteronomische Königsgesetz (Dt 17,14-20) verbindet die Forderung nach sparsamer Rüstung mit dem Hinweis auf ''Ägypten'' und spielt mit dieser Metapher auf die Arbeitspflicht im ''Sklavenhaus'' Ägypten (Dt 5,6; 6,12; 7,8 u.ö.) an[83].

2.) Neben den Nachrichten von Fronpflicht bei Baumaßnahmen (Mi 3,1-12; Jer 22,13-19; vgl. 1Kön 15,22) belegt das Ostrakon von Mesad Hashavjahu Fronpflicht auf königlichem Landbesitz. Zwar fehlen weitere Nachrichten, aber es läge auf der Linie dessen, was bekannt ist, wenn auch sonst auf den staatlichen Gütern, die u.a. für die Versorgung von Festungen von Bedeutung sind, Fronarbeit angewendet wird.

3.) Fron wirkt sich sozial negativer aus, als dies Abgaben tun. Denn erstens entzieht Fronpflicht die ganze Arbeitskraft der eigenen Wirtschaft—also die Grundlage der selbständigen Existenz—, während Abgaben nur Anteil am Produkt der Arbeit fordern. Kommt es während der Fron zu ''blutigen'' Unfällen (Mi 3,10; Hab 2,12), dann fällt gar die ganze Arbeitskraft aus und die Existenz ist ruiniert. Zweitens können Reiche Anforderungen nach Arbeitskräften aus ihrem ''Haus'' decken, sind also ungleich weniger betroffen. Im Gegensatz dazu wirken Abgaben zwar in die gleiche Richtung, doch weniger heftig. Denn wenn sie nach Einschätzung erfolgen (2Kön 23,35), dann ist ein höherer Grad an sozialer Gerechtigkeit gewahrt, als wenn eine Arbeitskraft der kleinen Bauernwirtschaft entzogen wird.

Insgesamt also wirkt das mögliche Übergewicht des Fronwesens über das Abgabenwesen dahin, daß die sich ausbildende Schicht von Reichen in ihrer Entfaltung kaum gehemmt wird, während die kleinen Bauern über die Verschuldung hinaus durch staatliche Anforderungen in ihrer Existenz gefährdet werden. Daß dem eine bewußte Politik zugrundeliegt, wird noch zu untersuchen sein[84]. Zunächst ist jedoch darzustellen, wie sich der judäische Staat mit dem Entstehen einer Spaltung der Gesellschaft in Arm und Reich in seiner Funktion wandelt.

---

[83] So Greßmann (1924) 333-335; Crüsemann (1983) 20f.—Anders jetzt wieder D.J. Reimer (1990) 225-229, der ''Ägypten'' wörtlich nimmt und einen—historisch durch nichts zu belegenden—''exchange of mercenaries for horses and further military aid'' (S. 228) annimmt.

[84] Siehe u. S. 199–202

2.1.3 Der Staat des vorexilischen Juda im Übergang vom "frühen" zum "reifen Staat"

Überblicken wir die Bereiche, in denen nach den uns zugänglichen Quellen der judäische Staat in den letzten 150 Jahren seines Bestehens tätig wird, dann stellen wir fest, daß sich im Vergleich zu der gesamten vorangehenden Epoche seit David und Salomo eigentlich nicht viel ändert. Das Militärwesen hat seit David die Doppelstruktur von Berufsarmee und Heerbann. Zwar ist die Ausrüstung mit Streitwagen wahrscheinlich auf die Epoche von Salomo bis Hiskia beschränkt, aber die Grundstruktur des Heerwesens bleibt erhalten. Auch Fronarbeit ist von David bis zum Ende der Königszeit durch das Amt des *ⁱašær ⁱal hammas* belegt. Und auch die Existenz eines Abgabenwesens ist für die gesamte Epoche nicht auszuschließen, auch wenn da die Angaben am dürftigsten sind[85]. Wir werden im übrigen sehen, daß sich auch in der hierarchischen Struktur des Staates selbst während der gesamten Königszeit kaum Änderungen ergeben[86].

Damit erhebt sich die Frage, ob sich im judäischen Staat in den rund 400 Jahren seines Bestehens wirklich nichts geändert hat. Man müßte dann die Annahme machen, daß ein tiefgreifender sozialer Wandel, wie ihn die prophetische Sozialkritik seit dem 8. Jahrhundert erkennen läßt, ohne Folgen für den Staat wäre, in dem diese Gesellschaft existiert. Dies ist an sich eine eher unwahrscheinliche Annahme. Vor allem wäre dann die Kritik der Propheten in ihrem Doppelcharakter als Kritik an den wirtschaftlich Mächtigen und zugleich an den Trägern staatlicher Machtfunktionen ein kaum erklärbares Phänomen.

2.1.3.1 Der Funktionswandel des judäischen Staates

Aber der Staat hat sich geändert, allerdings kaum in seiner hierarchischen Struktur und in seinen grundlegenden Tätigkeiten, dafür umso tiefer in seiner Funktion. Indem sich in der Gesellschaft zwei Klassen ausbilden, die sich zunehmend auseinanderentwickeln, erhält der Staat eine andere Funktion, als wenn er als geschlossene Größe, als "politische Klasse", einer ebenfalls in sich relativ ge-

---

[85] Vgl. Crüsemann (1985)
[86] Siehe u. S. 161–189

schlossenen Größe, dem Volk oder der "produzierenden Klasse",
gegenübersteht.

Letzteres ist die Konfliktlage der frühen Königszeit. Dies belegt
die oben[87] bereits zitierte Polemik gegen den *mišpaṭ hammælæk*
(1Sam 8,11-17), die ich mit Crüsemann als Text "aus der Situation
des frühen Königtums"[88] verstehe. "Das ganze Stück basiert auf
einer bewußt angestrebten Distanzierung: Ihr, das Volk—er, der
König"[89]. Daß dieses "Volk" keine graue Masse ist, geht aus dem
Text eindeutig hervor. Es handelt sich um die Besitzer von Feldern,
Weinbergen, Ölbaumpflanzungen (V.14f) und Herden (V.17), die
auch selbst Sklavinnen und Sklaven haben (V.16), also "relativ
wohlhabende, grundbesitzende israelitische Bauern"[90]. Aber der
Widerspruch zwischen diesen grundbesitzenden Bauern und ihren
Sklaven und Sklavinnen spielt überhaupt keine Rolle. Alles ist kon-
zentriert auf den Widerspruch zwischen dem König (V.11) und den
Freien, die zu dessen "Sklaven" zu werden drohen (V.17).

Eine solche einfache Gegenüberstellung von Staat und Volk läßt
sich auch ethnologisch für frühe Staaten nachweisen. So kommt
Claessen in seiner Untersuchung fünf schriftloser Fürstentümer zu
dem Schluß, daß zwar das Volk keine "graue Masse" ist—es gibt als
Hauptunterscheidung "Freie" und "Unfreie" mit z.Tl. fließenden
Übergängen[91] (vgl. die Erwähnung von Sklavinnen und Sklaven in
1Sam 8,16), die Freien können verschiedenen Status haben, und es
gibt eine Stratifizierung innerhalb der Familie[92] (vgl. die Rede von
den Söhnen und Töchtern der Freien in 1Sam 8,11-13). Aber in einem kann das Volk dem Staat gegenüber doch "über einen Kamm
geschoren werden": "Er gaapt namelijk een diepe kloof tussen
regeerders en geregeerden"[93]. Für die "agrarian monarchies" allgemein und das Israel der Staatswerdung speziell formuliert
Chaney diese Gegenüberstellung so, daß er von einer "ruling elite
of probably no more than two percent of the population" spricht,

---

[87] Oben S. 138
[88] Crüsemann (1978) 72
[89] Crüsemann (1978) 69
[90] Crüsemann (1978) 73.—Zur Illustration der sozialen Differenzierung der
frühen Königszeit vgl. 1Sam 22,1f; 25 (besonders V.10).
[91] Claessen (1970) 282
[92] Claessen (1970) 283
[93] Claessen (1970) 284

die scharf getrennt ist "from the harsh realities of the peasant majority which supported them"[94].

Die prophetische Sozialkritik zeigt, daß ab dem 8. Jahrhundert die Konfliktlage verschoben ist. Die relativ homogene Schicht der grundbesitzenden Bauern ist am Auseinanderbrechen. Der Staat steht den beiden sich herausbildenden Klassen zwar immer noch als eigene Größe gegenüber. Aber schon in der Ausübung seiner ureigensten Tätigkeiten—Kriegführung und Außenpolitik, Organisation des Militärs und von Baumaßnahmen, Erhebung von Abgaben—ändert sich seine Funktion grundlegend.

Das Beispiel der Fronarbeit mag diesen Funktionswechsel erläutern. Salomo fordert von Israel (trotz 1 Kön 9,22[95]), d.h. den Nordstämmen, Fronarbeit (5,27; 12,4). Von seinem Nachfolger Rehabeam verlangt das Volk—es wird als "ganze Gemeinde Israels" (12,3), als "das Volk" (V.5.13.15f), "das ganze Volk" (V.12), "ganz Israel" (V.16) und "Israel" (V.16) bezeichnet—Erleichterungen (V.4). Als sie verweigert werden, trennt sich das Volk von der Herrschaft der Davididen (V.16). Die Gegenüberstellung von Staat als politischer Klasse und Volk als produzierender Klasse ist so rudimentär, daß sie durch Separation gelöst werden kann.

Dagegen hat sich die Funktion der Fronarbeit im 8. und 7. Jahrhundert völlig gewandelt. Zwar erscheint immer noch das "Volk" als Ganzes als Opfer dieser Maßnahme ("mein Volk" in Mi 3,3, die "Nächsten" des Königs in Jer 22,13). Aber indem dieses Volk in zwei Klassen auseinanderbricht, sind faktisch nur die "Elenden meines Volkes" (Jes 10,2) von der Fronpflicht wirklich betroffen. Die gleiche Maßnahme erhält unter geänderten gesellschaftlichen Bedingungen eine neue Funktion. Und was für die Fronpflicht gilt, trifft analog auch auf die Pflicht zum Militärdienst und die Forderung von Abgaben zu. Eine staatliche Maßnahme, die der Form nach für alle gilt, wirkt sich für wirtschaftlich Schwache ungleich härter aus als für wirtschaftlich Starke. Die Folge ist, daß die wirtschaftlich und gesellschaftlich Schwachen im Volk doppelter Unterdrückung ausgesetzt sind, der durch die wirtschaftlich Mächtigen und der durch den Staatsapparat. Es ist genau dieser Zustand, den Ezechiel in der Hirtenmetapher (Ez 34) im Doppel-

---

[94] Chaney (1986) 55f
[95] Zur Stelle vgl. Mettinger (1971) 134-137; Donner (1984) 223f

bild der sowohl von den Hirten als auch den starken Tieren in der Herde bedrängten schwachen Tiere faßt. Mit diesem Funktionswandel des Staates von einer Größe, die dem Volk als ganzem gegenübersteht, zu einer Größe, deren Tätigkeiten sich auf die sich ausbildenden Klassen im Volk sehr unterschiedlich auswirken—ein Funktionswandel, der sich gleichsam von selbst ergibt, indem sich Klassen ausbilden—, mit ihm also geht aber Hand in Hand eine bewußte Politik, die sich zugunsten der sich ausbildenden Schicht reicher und andere in Schuldabhängigkeit haltender Grundbesitzer auswirkt. Sie wird einmal sichtbar daran, daß deren Söhne zu Offizieren im Heer werden, wodurch sich die gesellschaftliche Spaltung im Staatsapparat wiederholt. Zum andern zeigt sie sich daran, daß die Forderung von Frondiensten, die die kleine Bauernwirtschaft besonders hart treffen, vor der nach Abgaben das wichtigere Mittel zur Versorgung des Staates zu sein scheint.

2.1.3.2 Das soziologische Modell des ''frühen Staates''

Den Funktionswandel, den der judäische Staat seit dem 8. Jahrhundert erfährt, kann man in einem soziologischen Modell beschreiben, das Claessen und Skalník an der Untersuchung ''früher Staaten'' entwickelt haben[96]. Mit dem Begriff des ''early state'' versuchen sie dabei die Staatsform zu erfassen, die sich zwischen der vorstaatlichen Gesellschaft und dem ''voll entfalteten oder reifen Staat'' (full-blown or mature state) ausbildet[97].

Dabei schlagen sie sieben Charakteristika vor, durch die der frühe Staat zu kennzeichnen ist: 1.) Eine ausreichende Bevölkerung. 2.) Zugehörigkeit zum Staat wird durch Zugehörigkeit zu einem bestimmten Territorium definiert. 3.) Eine zentralisierte Regierung, die Gewalt androhen kann. 4.) Unabhängigkeit nach außen. 5.) Die Produktion ist so hoch, daß ein regelmäßiges Surplus zur Unterhaltung der Staatsorganisation erwirtschaftet wird. 6.) Die soziale Stratifikation weist zwei Klassen auf, Herrscher und Beherrschte. 7.) Es besteht eine gemeinsame Ideologie.

Entsprechend seiner Stellung zwischen vorstaatlicher Gesellschaft und reifem Staat unterscheiden Claessen und Skalník drei Typen

---

[96] Claessen/Skalník (1978)
[97] Claessen/Skalník (1978) 22

des "frühen Staates" , "(1) the inchoate early state; (2) the typical early state; (3) the transitional early state"[98]. Sie beschreiben diese drei Typen wie folgt:

> The inchoate early state is found where kinship, family, and community ties still dominate relations in the political field; where full-time specialists are rare; where taxation systems are only primitive and ad hoc taxes are frequent; and where social differences are offset by reciprocity and close contacts between rulers and ruled.
>
> The typical early state exists where kinship ties are counterbalanced by territorial ones; where competition and appointment to office counterbalance the principle of heredity of office; where non-kin officials and title holders begin to play a leading role in government administration; and where ties of redistribution and reciprocity still dominate relations between the social strata.
>
> The transitional early state is found where the administrative apparatus is dominated by appointed officials; where kinship influences are only marginal aspects of government; and where the prerequisites for the emergence of private property in the means of production, for a market economy and for the development of overtly antagonistic classes exist. This type already incorporates the prerequisites for the development of the mature state[99].

Es ist gut möglich, die Staatsgeschichte Israels von Saul bis zum Exil nach diesem Modell zu gliedern. Der Epoche Sauls und der Anfangszeit des Königtums Davids entspräche dabei der "inchoate early state": Es gibt in der Regierung nur einen full-time specialist, den śar-ṣābāʾ Abner (1Sam 14,50). Dieser ist mit Saul verwandt (V.50f). Der Stamm des Königs ist die Basis seiner Herrschaft (22,7f). Abgaben bestehen in ad hoc dargebrachten "Gaben" (10,27), und der König beteiligt sich noch selbst an der landwirtschaftlichen Produktion (11,5).

Unter David bildet sich dann der "typical early state" aus. Neben die verwandtschaftliche Bindung (bei David an Juda) tritt das Territorialprinzip (2Sam 2,4 und 5,1-5 Herrschaft über Juda und Israel; 2Sam 8,1-15 Eroberung nichtisraelitischer Gebiete). Verwandte des Königs treten in der Regierung in den Hintergrund

---

[98] Claessen/Skalník (1978) 22.—Die Metaphorik ist dabei insofern unglücklich, als chronologische (früh), biologische (reif) und systematische Bilder (unvollständig, typisch, im Übergang befindlich) promiscue verwendet werden.

[99] Claessen/Skalník (1978) 23

(8,16-18; 20,23-26), und die "social strata" haben sich so weit entwickelt, daß der König und sein Hof nicht mehr direkt mit der Produktion verbunden sind.

Entscheidend für unsere Fragestellung aber ist der dritte Typus, der "transitional early state" bzw. der "full-blown or mature state" als Endpunkt dieses Übergangs. Er unterscheidet sich wesentlich von den vorhergehenden Formen des "early state" dadurch, daß in ihm "die Entwicklung offen antagonistischer Klassen" einsetzt bzw. im "reifen Staat" zum Abschluß kommt. Für den frühen Staat ist grundlegend die Dichotomie zwischen Herrschenden und Beherrschten: "the early state is the organization for the regulation of social relations in a society that is divided into two emergent social classes, the rulers and the ruled"[100]. Der "reife Staat" ist gekennzeichnet durch "the development of the mature class society"[101], und die Entwicklung dahin setzt eben im "transitional early state" ein. Zwar ist bei Claessen und Skalník die Benennung der dafür notwendigen Voraussetzungen als "Privateigentum an den Produktionsmitteln" und "Marktwirtschaft" insofern unglücklich, als sie am modernen Kapitalismus entwickelte Termini verwenden und den spezifischen Charakter der israelitischen Ökonomie damit eher verwischt. Dennoch ist genau dies in Juda ab dem letzten Drittel des 8. Jahrhunderts zu beobachten, daß sich "offen antagonistische Klassen" ausbilden und damit der Staat, ohne daß sich an seinen Strukturen Wesentliches zu ändern bräuchte, eine neue Funktion erhält. Indem er vom "frühen" zum "reifen Staat" "übergeht", steht er als Staat nicht mehr dem Volk als relativ homogener Gruppe, sondern als in Klassen gespaltener Gesellschaft gegenüber[102].

Die gleichsam objektive Folge dieses Wandels ist, daß sich die Tätigkeiten des Staates auf die sich herausbildenden Klassen unterschiedlich auswirken. Wer wirtschaftlich stark ist, kann die Folgen von Krieg, Tribut und Abgaben leichter überstehen als diejenigen, die bereits ökonomisch geschwächt sind. Doch neben dieser objek-

---

[100] Claessen/Skalník (1978) 21

[101] Claessen/Skalník (1978) 643

[102] Eben deshalb scheint es mir abwegig, wenn Frick (1986) 21 den "transitional early state"—mit Fragezeichen—schon bei Salomo beginnen läßt. Gerade Texte wie 1Sam 8,11-17 und besonders 1Kön 12,1-20 zeigen, daß die Epoche Salomos noch ganz von der einfachen Dichotomie Staat—Volk beherrscht ist, dem Kennzeichen des "typical early state".

tiven hat die Entwicklung noch eine subjektive Seite. Schon die prophetische Sozialkritik zeigt, daß der Widerspruch nicht zwischen Staat und Volk, wie in der frühen Königszeit, verläuft, sondern daß dem "Volk", das dann aber genauer als "die Elenden meines Volkes" zu bezeichnen ist (Jes 10,2), eine es ausbeutende Oberschicht gegenübersteht, die sich aus wirtschaftlich Mächtigen und Trägern staatlicher Macht zusammensetzt. Die Aufspaltung des Volkes in Klassen mit widerstrebenden Interessen hat nicht zur Folge, daß nun der Staat diesen neutral, die Interessen versöhnend, Partikularinteressen zugunsten des Gemeinwohls beschränkend gegenüberstünde—wie es der moderne bürgerliche Staat von sich beansprucht. Vielmehr finden wir schon in den Anfängen der prophetischen Sozialkritik die Träger staatlicher Macht im engsten Bündnis mit den wirtschaftlich Mächtigen (Jes 1,10-17.21-26; 3,12-15).

Indem wir nun nach den Grundlagen und weiteren Aspekten dieser Verbindung fragen, versuchen wir zugleich, die bloß formale Bestimmung des judäischen Staates als im Übergang zum "reifen Staat" befindlich inhaltlich zu füllen.

2.2 DIE STAATLICHE HIERARCHIE

Um die zuletzt erwähnte Sicht der Propheten, daß dem Volk eine Oberschicht gegenübersteht, die aus zwei Elementen besteht, den Trägern staatlicher Macht und den wirtschaftlich Mächtigen, weiter zu untersuchen, sind zwei Durchgänge nötig. Zunächst ist die staatliche Hierarchie selbst in den Blick zu nehmen (2.2), danach ist nach den Verbindungen dieser Hierarchie zu den wirtschaftlich Mächtigen zu fragen (2.3).

2.2.1 Der König

2.2.1.1 Der König als Spitze des Staates

Daß der König die Spitze der staatlichen Hierarchie Judas bildet, braucht für das biblische Material nicht weiter belegt zu werden. In den Erzählungen von David und Salomo wird es als selbstverständlich vorausgesetzt. Im gesamten Deuteronomistischen Geschichtswerk ist die Geschichte Israels und Judas praktisch identisch mit der Geschichte seiner Könige. In der Königsideologie wird der Eindruck vermittelt, alles Wohl von Staat und Gesellschaft einschließlich des Gedeihens der Natur hänge an der Person des Monarchen (vgl. Ps 2; 45; 72 u.o.). Aber auch, wo anders als im Deuteronomistischen Geschichtswerk und den Königspsalmen der König nicht gleichsam den Staat verkörpert, wird ihm eine herausragende Rolle im Staat zugewiesen. So wendet sich nach Jes 7,1-17 der Prophet in einer kritischen außenpolitischen Lage an die Person des Königs selbst, ebenso wie es später Jeremia tut. Das Jeremiabuch enthält an einer Reihe von Stellen Formeln, die das Gesamte der Gesellschaft in ihren relevanten Ständen zusammenfassen. Auch hier bildet der König selbstverständlich die Spitze (am ausführlichsten 8,1: "Die Könige Judas—seine Beamten—die Priester—die Propheten—die Bewohner Jerusalems"; ferner 1,18; 2,26; 4,9 u.o.). Und auch in der "Ständepredigt" von Ez 22,25-29 stehen die "Fürsten" an erster Stelle[1].

---

[1] Siehe dazu o. S. 107–111

Auch im epigraphischen Material schlägt sich diese Auffassung von der herausragenden Stellung des Königs nieder. So wird Staatseigentum mit *lmlk* = ''dem König gehörend'' gekennzeichnet[2]. Staatseigentum ist also soviel wie Königseigentum. Und in dem Arad-Ostrakon Nr. 24 wird ein Befehl mit den Worten eingeschärft: ''Und das Wort des Königs (ist) bei euch auf euren Seelen''[3].

2.2.1.2 König und staatlicher Machtapparat

Allerdings scheint es eine Ausnahme von der sonst durchgängig zu beobachtenden Spitzenstellung des Königs in der staatlichen Hierarchie zu geben, wenn man Alts Bemerkung heranzieht, ''daß in den Scheltworten der Propheten, besonders derer des achten Jahrhunderts, die Könige fast niemals in den Kreis der Bescholtenen als haupt- oder auch nur als mitverantwortlich einbezogen sind''[4], was nach Alts Auffassung dadurch noch besonderes Gewicht erhält, daß er andrerseits die Beamten als Urheber der sozialen Krise des 8. Jahrhunderts ansieht. Aber genauer betrachtet stellt das ''Königsschweigen'' der Propheten des 8. Jahrhunderts doch nur ein Scheinproblem dar.

1.) Wo es bei den Propheten um Staatstätigkeiten geht, konkret um Fronarbeit, wird, wie oben ausgeführt, da der König persönlich angegriffen, wo es um die Verantwortung für die Baumaßnahme selbst geht (Jer 22,13-19). Wo dagegen die Art der Durchführung der Maßnahme im Zentrum der Kritik steht, wird vom König deshalb geschwiegen, weil nicht er persönlich, sondern seine Beamten dafür die Verantwortung tragen (Mi 3)[5].

2.) Wo von den Propheten Beamte wegen ihrer wirtschaftlichen Tätigkeit angegriffen werden (''der Raub des Elenden ist in euren Häusern'', Jes 3,14; ''Menschen fangen sie'' und ''ihre Häuser sind voll mit Betrug'', Jer 5,26f), war dies auf Vorgänge aus dem Schuldenwesen zu deuten, wie besonders die Existenz von Schuldsklaven und -sklavinnen in den Händen von Beamten nach Jer 34,8-22 bestätigt. Damit aber ist von der Sache her eine Kritik am König in diesem Punkt ausgeschlossen. Denn zwar ist nachvollzieh-

---

[2] Siehe dazu o. S. 144–148
[3] Siehe dazu o. S. 140
[4] Alt (1968a) 354; vgl. o. S. 4
[5] Siehe dazu o. S. 149

bar, daß ein in Not geratener kleiner Bauer wie bei einem reichen Privatmann auch bei einem *śar* ein Darlehen aufnimmt. Daß er aber persönlich beim König um Kredit vorstellig wird, ist auszuschließen. Deshalb hat nach Jer 34,8-22 der König selbst auch keine Sklaven. Eben deshalb ist er in dieser Hinsicht aber auch nicht kritisierbar[6].

3.) Schließlich werden Beamte wegen ihrer Rolle in der Rechtspflege kritisiert (Jes 1,10-17.21-26; Mi 3,11; 7,3; Zeph 3,3; evtl. auch Hab 2,9-11; Ez 22,27). Das Schweigen vom König in diesem Zusammenhang ist nun insofern tatsächlich auffällig, als die weisheitlichen Königssprüche den Eindruck erwecken, die Rechtsprechung sei die höchstpersönliche Angelegenheit des Königs (Prv 20,8, vgl. 16,10; 31,8f):

> Der König, der auf dem Gerichtsthron sitzt—mit seinen Augen scheidet er alles Böse aus.

Wie aber nimmt der König diese Funktion wahr? Einige wenige Texte legen nahe, daß der König persönlich an der Rechtsprechung beteiligt ist. Es handelt sich dabei ausschließlich um Belege aus der frühen Königszeit wie 2Sam 15,1-6, wo Absalom an einer königlichen Gerichtsfunktion anknüpft, und 1Kön 7,7, das für die Zeit Salomos eine "Halle des Rechts" mit einem "Thron, auf dem er richtet", kennt.

Faktisch freilich dürfte königliche Gerichtsbarkeit im wesentlichen Sache königlicher Beamter sein[7]. Darauf führt neben der

---

[6] Daß bezüglich ihrer Rolle als wirtschaftliche Subjekte ein Unterschied zwischen dem König und den Beamten besteht, sieht Alt (1968a) durchaus richtig (S. 370-372). Der Unterschied liegt aber nicht darin, daß das "Königtum ... in dem von ihm bereits gewonnenen Grundbesitz einigermaßen saturiert gewesen zu sein" (S. 370) und "der sozialen Umwälzung, die hier von der neuen Oberschicht der Beamtenschaft und der zugehörigen Kreise heraufbeschworen wurde, machtlos gegenüber gestanden zu haben" scheint (S. 372). Denn die "soziale Umwälzung" ist, wie die Untersuchung der prophetischen Sozialkritik gezeigt hat, gar keine Aktion, die als solche von den Trägern der Staatsmacht ausgeht. Sie ist ein wirtschaftlicher Vorgang, an dem auch Beamte als Teil der "Oberschicht" teilhaben, indem sie die Mechanismen des Schuldenwesens für sich wirken lassen. An diesem aber hat der König keinen Anteil.

[7] Nach Weinfeld (1977) 86 ist dies ein im gesamten Alten Orient beobachtbares Phänomen: "Evidence from the ancient Near East shows that the delegation of judicial powers by the king was a common phenomenon in the organization of justice. Indeed, one can hardly imagine a system where the king is responsible for the judgement of a whole country."—Zum Phänomen der Delegierung zentraler richterlicher Macht vgl. auch Ex 18 und dazu Knierim (1961), der diesen Text aus

bereits untersuchten Stelle Jer 21,12, die das "Haus Davids" für die
Rechtspflege verantwortlich macht[8], eine Aussage aus Ps 122,5, wo
davon die Rede ist, daß sich in Jerusalem "Throne zum Gericht",
"Throne des Hauses Davids" befinden. Auch die Spruchweisheit,
die ja, wie eben zitiert, vom "König, der auf dem Gerichtsthron
sitzt", sprechen kann, weist der Umgebung des Königs eine wesentliche Funktion zu. Dabei erscheint der König als der, der die Geister
scheidet (16,12f, vgl. 20,26):

> (12) Ein Greuel für Könige ist frevelhaftes Tun,
> denn in Gerechtigkeit ist festgegründet der Thron.
> (13) Ein Wohlgefallen für Könige sind gerechte Lippen,
> und wer Rechtes redet, den liebt er.

An dieser Scheidung hängt geradezu der Bestand des Thrones
(25,5):

> Entfernt man den Frevler vor dem König,
> dann ist festgegründet in Gerechtigkeit sein Thron.

Deutlich rechnen die Sprüche mit der Möglichkeit, daß solche
nötige Ausscheidung der Frevler nicht geschieht (29,12):

> Ein Herrscher, der auf Lügenworte achtet—
> all seine Diener sind Frevler.

Ein solcher König ist dann nicht davor geschützt, selbst als
"Frevler" (*rāšāʿ*) dazustehen (28,15):

> Ein knurrender Löwe und ein angreifender Bär
> ist ein frevelhafter Herrscher über einem geringen Volk.

Wenn also die Propheten nicht den König selbst, sondern Richter
für Mißstände im Rechtswesen verantwortlich machen, dann ist
diese prophetische Perspektive keineswegs entlastend für die Person
des Königs. Denn er ist verantwortlich für seine Umgebung, und
wenn er die "Frevler" aus seiner Umgebung nicht "entfernt",
dann ist er entweder nicht willens oder unfähig oder zu schwach. Er
wird selbst zum "Frevler".

Das "Königsschweigen" der Propheten des 8. Jahrhunderts hat

---

den Verhältnissen der Königszeit heraus versteht. Zur konkreten Form der Dezen-
tralisierung richterlicher Macht des Königs vgl. den Vorschlag von Macholz
(1972a und 1972b).
[8] Siehe o. S. 80f

also in jeder Hinsicht sachliche Gründe. Es stellt mit nichts die
Auffassung in Frage, daß der König als Spitze der staatlichen Hierarchie, ja als Verkörperung des Staates gilt.

2.2.2 Der Hofstaat

2.2.2.1 Die Umgebung des Königs

Im Zusammenhang mit den beiden Wegführungen aus Jerusalem
stehen einige Listen, die Aufschluß über den Hofstaat der Könige
von Juda geben. Selbstverständlich steht auch in ihnen der König,
wenn er erwähnt wird, an der Spitze. Zu nennen sind die folgenden
Listen:

2Kön 24,12: "Er (sc. Jojachin, der König von Juda) und seine
Mutter und seine *ᶜabādîm* und seine *śārîm* und seine *sārîsîm*"

2Kön 24,15: "Und er führte nach Babel in die Verbannung Jojachin und die Mutter des Königs und die Frauen des Königs und
seine *sārîsîm* und die Vornehmen des Landes"

Jer 29,2: "Jechonja, der König, und die Gebira und die *sārîsîm*,
die *śārîm* von Juda und Jerusalem . . ."

2Kön 25,19 = Jer 52,25: "Und aus der Stadt nahm er einen
sārîs, der der Aufseher über die Kriegsleute war, fünf[9] von den
Männern, die Zugang zum König hatten (wörtlich: die das Antlitz
des Königs sahen) . . ., den Schreiber des Heeresobersten[10],
der das Landvolk aushob . . ., und sechzig Männer aus dem Landvolk . . ."[11].

Hinzu kommt eine Liste aus Jer 34,19, die dort sekundär die den
Text beherrschende Zweiheit von "Beamten" und "Volk" ausdif-
ferenziert[12]: "die *śārîm* Judas und die *śārîm* Jerusalems, die *sārîsîm*
und die Priester und der ganze *ᶜam hāʾāræṣ*"

Wir sehen zunächst von den *śārîm* (2Kön 24,12; Jer 29,2; 34,19),
die gleich zu behandeln sein werden, den "Vornehmen des
Landes" (2Kön 24,12) und dem *ᶜam hāʾāræṣ* (2Kön 25,19 = Jer
52,25; Jer 34,19), denen wir uns weiter unten zuwenden müssen[13],

---

[9] Nach Jer 52,25: sieben
[10] Text nach Jer 52,25
[11] Zu diesem Text vgl. auch o. S. 139f
[12] Vgl. dazu o. S. 79,29
[13] Siehe u. S. 199–202

ab und betrachten die übrigen Angehörigen des Hofstaats. Sie lassen sich in drei Gruppen zusammenfassen.

1.) Die Liste in 2Kön 24,12 erwähnt an erster Stelle die *sārîsîm*[14]. Diese erscheinen schon in der antiköniglichen Polemik von 1Sam 8,11-17, u.zw. wie in 2Kön 24,12 zusammen mit den *ᶜᵃbādîm* des Königs (1Sam 8,14f). Wie aus den sonstigen seltenen Erwähnungen hervorgeht, sind sie eng an den Palast (2Kön 9,32; vgl. auch 2Kön 20,18 = Jes 39,7) und die Person des Königs gebunden, für den einmal ein *sārîs* einen Botendienst übernimmt (1Kön 22,9 = 2Chr 18,8) und für den ein anderer eine Verwaltungssache ausführt (2Kön 8,6). Ebedmelech, ein *sārîs* Zedekias, ist Ausländer (Jer 38,7.10.12; 39,16) und damit besonders von der Person seines Herren abhängig. Und wenn die *sārîsîm* tatsächlich wenigstens zu einem gewissen Anteil Eunuchen sind, wie Jes 56,3f; Esth 2,3.14f; 4,4f; Sir 30,20 nahelegen (vgl. aber auch Gen 39,1), dann wird dieser Eindruck persönlicher Abhängigkeit noch verstärkt.

2.) An dritter Stelle der Liste von 2Kön 24,12 stehen die *ᶜᵃbādîm* des Königs[15], die, wie schon erwähnt, auch in 1Sam 8,14f zusammen mit den *sārîsîm* genannt werden. Nun ist *ᶜæbæd* ein Wort, mit dem Personen jeden Ranges bezeichnet werden können, vom eigentlichen Sklaven bis zu einem engen Vertrauten des Herrschers[16]. Aber ebenhierin liegt auch die Bedeutung dieser Bezeichnung. *ᶜæbæd* ist kein Titel, sondern drückt eine Relation aus, u.zw. die eines Niederen zu einem Höheren, von dem er abhängig ist. In unserem Zusammenhang ist dabei besonders hervorzuheben die Bezeichnung einer Person als *ᶜæbæd hammælæk*, die biblisch in 2Kön 22,12 verwendet wird. Sie findet sich häufig im epigraphischen Material, u.zw. entweder in der Form ''N *ᶜæbæd hammælæk*'' oder in der Form ''N *ᶜæbæd* des X''. So erwähnt das Lachis-Ostrakon Nr. 3 ein ''Schreiben des Tobijahu *ᶜbd hmlk*'', und auf mehreren Siegeln bezeichnen sich deren Träger als ''N *ᶜbd hmlk*''[17] oder speziell als ''N *ᶜbd* des X'', wobei X analog zur Legende ''*ᶜbd hmlk*'' den Namen eines Königs bezeichnet[18]. An Königsnamen sind auf diese Weise belegt aus dem Nordreich

---

[14] Zu den *sārîsîm* insgesamt vgl. Rüterswörden (1985) 96-100
[15] Zu den *ᶜᵃbādîm* vgl. Rüterswörden (1985) 4-9.92-95
[16] Vgl. insgesamt Riesener (1979)
[17] Vattioni (1969) Nr. 69-71.119.125; Avigad (1986a) 24f
[18] Vattioni (1969) Nr. 65-68; Hestrin/Dayagi-Mendels (1979) 18-20.23f; Smelik (1987) 130-132

Jerobeam II.[19] und aus Juda Ahas[20], Usia[21] und Hiskia[22]. Wichtiger aber als die Identifizierung der jeweiligen Herren ist die Form selbst, in der die *ʿabādîm* angeführt werden. Durch die Form "*ʿæbæd hammælæk*" bzw. "*ʿæbæd* des X" wird aus der Relationsbezeichnung *ʿæbæd* so etwas wie ein Titel, wie besonders die Verwendung als Siegellegende beweist. Aber der Titelträger ist ausschließlich durch seine Relation zum König definiert. Der Titel selbst bringt das persönliche Abhängigkeitsverhältnis zum Ausdruck.

3.) Schließlich erwähnen die eingangs zitierten Listen noch Familienangehörige des Königs, nämlich dessen Mutter (in Jer 29,2 als "Gebira", in 2Kön 24,12.15 als "seine Mutter" bzw. "die Mutter des Königs" bezeichnet) und seine Frauen (2Kön 24,15). Zu ihnen gehören auch der *bæn hammælæk* und die *bat hammælæk*. Der *bæn hammælæk* ist sowohl biblisch (1Kön 22,26; Jer 36,26; 38,6; Zeph 1,8; 2Chr 18,25; 28,7[23]) als auch epigraphisch auf mehr als zehn Siegeln bzw. Siegelabdrucken mit Name + *bn hmlk*, vom 8. bis frühen 6. Jahrhundert, belegt[24]. Besonders beachtenswert ist, daß Jerachmeel sowohl biblisch (Jer 36,26) als auch auf seinem Siegel als *bæn hammælæk* bezeichnet wird[25]. Daneben findet sich ein Siegel mit der Aufschrift "Maadana, Tochter des Königs"[26]. In beiden Fällen ist die Bildungsform dieselbe wie bei *ʿæbæd hammælæk*. Hält man daneben die formal gleiche Bildungsform "X *bæn* Y" der sog. Privatsiegel, wird der Unterschied besonders deutlich. Dadurch, daß statt des Vatersnamens "der König" genannt wird, wird herausgestellt, daß die Autorität des Siegelträgers von der Person des Königs direkt abgeleitet ist.

Sind somit sowohl die *sārîsîm* als auch die *ʿabādîm* des Königs als auch dessen Familienangehörige dadurch miteinander verbunden, daß sie in besonderer Abhängigkeit vom König stehen[27], so haben

---

19 Vattioni (1969) Nr. 68; Hestrin/Dayagi-Mendels (1979) 18
20 Vattioni (1969) Nr. 141
21 Vattioni (1969) Nr. 65.67
22 Hestrin/Dayagi-Mendels (1974) und (1979) 19
23 Vgl. ferner das o. S. 62 zu Zeph 1,8f Ausgeführte
24 Avigad (1963); (1978a); (1986a) 25-28; (1986b) 51; Vattioni (1969) Nr. 72.110.209.252; Hestrin/Dayagi-Mendels (1979) 21f; Jaroš (1982) 79f; Smelik (1987) 128f
25 Avigad (1978a) und (1979); Jaroš (1982) 79; Smelik (1987) 129
26 Avigad (1978b); Jaroš (1982) 80; Smelik (1987) 135
27 Der weitere Aspekt, daß sie sich im Machtgefüge des Hofes gegenseitig

sie ferner gemeinsam, daß sie in den biblischen Texten fast durchweg[28] von den *śārîm* deutlich unterschieden werden[29]. Die Liste von
2Kön 24,12, die die *śārîm* zwischen Familienmitglieder, *ᶜᵃbādîm* und
sārîsîm einreiht, erweist sich darin gerade als Ausnahme, obwohl
auch sie die *śārîm* nicht mit den übrigen Angehörigen des Hofstaats
identifiziert.

Schon 1Sam 8,11-17 ist diesbezüglich sehr aussagekräftig. Der
Text erwähnt eingangs, daß die Söhne der Israeliten vom König zu
śārîm—hier im speziellen Sinn von Offizieren gebraucht—gemacht
würden (V.11f). Später spricht er dann davon, daß der König das
den freien Israeliten weggenommene Land und den Zehnten ''seinen *sārîsîm* und *ᶜᵃbādîm*'' geben werde (V.14f). Diese werden dabei
wie selbstverständlich als zur Umgebung des Königs gehörend
vorausgesetzt. Anders als bei den *śārîm* wird nicht reflektiert, woher
sie kommen (und das in einem Text, der jetzt noch vor der Entstehung des Königtums angesetzt ist!); sie gehören einfach dazu[30].

Ganz anderes Textmaterial, nämlich die Erzählungen von
Jeremia, bestätigt dieses Bild. Die Erzählung von Jeremias Schrift-
rolle und ihrer Verbrennung (Jer 36) ist so komponiert, daß der
Kontrast zwischen den *śārîm* und dem König und seiner Umgebung
tragendes Element des Aufbaus ist. Im ersten Teil der Erzählung
handeln ausschließlich die *śārîm*, die sowohl mit Namen aufgezählt
(V.12) als auch als ''alle Beamten'' (V.12.14) bzw. ''die Beamten''
(V.19) zusammengefaßt werden. Sie stehen Jeremia und Baruch
wohlwollend gegenüber (V.19) und ''erschrecken'' angesichts von
Jeremias Worten (V.16). Das gegenteilige Bild bieten im zweiten
Teil ''der König und alle seine *ᶜᵃbādîm*'': Sie ''erschrecken nicht''

---

neutralisieren, kann hier, wo es primär um das Verhältnis der Staatsmacht zur
Gesellschaft geht, nicht weiter verfolgt werden. Man beachte aber nur, wie die
Gefährdung des Königs sowohl von seinen Söhnen (Absalom, 2Sam 15-18) als auch
von seinen *ᶜᵃbādîm* (2Kön 12,21f; 14,5; 21,23) ausgehen kann.

[28] Eine Ausnahme macht 2Kön 19,5 = Jes 37,5, wo die vorher genannten
Beamten als *ᶜᵃbādîm* des Königs Hiskia bezeichnet werden.

[29] Riesener (1979) 150-156 kann in ihrer Analyse der ''im Dienst des Königs
Stehenden'' diese Unterscheidung nicht wahrnehmen, weil sie *ᶜᵃbādîm* und *śārîm*
schon im Ansatz identifiziert (ausdrücklich S. 152). Vgl. dagegen das Ergebnis
von Rüterswörden (1985) 9: ''Zusammenfassend ist zu sagen, daß sich weder
vom alttestamentlichen Textmaterial noch von den in Palästina gefundenen alt-
hebräischen Siegeln, Ostraka und Inschriften her nachweisen läßt, daß die selbe
Person zugleich *ᶜæbæd* des Königs und *śar* im Sinne des höchsten Beamten sein
muß.''

[30] Vgl. ferner u. S. 190f

(V.24), der König hört nicht auf die Intervention dreier *śārîm* (V.25), will Baruch und Jeremia gefangennehmen und schickt dazu keine Beamten, sondern drei seiner *ʿăbādîm* aus, von denen einer Jerachmeel, der *bæn hammælæk*, ist (V.26).

Entsprechend ist das Bild in den Erzählungen von Jeremia und Zedekia (Jer 37f). Diesmal sind "die *śārîm*" (37,14f; 38,4.25) bzw. "alle *śārîm*" (38,27), die wie in Kap. 36 ebenfalls namentlich aufgeführt werden (38,1), Jeremias Gegner. Nur einmal, u.zw. im Mund Jeremias, werden sie auch als *ʿăbādîm* des Königs bezeichnet (37,18). Zugunsten Jeremias tritt dagegen ein Mann aus der Umgebung des Königs auf, der Kuschiter Ebedmelech, in 37,7 als *ʾîš śārîs* bezeichnet.

Schließlich sei noch einmal auf den bereits zitierten Text von 2Kön 25,19 = Jer 52,25 hingewiesen. Er erwähnt zwei Personen, die mit dem Militärwesen zu tun haben, nämlich "einen *śārîs*, der der Aufseher über die Kriegsleute war", sowie den *śar haṣṣābāʾ*. Wenn auch nicht deutlich wird, worin die Funktion des genannten *śārîs* genau besteht—der *śar haṣṣābāʾ* ist der schon seit Saul belegte Oberbefehlshaber der Truppe[31]—, so werden doch auch hier die Funktion eines *śārîs* und die eines *śar* voneinander unterschieden.

2.2.2.2 Hofstaat und Gesellschaft

Blicken wir von diesem Befund noch einmal auf die prophetische Kritik zurück, dann fällt auf, daß zwar immer wieder *śārîm*, nie aber *śārîsîm* oder *ʿăbādîm* des Königs von ihr betroffen sind. Nur Zeph 1,8f erwähnt—auch hier von den *śārîm* unterschieden—die *bᵉnê hammælæk*, u.zw. bezeichnenderweise im Rahmen der Kritik am Luxusgebaren des Hofes, wobei das soziale Verhalten des Hofes nur als Mittel zum Zweck in den Blick kommt[32]. Die Frage nach dem Grund für dieses auffällige Schweigen über den Hofstaat des Königs wird die nun vorzunehmende Untersuchung der Rolle der *śārîm* mit begleiten.

2.2.3 Die Beamten

Bevor wir uns mit der Beamtenhierarchie selbst befassen, sollen zunächst einige Texte betrachtet werden, die Auskunft über die

---

[31] Vgl. dazu u. S. 174
[32] Vgl. das o. S. 62–64 zu Zeph 1,8f Ausgeführte

Stellung der Beamten innerhalb der staatlichen Hierarchie geben. Dabei kann an die zuletzt gemachten Bemerkungen zum Verhältnis der *śārîm* zum königlichen Hofstaat angeknüpft werden.

2.2.3.1 König, Beamte, Öffentlichkeit

Nach dem oben Ausgeführten[33] bildet der König die Spitze der staatlichen Hierarchie. Dies gilt selbstverständlich auch gegenüber den Beamten.

a) So wird in der Erzählung von der assyrischen Belagerung Jerusalems unter Hiskia zwar sowohl der erste Kontakt mit den Assyrern als auch zwischen Hiskia und Jesaja durch Beamte vermittelt. Aber obwohl die erste Rede der Assyrer nur die Beamten hören, ist sie doch direkt an Hiskia gerichtet (2Kön 18,19-25 = Jes 36,4-10). Die zweite Rede ans Volk (2Kön 18,27-35 = Jes 36,14-20) steht unter dem Tenor: "Hört nicht auf Hiskia!" Entsprechend machen die Beamten anschließend dem König Meldung (2Kön 18,17 = Jes 36,22). Noch einmal fungieren sie als Boten zwischen Hiskia und Jesaja (2Kön 19,2.6 = Jes 37,2.6). Danach dann findet der Kontakt zwischen dem assyrischen König und Hiskia brieflich (2Kön 19,9-14 = Jes 37,9-14) und der zwischen Hiskia und Jesaja ohne Erwähnung von Vermittlern statt (2Kön 19,20 = Jes 37,21). Insgesamt ist es also so, daß die "Ministergruppe . . . im Ganzen der Erzählung nur eine untergeordnete Vermittlerrolle spielt"[34].

Auch in der Erzählung von der Auffindung des Gesetzbuches im Tempel ist es der König, bei dem die letzten Entscheidungen liegen. Zwar gibt der Priester Hilkia das Buch dem Schreiber Saphan zu lesen (2Kön 22,8), aber dieser geht damit selbstverständlich zum König (V.9f), der danach allein aktiv wird. Auch das Orakel der Prophetin Hulda wird abschließend von der Beamtendelegation wieder dem König gemeldet (V.20).

In Jer 36 formulieren die Beamten, die die Worte von Jeremias Schriftrolle gehört haben, ausdrücklich: "All diese Dinge müssen wir unbedingt dem König melden" (V.16). Nachdem sie ihm Meldung gemacht haben (V.20), entscheidet der König allein über das weitere Schicksal der Rolle (V.21-25).

---

[33] S. 161–165
[34] Hardmeier (1990) 137

Nicht anders liegen die Dinge schließlich in der Erzählung von Jeremias Gefangennahme in Jer 37f. Zwar handeln die Beamten zunächst eigenmächtig, indem sie Jeremia festnehmen (37,11-16). Aber auch hier hat der König seiner institutionellen Stellung nach die letzte Befehlsgewalt, die auch von den *śārîm* respektiert wird. So befiehlt (*ṣwh* hifil) Zedekia, daß Jeremia vom Gefängnis der Beamten in den Wachthof verlegt wird (37,21). Desweiteren müssen sich die Beamten mit neuen Vorwürfen an den König wenden, um eine erneute Haftverschärfung für Jeremia zu erreichen (38,4). Auch die schließliche Befreiung Jeremias aus der Zisterne erfolgt wiederum auf "Befehl" (*ṣwh* hifil) des Königs (38,10).

b) Freilich zeigen die beiden letztgenannten Erzählungen nun auch eine andere Seite, nämlich eine relative Selbständigkeit der hohen Beamten gegenüber dem König. Zu Jer 36 war schon im Zusammenhang mit dem königlichen Hofstaat darauf hinzuweisen, daß der Kontrast zwischen den Beamten und dem König und seiner Umgebung tragendes Element des Aufbaus der Erzählung ist[35]. Die Beamten "erschrecken" angesichts der Jeremiaworte (V.16), der König und seine *ʿabādîm* nicht (V.24). Die Beamten raten Baruch und Jeremia, sich zu verstecken (V.19), der König will sie gefangennehmen und kann dies wegen der Aktion der Beamten nicht (V.26). Und drei Beamte intervenieren direkt, wenn auch erfolglos, beim König gegen die Verbrennung der Schriftrolle (V.25).

Noch schärfer ist der Kontrast zwischen Beamten und König in Jer 37f. herausgearbeitet. Schon die Verhaftung Jeremias erfolgt allein auf Initiative der Beamten (37,11-16). Auch die erneute Haftverschärfung nach vorübergehender Erleichterung erfolgt wieder auf Intervention der Beamten. Dabei wird dem König der Satz in den Mund gelegt (38,5):

"... Denn nichts vermag der König gegen euch!"

Und im letzten Gespräch mit Jeremia drückt Zedekia noch einmal seine Angst vor den *śārîm* aus (V.25).

Zwar liegt in den Erzählungen von Jer 36 und 37f viel Gewicht auf historisch Singulärem. Es soll ein bestimmtes Bild sowohl der Königsgestalten Jojakim und Zedekia als auch der jeweiligen

---

[35] S. 168f

Beamtengruppen, die unter diesen Königen an der Macht waren, entworfen werden. Aber unter diesem Einmaligen kommt doch zum Vorschein, daß die hohen Beamten, anders als der Hofstaat, eine gewisse Selbständigkeit gegenüber dem König haben.

Bestätigt wird dies schließlich durch das allerdings nicht einwandfrei zu lesende Ostrakon Nr. 6 von Lachis[36]. Der Briefschreiber erwähnt in Z.3f ''(den Brie)f (?) des Königs und (die) Briefe der Beam(ten)'', die ihm sein Adressat Joasch zur Stellungnahme geschickt hat. Er befindet: ''die Worte der Be(amten) sind nicht gut'' (Z.5f) und rät Joasch, den Beamten zu schreiben: ''(Wa)rum tut ihr so (?) (in Jeru)salem? Si(ehe), dem Könige (und) seinem (Hause) tut (ihr dies)'' (Z.9-12)[37]. Zumindest der Schreiber des Ostrakons geht also—wenn die Rekonstruktion das Richtige trifft —davon aus, daß *śārîm* in Jerusalem gegen die Interessen des Königs handeln. Auf dem Hintergrund der Jeremiaerzählungen, die ja in der gleichen Zeit spielen, ist dies zumindest keine undenkbare Annahme.[38]

c) Der deutlichen Unterscheidung der *śārîm* vom Hofstaat des Königs und ihrer begrenzten Eigenständigkeit sogar gegenüber dem König selbst korrespondiert nun auffällig die Tatsache, daß es in den Erzählungen von Jeremia, die schon unter dem Gesichtspunkt des Verhältnisses der Beamten zum Hofstaat und zur Person des Königs heranzuziehen waren, vorrangig die *śārîm* sind, die an der Nahtstelle zwischen Staat und Volk wirken. Sowohl in Jer 36 als auch in Jer 37f sind es nämlich ausschließlich die Beamten, die gegenüber der Öffentlichkeit auftreten. In Jer 36 sind sie es, die das, was Baruch öffentlich verliest (V.10), vor den König bringen. Der König und sein Hofstaat kommen mit der öffentlichen Angelegenheit selbst gar nicht in Berührung. Entsprechendes gilt für die Beamten von Jer 37f. Sie veranlassen in der Öffentlichkeit die Verhaftung Jeremias (37,13f). Ihr Gegenspieler Ebedmelech, der *ʾîš śārîs* (38,7), handelt dagegen nur im Inneren des Palastes.

Das gleiche Bild bietet auch Jer 26, die Erzählung von der Wirkung von Jeremias Tempelrede, in ihrer jetzigen Gestalt. Zwar ist möglich, daß der Passus vom Eingreifen der Beamten (V.10-16)

---

[36] KAI Nr. 196; Lemaire (1977) 120-124; Smelik (1987) 118-120
[37] Übersetzung nach KAI Nr. 196
[38] Die Nähe des Ostrakons zu Jer 38 hebt Lemaire (1977) 122-124 klar hervor.

nicht zur ursprünglichen Form dieser Erzählung gehört[39]. Aber zumindest auf der Stufe der Endredaktion ist es so, daß an der Nahtstelle zwischen dem Staatsapparat, der in der Uria-Episode (V.20-23) im wesentlichen in der Person Jojakims verkörpert ist, und dem Volk die Beamten stehen.

Hier ist nun einer der Gründe dafür zu sehen, daß in der prophetischen Kritik vorrangig die *śārîm* als Träger staatlicher Macht angegriffen werden. Der König verkörpert zwar den Staat. Aber weder er noch sein Hof treten dem Volk gegenüber in solcher Weise als Vertreter staatlicher Macht auf, wie es die Beamten tun. Dieser Aspekt ist nun durch einen Blick auf die Beamtenhierarchie selbst, ihre Differenzierungen und hierarchischen Ebenen, weiter zu profilieren.

2.2.3.2 Die hohe Beamtenschaft

Eine Untersuchung der hohen Beamtenschaft in Israel und Juda kann von den Listen ausgehen, die uns über die Beamten der ersten israelitischen Könige überliefert sind. Von Saul ist nur ein hoher Amtsträger bekannt, der *śar-ṣābāʾ* (1Sam 14,50). Eine erste differenzierte Liste ist von David überliefert (2Sam 8,16-18). Sie umfaßt den *ʿal-haṣṣābāʾ*, den *mazkîr*, zwei Priester, den *sôper* und den Befehlshaber der Kreter und Plether. Die wesentliche Änderung in der zweiten davidischen Liste (2Sam 20,23-26) besteht darin, daß zu den übrigen, fortbestehenden Ämtern das des *ʿal-hammas* hinzukommt (V.24). Alle Ämter aus Davids zweiter Liste bestehen bis auf das des *ʿal-hakkʿrê wʿʿal-happʿletî* auch unter Salomo fort (1Kön 4,2-6). Hinzu kommen die des *ʿal-hanniṣṣābîm*, des "Freundes des Königs" und des *ʿal-habbajit*[40].

1.) Vergleichen wir diese frühen Listen mit späteren biblischen und epigraphischen Belegen, dann fällt in erster Linie der hohe Grad an Kontinuität während der gesamten Königzeit ins Auge. Fast alle Ämter der Zeit Sauls, Davids und Salomos sind bis in die späte Königzeit belegt, und nur diese sollen hier weiter verfolgt werden.

---

[39] Vgl. aber Reventlow (1969) 341-352, der insgesamt an Kap 26,1-19 v.a. die Stilisierung als "ein Beispiel erbaulicher Literatur" hervorhebt (S. 351), im Auftreten der Beamten aber "einen aus der Überlieferung noch bekannten Umstand" sieht (S. 345).

[40] Zu den Listen insgesamt vgl. Mettinger (1971) 7-18

a) Der Heeresoberste ($\acute{s}ar$-$\dot{s}\bar{a}b\bar{a}^{\circ}$, 1Sam 14,50; 2Sam 2,8; 19,14; 1Kön 16,16; $\acute{s}ar$ $ha\dot{s}\dot{s}\bar{a}b\bar{a}^{\circ}$, 1Sam 17,55; 1Kön 1,19; 10,15.21; 2Kön 4,13; ^{c}al-$ha\dot{s}\dot{s}\bar{a}b\bar{a}^{\circ}$, 2Sam 8,16; 1Kön 4,4; $^{\circ}æl$ kol-$ha\dot{s}\dot{s}\bar{a}b\bar{a}^{\circ}$, 2Sam 20,23) ist als $\acute{s}r$ $h\dot{s}b^{\circ}$ sowohl epigraphisch im Lachis-Ostrakon Nr. 3, Z.14[41] als auch biblisch in der Notiz von der Wegführung nach dem Fall Jerusalems in 2Kön 25,19 = Jer 52,25 für die Spätzeit Judas belegt.

b) Der *mazkîr*[42] erscheint noch einmal in der Erzählung von der Belagerung Jerusalems zur Zeit Hiskias (2Kön 18,18.37 = Jes 36,3.22). Zwar ist die Erzählung in 2Kön 18f = Jes 36f, wie Hardmeier wahrscheinlich gemacht hat, im einzelnen historisch wenig zuverlässig[43]. Aber gerade als "historische Tendenzerzählung" noch aus der letzten Königszeit ist sie doch nur dann glaubwürdig, wenn sie das Erzählte in Strukturen ansiedelt, die den Adressaten vertraut sind. Dies gilt dann natürlich besonders für die in ihr erwähnten Ämter.

c) Das Amt des Schreibers[44] erscheint nach einer Erwähnung aus der Zeit Joas' (2Kön 12,11) sowohl in der Erzählung von der Belagerung Jerusalems zur Zeit Hiskias (2Kön 18,18.37; 19,2 = Jes 36,3.22; 37,2), im Bericht von der Auffindung des Gesetzbuches unter Josia (2Kön 22,3.8-10.12) wie in den Erzählungen über Jeremia aus der Zeit Jojakims (Jer 36,10.12.20f) und Zedekias (Jer 37,15.20).

d) Der Fronminister[45] (^{c}al-$hammas$, 2Sam 20,24; 1Kön 4,6) ist außerhalb der Beamtenlisten für die Zeit Salomos (1Kön 5,28) und Rehabeams (1Kön 12,18) biblisch belegt. Hinzu kommt aus dem 7. Jahrhundert das Siegel des "Pelajahu $^{\circ}\acute{s}r$ ^{c}l hms"[46].

e) Schließlich ist das Amt des Palastvorstehers[47] (^{c}al-$habbajit$, 1Kön 4,6) sowohl für das Nordreich (1Kön 16,9; 18,3; 2Kön 10,5) als auch für Juda belegt, und zwar einmal in der speziellen Funktion des Regenten für den erkrankten König (2Kön 15,5) und dann bei Jesaja (22,15-25)[48] sowie in der Erzählung von der Belagerung

---

[41] KAI Nr. 193
[42] Vgl. Mettinger (1971) 19-24.52-62; Rütersworden (1985) 89-91
[43] Hardmeier (1990); in diesem Punkt zustimmend auch Ruprecht (1990) 58-61
[44] Vgl. Mettinger (1971) 19-51; Rütersworden (1985) 85-89
[45] Vgl. Mettinger (1971) 128-139
[46] Avigad (1980); Jaroš (1982) 79f; Smelik (1987) 127f
[47] Vgl. Mettinger (1971) 70-110
[48] Vgl. dazu u. S. 191–193

Jerusalems (2Kön 18,18.37; 19,2 = Jes 36,3.22; 37,2), die das
Personal wahrscheinlich aus Jesaja entnommen hat[49]. Zu den
biblischen treten epigraphische Belege, nämlich zwei Siegel des
"Adonjahu *šr ʿl hbjt*", das Siegel des "Nathan *šr* (ʿ)*l hbjt*", beide
aus dem Jerusalem der letzten Jahrzehnte der Monarchie[50], das
Siegel des "Iddo *šr ʿl hbjt*"[51] und der Siegelabdruck des "Gedaljahu *šr ʿl hbjt*", gefunden in Lachis, vom Beginn des 6. Jahrhunderts[52], sowie eine vorexilische Grabinschrift aus Silwan[53],
deren Anfang den Namen und Titel des Grabinhabers nennt:—*jhw*
šr ʿl hbjt.

2.) Neben dieser auffälligen Kontinuität in den hohen Staatsämtern fällt die geringe Diskontinuität kaum ins Gewicht. Sie
besteht darin, daß das Amt eines Vorstehers der Leibwache, das in
den davidischen Listen vorkommt (2Sam 8,18; 20,23), ab Salomo
fehlt; es ist wahrscheinlich mit dem des ʿ*al-haṣṣābāʾ* (1Kön 4,4)
zusammengelegt worden[54]. Nach Salomo entfällt das Amt eines
Ministers für die Vögte (1Kön 4,5), wohl weil die ihm zugrunde liegende Gaueinteilung nach dem Zerfall des salomonischen Reiches
so nicht weiterbesteht, und auch der "Freund des Königs" (1Kön
4,5) ist nachsalomonisch nicht mehr belegt.

Hinzu kommen Verschiebungen in der Bedeutung einzelner
Ämter, die für die Listen der frühen Königszeit hier nicht diskutiert
werden müssen. Für die spätere Zeit ist zu bemerken, daß das Amt
des Schreibers, das in den davidischen Listen jeweils an vorletzter
Stelle steht (2Sam 8,17; 20,24) und bei Salomo doppelt besetzt ist
(1Kön 4,3), erkennbar seit Schafan (2Kön 22) wohl das zentrale
Staatsamt nach dem König ist.

Insgesamt bestätigt der hohe Grad an Kontinuität in den führenden Staatsämtern, was schon die Analyse der Staatstätigkeiten[55]
erkennen ließ: Die Veränderungen von der frühen zur späten
Königszeit liegen vorrangig weder in den Tätigkeiten noch in der
Organisation des Staates, sondern in seiner Funktion. Primär ist

---

[49] Vgl. Hardmeier (1990) 166.440-442
[50] Avigad (1986a) 21-23
[51] Avigad (1986a) 23
[52] Vattioni (1969) Nr. 149; Smelik (1987) 127.—Die Frage, ob der Siegelträger
mit dem Gedalja der Jeremiaüberlieferungen identisch ist, ist für die Frage nach
den Ämtern irrelevant.
[53] Avigad (1953); KAI Nr. 191; Smelik (1987) 68-71
[54] So Noth (1968) 65f
[55] Siehe o. S. 133–160

nicht die Veränderung des Staates, sondern die der Gesellschaft, und erst vermittelt über diese erhält der Staat eine neue Funktion, indem er nun einer in Klassen gespaltenen Gesellschaft gegenübersteht und sich mit der aufstrebenden Klasse dieser Gesellschaft verbindet. Daß nachsalomonisch kein ''Finanzminister'', wohl aber bis zum Ende der Königszeit ein ''Fronminister'' belegt ist, ist nach unserer Deutung der Funktion von Abgaben und Fron[56] ein Hinweis darauf, daß diese Verbindung seitens des Staates bewußt betrieben wird. Bevor wir jedoch näher nach den Grundlagen dieser Verbindung fragen[57], muß zunächst noch die Differenzierung des Beamtenapparates weiter verfolgt werden. Bleiben wir zunächst auf der höchsten Ebene.

3.) Außer dem hohen Grad an Kontinuität ist bei den hohen Staatsämtern ihre funktionale Differenzierung bemerkenswert. Erkennbar sind sechs Bereiche, auch wenn der Zuständigkeitsbereich von *mazkîr* und *sôper* nicht unbedingt deutlich ist: Militär, Religion[58], Fron, Palastangelegenheiten und möglicherweise Innenpolitik (*mazkîr*)[59] und Außenpolitik (*sôper*)[60]. Diese Differenzierung besteht von David und Salomo an. Eine weitere Ausdifferenzierung auf dieser Ebene ist nicht erkennbar. Wie steht es damit auf anderen Ebenen der Beamtenhierarchie?

2.2.3.3 Ämterdifferenzierung in der Hauptstadt

Neben der Differenzierung der zentralen Staatsämter nach verschiedenen Ressorts[61] findet eine Differenzierung in zwei weiteren Bereichen statt. Der eine ist der Bereich des Militärs, auf den bereits hingewiesen wurde[62]. Daneben aber existiert in der Hauptstadt

---

[56] Siehe o. S. 142–153

[57] Siehe u. S. 190–207

[58] In allen Listen Davids und Salomos kommen Priester vor, und auch später spielen sie eine zentrale Rolle, wozu nur das Zusammenwirken des Priesters Hilkia und des Schreibers Schafan bei der Auffindung des Gesetzbuches zu vergleichen ist (2Kön 22). Es zeigt sich hier, daß die eingangs begründete Ausklammerung des Bereiches der Religion im engeren Sinn aus der Untersuchung (S. 19f) an enge Grenzen stößt.

[59] Nach Noth (1968) 64 besteht das Amt des *mazkîr* ''in der Vermittlung zwischen König und Untertanen''.

[60] Zum Schreiben gehört ''wahrscheinlich auch die auswärtige Korrespondenz'' (Noth, 1968, 63).

[61] Siehe o. S. 173–176

[62] Siehe o. S. 139–142

auch eine Differenzierung von Ämtern nach bestimmten Verwaltungsfunktionen. Darauf weisen die folgenden Belege hin.

1.) Mitglied einer königlichen Gesandtschaft nach Babel unter Zedekia ist Seraja, der als *śar menûḥâ* bezeichnet wird (Jer 51,59). Es handelt sich also wohl um einen Beamten, der für das Quartiermachen zuständig ist[63].

2.) Der Mann der Prophetin Hulda, zu der Josia eine Beamtendelegation sendet, bekleidet das Amt eines *šomer habbegādîm*, eines "Kleiderverwalters" (2Kön 22,14). Er wohnt in Jerusalem.

3.) Ebenfalls in Jerusalem wurde ein Vorratspithos mit der eingeritzten Inschrift *lśr hʾw-* gefunden[64]. Für dessen zweites Element sind verschiedene Deutungen möglich: a) *ʾôpîm* = Bäcker im Anschluß an Gen 40,1f.5.16.20.22; 41,10; der Pithos hätte dann zum Backen benötigtes Material enthalten. b) *ʾôṣār* = Schatz, Vorratskammer. c) *ʾôrôt* = Ställe. d) *ʾôregîm* = Weber. Die Deutung insgesamt ist zwar keineswegs sicher[65]. Wenn sie aber zutrifft, hätten wir hier den Titel eines Jerusalemer Beamten vor uns, der, ähnlich wie der "Kleiderverwalter", für einen bestimmten Bereich des königlichen Besitzes verantwortlich wäre.

4.) Nach Mitteilung von N. Avigad wurde der Siegelabdruck eines "Asarjahu *śʿr hmsgr*" gefunden[66], also eines "Gefängnispförtners". Der Titel ist völlig analog dem des *šomer habbegādîm* mit Partizip, das die Tätigkeit des Amtsträgers angibt, und determiniertem Nomen zur Bezeichnung des Tätigkeitsbereiches gebildet. Auch wenn Avigad keine Angaben über den Fundort macht, ist doch Jerusalem anzunehmen.

5.) Möglicherweise gehört zu diesen Ämtern unterhalb der Staatsleitung auch das des "Schreibers", obwohl als *hassôper* auch einer der höchsten Beamten bezeichnet werden kann[67]. Darauf führt das Siegel des auch aus der Jeremiaüberlieferung bekannten Baruch, das den Zusatz *hspr* trägt (vgl. Jer 36,26.32)[68]. Denn

---

[63] Die Versionen lesen teilweise anders, vgl. BHS z.St., doch würde auch eine abweichende Lesart am Grundsätzlichen nichts ändern.

[64] Mazar/Mazar (1989)

[65] In einer abweichenden Lesart vermutet Eilat Mazar (1989) in der Inschrift einen mit *ʿaśær* gebildeten Beamtentitel. Allerdings haben die bisher bekannten mit *ʿaśær* gebildeten Titel alle die Form *ʿaśær* + *ʿal* + bestimmter Artikel (Belege o. S. 174f), die hier keineswegs vorliegt.

[66] Avigad (1988) 10

[67] Siehe o. S. 174

[68] Avigad (1978a); (1979); (1986a) 28f; Jaroš (1982) 78f; Smelik (1987) 133

dessen Abdruck wurde in dem Jerusalemer Archiv zusammen mit
Bullen königlicher Beamter gefunden, was nahelegt, daß es sein
Träger in offizieller Funktion geführt hat[69]. Andrerseits weist
nichts darauf hin, daß Baruch das Spitzenamt des *sôper* im
königlichen Ministerrat innehatte, so daß sein Siegel am ehesten auf
eine Funktion unterhalb der höchsten Hierarchieebene zu deuten
ist[70].

6.) Schließlich könnte auch die Funktion des *soken*, des "Ver-
walters", auf dieser Ebene angesiedelt sein. Der Titel ist analog
dem des *soper* als Partizip gebildet. Die Bezeichnung erscheint nur
in Jes 22,15 und wird dort mit dem *ᵃšær ᶜal-habbajit* identifiziert.
Aber diese Identifizierung ist redaktionell[71] und auf die nachträgliche Anfügung des Eljakim-Orakels zurückzuführen[72]. Von daher
ist es gut möglich, daß *soken* eine Verwaltungsfunktion im
königlichen Palast ("das Haus deines Herrn", V.18), aber unterhalb der Ebene des *ᵃšær ᶜal-habbajit* bezeichnet.

In allen Fällen haben wir also Verwaltungsämter vor uns, die in
der Hauptstadt anzusiedeln sind. Die Differenzierung erfolgt nicht,
wie auf der höchsten Hierarchieebene, nach den Ressorts der
Staatsleitung, sondern nach konkreten Verwaltungsfunktionen.

2.2.3.4 Ebenen der Beamtenhierarchie

Die hohen Beamten der judäischen Staatsführung werden, obwohl
ihre Titel bis auf den *šar haṣṣābā*ᵓ ohne das Element *šar* gebildet werden, als *šārîm* zusammengefaßt. Schon die salomonische Beamten-
liste beginnt: "Dies sind die *šārîm* . . ." (1Kön 4,2). Auch die Listen
aus der letzten Zeit Judas sprechen zusammenfassend von *šārîm*
(2Kön 24,12; Jer 29,2; 34,19)[73], desgleichen die Erzählungen (Jer
36,12.14.19; 37,14f; 38,4.25.27). Und das Bild wird abgerundet
durch das Lachis-Ostrakon Nr. 6, dessen *šrm* ebenfalls in der unmittelbaren Umgebung des Königs zu suchen sind[74].

---

[69] Vgl. Avigad (1978a) 55; (1979) 117f

[70] Zu einem weiteren "Schreiber"-Siegel, das wahrscheinlich auch in diesen
Zusammenhang gehört, vgl. Hestrin (1983) 51

[71] Vgl. Wildberger (1980) 833

[72] Zu Jes 22,15-25 vgl. u. S. 191–193

[73] Wenn 2Kön 25,19 = Jer 52,25 von Männern spricht, "die das Antlitz des
Königs sahen", also direkten Zugang zu ihm hatten, meint der Text wohl ebenfalls
solche hohen Beamten.

[74] Vgl. o. S. 172

Blicken wir von diesem Befund aus zurück auf die prophetische Sozialkritik, dann ergibt sich ein überraschendes Ergebnis. Die Propheten kritisieren oft und durchgehend (von Jes 1,23 bis Ez 22,27) die *śārîm*. Aber nur in Zeph 1,8f, wo neben den *śārîm* die *b^enê hammælæk* genannt sind und vom "Haus ihres Herrn", also dem Palast, die Rede ist, sind damit eindeutig hohe Beamte am Hof gemeint. Und in Ez 11,1-13 weist die Zahl von 25 *śārîm* (V.11) darauf hin, daß möglicherweise an eine Gruppe besonders hoher Beamter in der Hauptstadt gedacht ist. Ansonsten aber finden wir die *śārîm* v.a. als Richter (Jes 1,26; Mi 7,3; Zeph 3,3; evtl. Hab 2,9-11; Ez 22,27) oder Ratgeber (Jes 1,26). Die Tatsache, daß diese *śārîm* die Rechtssache von Witwen und Waisen beugen (Jes 1,23) und fordernd die Hand aufhalten (Mi 7,3), zeigt, daß es sich hier nicht um königliche Minister handeln kann. Damit werden wir auf die Frage nach verschiedenen Ebenen in der Beamtenhierarchie gewiesen.

1.) Wir wenden uns zunächst den Briefen zu, die in den Festungen von Arad[75]—einer vom Ende des 8. Jahrhunderts (Nr. 40), einer aus der 2. Hälfte des 7. Jahrhunderts (Nr. 88), die große Masse aber aus dem Archiv des Kommandanten Eljaschib aus der Zeit unmittelbar vor der letzten Zerstörung der Festung im Jahr 595[76]—und Lachis[77]—aus der Zeit vor dem Fall der Festung im Jahr 587—gefunden wurden.

a) Zunächst die Arad-Ostraka. Sie enthalten überwiegend Befehle und briefliche Mitteilungen. Oft sind Empfänger und Absender genannt, auch von dritten Personen ist die Rede. Umso auffälliger ist der durchgehende Befund, daß nie eine der genannten Personen mit einem Titel belegt wird. Empfänger der meisten Schreiben ist Eljaschib, mit der einfachen Formel "An Eljaschib" (Nr. 1-5.7); ein Schreiben ist gerichtet "An Nahum" (Nr. 17). In einem Fall wird der Absender in dritter Person genannt, wieder nur mit Namen (Nr. 3). Dritte Personen, über die in den Schreiben gehandelt wird und die erkennbar offizielle Funktionen begleiten,

---

[75] Veröffentlicht bei Aharoni (1981); vgl. auch Lemaire (1977) 145-235; Smelik (1987) 94-107

[76] So Aharoni (1981) 130.—Lemaire (1977) 231f.235; Smelik (1987) 98 geben das Jahr 597 an.

[77] Veröffentlichungen und Besprechungen in KAI Nr. 192-199; Lemaire (1977) 83-143; Smelik (1987) 108-121

werden ebenfalls ohne Titel benannt. So in einem Schreiben an
Eljaschib (Nr. 16): "schickte ich (Si)lber (und zwar) acht Schekel an
die Söhne Gealjahus (durch) die Ha(nd A)zarjahus", und weiter:
"Schicke Nahum". So in dem Schreiben an Nahum (Nr. 17): "Geh
in das Haus Eljaschibs, des Sohnes Eschijahus"; in einem weiteren
Schreiben an Eljaschib (Nr. 18): "Gib Schemarjahu ein Homer
Mehl", sowie in einem Ostrakon, vom dem nur die Rückseite les-
bar ist (Nr. 24): "ihr sollt sie schicken nach Ramath-Neg(ev durch
die Ha)nd Malkijahus, des Sohnes Qeraburs, und er muß sie über-
geben in die Hand Elischas, des Sohnes Jirmejahus", und weiter:
"Die Männer (müssen) mit Elischa (sein), damit Edom nicht dorthin kommt".

Diese absolute Titelabstinenz in den Schreiben von Arad ist umso
auffälliger, als die Empfänger und Absender durchaus in hierarchischen Beziehungen zueinander stehen, die sie durch Rela-
tionsbegriffe wie "Sohn", "Bruder" oder "Herr" zum Ausdruck
bringen, die aber ebenfalls keine Titel darstellen. So Nr. 40: "Deine
Söhne Gemar(jahu) und Nehemjahu sen(den Grüße an) Mal-
kijahu"; Nr. 16: "Dein Bruder Hananjahu sendet Grüße an Eljaschib"; Nr. 21: "Dein Sohn Jehokal sendet Grüße an Gedaljahu,
(den Sohn) Eljairs"; dieser Gedaljahu wird dann im weiteren Verlauf des Schreibens zweimal als "mein Herr" angeredet.

Im Kern nicht anders ist das Bild, das die Korrespondenz von
Lachis ergibt. Da dort kurze Befehle wie in den Arad-Ostraka feh-
len, taucht auch die knappe Empfängerangabe der Art "An Eljaschib" nicht auf. Wegen des Briefcharakters der Lachis-Ostraka
dominiert hier die Angabe der relativen Stellung von Absender und
Empfänger zueinander. So Nr. 2 und Nr. 6: "An meinen Herrn
Jaosch"—"dein Knecht"; Nr. 3: "Dein Knecht Hoschajahu sendet
(eine Nachricht), um zu bericht(en) meinem (Her)rn J(a)o(sch)";
Nr. 4, Nr. 5 und Nr. 9: "mein Herr"—"dein Knecht". Wie in
Arad also fehlen alle Titel, obwohl die Briefschreiber deutlich in
hierarchischer Stellung zueinander stehen. Auch in Lachis wird wie
in Arad über dritte Personen meist nur mit deren Namen korrespondiert. So Nr. 3 (Rückseite): "Und (betreffend) Hodawjahus,
des Sohne Ahijahus, und seiner Männer", weiter: "Und der Brief
Tobijahus, des Knechts des Königs[78], der bei Schallum, dem Sohn

---

[78] Zu diesem Titel vgl. o. S. 166f

Jadas, angekommen ist''; Nr. 4: ''Und Semakjahu—Schemajahu hat ihn genommen und in die Stadt heraufgebracht''; Nr. 5: ''Wird Tobijahu (?) deinem Knecht königliche Saat br(in)gen''[79]; Nr. 9: ''Schicke zurück (an) deinen Knecht ein Wort durch die Hand Schelemjahus''.

Der Befund ist also eindeutig: Für den Verkehr zwischen verschiedenen Amtsträgern und die Korrespondenz über Dritte genügt offenbar die Nennung des Namens. Dies gilt auch, wenn zwischen den einzelnen Personen eine hierarchische Beziehung besteht. Es zeigt, daß die Amtsträger der lokalen unteren bis mittleren Ränge —denn um solche handelt es sich in den Ostraka von Arad und Lachis[80]—den für sie relevanten Amtsapparat persönlich kennen und daß auch ohne Titulierung die jeweilige Stellung in der Hierarchie bekannt ist. Dieses Ergebnis wird nun noch profiliert, wenn wir untersuchen, wie in denselben Ostraka über Amtsträger der oberen hierarchischen Ebene geschrieben wird.

b) Die Belege für Lachis wurden oben schon in anderen Zusammenhängen erwähnt. Nr. 3 erwähnt den ''Brief Tobijahus, des ʿbd hmlk'' (Z.19), und im gleichen Ostrakon steht die Mitteilung: ''Herabgezogen ist der śr ḥṣbʾ Konjahu, der Sohn Elnathans, um nach Ägypten zu gehen'' (Z.14-16). Beide hohen Amtsträger werden mit Name und Titel benannt. Hinzu kommen Stellen, die die hohen Amtsträger nur mit ihrem Titel bezeichnen. Bereits angeführt wurde aus dem Lachis-Ostrakon Nr. 6 die Erwähnung von einem ''Brief des Königs'' und ''Briefen der śrm'' (Z.3f), und auch im weiteren Text des Ostrakons ist nur von ''den Beamten'' (?) (Z.5) und ''dem König'' (Z.10f) die Rede. Und auch in Arad wird der König nur mit seinem Titel genannt, so schon im 8. Jahrhundert auf dem Ostrakon Nr. 40: ''Der König von Juda weiß/soll wissen . . .'', dann vom Anfang des 6. Jahrhunderts auf dem Ostrakon Nr. 24: ''Und das Wort des Königs (ist) bei euch auf euren Seelen'' (Rev. Z.17f).

Der Befund ist also eindeutig: Untereinander und über Dritte ihres Ranges korrespondieren die Beamten der unteren und

---

[79] Die Lesart ist unsicher; KAI Nr. 195 liest statt des Eigennamens eine Verbform der Wurzel ṭwb.

[80] Man beachte allerdings den Vorschlag von Yadin (1985b), in den in Lachis gefundenen Ostraka Entwürfe für eine Korrespondenz an höchste Stelle in Jerusalem zu sehen. Die hier vorgeschlagene Auswertung der Texte würde davon allerdings nur geringfügig betroffen.

mittleren lokalen Ränge nur mit Namen, über den König und die hohen Beamten der Hauptstadt sprechen sie dagegen nur mit dem Titel oder mit Name und Titel. Dies hat Konsequenzen für die Interpretation der Siegel, denen wir uns nun zuwenden müssen.

2.) Unter den Siegeln[81] lassen sich zwei Gruppen unterscheiden, diejenigen, die nur den Namen (mit oder ohne Vatersnamen) enthalten, und diejenigen, die eine Ergänzung zum Namen haben.

a) Unter den Siegeln mit Name und Ergänzung lassen sich wieder zwei Arten unterscheiden. Zur ersten gehören die Siegel, auf denen der Name durch einen eigenständigen Titel ergänzt wird. Von dieser Art sind die Siegel der hohen Amtsträger, die neben dem Namen die Titel *ʾśr ʿal hbjt* bzw. *ʾśr ʿal hms* enthalten[82]. Hierher gehört aber auch das Siegel des "Asarjahu *śʿr hmsgr*" und das des *spr* Baruch[83].

In der zweiten Gruppe von Siegeln wird der Name durch eine Relationsbezeichnung ergänzt, die auf eine abgeleitete Autorität hinweist. Hierher gehören die Siegel mit "N *ʿbd hmlk*" und "N *ʿbd* des X'', mit "N *bn hmlk*" und "N *bt hmlk*"[84]. Hinzu kommen Siegel mit der Bezeichnung "N *nʿr* des X''[85], die auch auf einem Ostrakon von Arad verwendet wird[86]. Es dürfte sich um Verwalter im Auftrag eines Herrn handeln, so wie der Verwalter der Güter des Saul-Sohnes Meribaal als *naʿar* bezeichnet wird (2Sam 9,9; 16,1; 19,18). Bei diesen Siegeln weist die Ergänzung zum Namen nicht auf differenzierte Ämter, sondern darauf hin, daß sich die Autorität des Siegelträgers von der eines Höheren ableitet.

b) Was aber ist mit den sehr viel häufigeren Siegeln bzw. deren Abdrücken[87], die nur den Namen des Trägers enthalten? Nun ist aus Jer 32,10f.14.44 eindeutig belegt, daß auch schon vorexilisch Siegel zur Beurkundung von Verträgen von den Vertragschließenden sowie von Zeugen verwendet werden. Von daher hat die

---

[81] Eine Übersicht über den aktuellen Stand der Erforschung der nordwestsemitischen Siegel gibt Lemaire (1988).

[82] Belege s. o. S. 174f

[83] Siehe o. S. 177f

[84] Belege s.o. S. 166f

[85] Vattioni (1969) Nr. 108.217.221; Smelik (1987) 132f.—Zu den *naʿar*-Siegeln insgesamt vgl. jetzt Garfinkel (1990).

[86] Aharoni (1981) 122f

[87] Nach Smelik (1987) 125 sind bisher zwischen 300 und 400 Siegel bzw. Siegelabdrücke veröffentlicht, mit zunehmender Fundzahl.

Bezeichnung "Privatsiegel" für diese Art von Siegeln durchaus ihre Berechtigung. Aber sie gilt doch nur eingeschränkt.

Die Funde in Arad belegen nämlich nicht nur, daß der Kommandant der Festung, Eljaschib, in den Briefen bloß mit Namen genannt ist. Die Korrespondenz zeigt auch immer wieder, daß er in offizieller Funktion sein Siegel verwendet, u.zw. zum Verschließen von Gefäßen, um ein unbefugtes Entfernen ihres Inhalts zu verhindern[88]. Die drei Siegel Eljaschibs aber, die in dem Raum neben dem Archiv gefunden wurden, tragen als Aufschrift nur den Namen "Eljaschib Sohn des Eschijahu", ohne einen Titel[89].

Der Befund hat zwei Konsequenzen. Erstens: Auch unter den sog. Privatsiegeln können Siegel von Amtsträgern sein, bzw. nicht jeder Amtsträger muß mit einem Titel siegeln[90]. Darauf weisen auch zwei Siegel aus Jerusalem hin, die in die letzten Jahre der Stadt vor der babylonischen Eroberung zu datieren sind. Ihre Träger "Gemarjahu ben Schafan" und "Serajahu ben Nerijahu" sind höchstwahrscheinlich mit den gleichnamigen Personen aus Jer 36,10-12.25 bzw. 51,59 identisch[91]. Beide sind hohe Beamte— Seraja wird in Jer 51,59 ausdrücklich als *śar me\nûḥâ* bezeichnet[92]—, aber beider Siegel enthält keinen Titel. Nur wenn Siegel ohne Titel auch von Beamten in offizieller Funktion geführt werden, ist im übrigen der Befund erklärbar, daß sich auf den mit *lmlk* gestempelten staatlichen Vorratskrügen[93] solche finden, die gleichzeitig auf einem anderen Henkel ein bloßes Namenssiegel haben[94]. Wären solche Krüge durch einen "Privatstempel" privatisiert worden, hätte man, da beide Siegel vor dem Brand aufgebracht wurden, ohne weiteres das *lmlk*-Siegel verwischen können. Da dies nicht geschah, ist das Nebeneinander von *lmlk*- und Namenssiegel doch

---

[88] Aharoni (1981) 24f.32-34; Smelik (1987) 102-103; vgl. Hestrin/Dayagi-Mendels (1979) 7

[89] Vattioni (1969) Nr. 231f; Hestrin/Dayagi-Mendels (1979) 26-28

[90] Vgl. die entsprechenden Überlegungen bei Hestrin/Dayagi-Mendels (1979) 14f; Aharoni (1981) 119f; Hestrin (1983) 52

[91] Vgl. Avigad (1978a) 56; (1979) 118; Shiloh (1983) 131; Shiloh/Tarler (1986) 204f

[92] Siehe o. S. 177

[93] Vgl. dazu o. S. 144–148

[94] Zum Nachweis, daß *lmlk*- und Namenssiegel zu demselben Krug gehören, vgl. Ussishkin (1976) 5; Lemaire (1981) 58*.—Zur chemischen Bestätigung des Befunds vgl. Mommsen/Perlman/Yellin (1984) 106.

wohl nur so zu deuten, daß das Namenssiegel von einem die Krüge vor dem Brand kontrollierenden Beamten stammt[95].

Zweitens: Während auf der unteren lokalen Ebene—wie in der Korrespondenz—der bloße Name genügt, finden sich Siegel mit Titeln da, wo entweder eine Funktionsdifferenzierung zum Ausdruck gebracht—Palastvorsteher, Fronminister, aber auch Gefängnispförtner oder Schreiber—oder auf eine Autorität hingewiesen werden soll, die sich von einem Höheren ableitet. Beides weist auf eine hohe Ebene der Hierarchie[96] bzw. auf differenzierte Funktionen in der Hauptstadt. Nur auf dieser Ebene finden wir dann auch zwei Siegel, die doppelt beschriftet sind, auf der einen Seite nur mit Name, auf der andern mit Name und Titel. Es handelt sich um das schon erwähnte Siegel des Pelajahu *ʾšr ʿl hms* sowie das des *šbnjw ʿbd ʿzjw*[97]. Auf dieser hohen Ebene ist also die Wahl zwischen privater und offizieller Siegelung gegeben, während auf der unteren der Name genügt.

3.) Ziehen wir eine Zwischenbilanz, dann ergibt sich zweierlei. a) Im Beamtenapparat lassen sich eine niedere lokale und eine höhere zentrale Ebene deutlich unterscheiden, u.zw. sowohl in der Art, wie in der Korrespondenz über die Amtsträger der verschiedenen Ebenen geschrieben wird, als auch in der Art des Siegelgebrauchs. b) Titel finden sich nur auf der höheren Ebene. Sie drücken dort entweder eine Funktionsdifferenzierung oder die Ableitung einer Autorität direkt vom König oder anderen Personen aus. Unten finden sich keine Titel und also auch keine durch sie ausdrückbare Funktionsdifferenzierung. Wir werden gleich sehen, daß es eine solche auf der unteren Ebene wahrscheinlich auch gar nicht gibt.

4.) Zunächst ist allerdings noch einmal auf die eingangs zitierte prophetische Sozialkritik zurückzukommen. Das Ergebnis eines Vergleichs scheint befremdend. Die Propheten kritisieren so gut wie nie die hohen Beamten, jedenfalls nie mit deren Titeln oder Funktionsbezeichnungen. Wo sie aber die *śārîm* angreifen, gehören diese offenkundig in der Mehrzahl der Fälle der unteren Hierarchieebene an. Im epigraphischen Material scheint der Befund umgekehrt zu sein. Auf der oberen Ebene ist von *śārîm* und allerlei Titelträgern die

---

[95] Vgl. Aharoni (1981) 119f

[96] Vgl. Hestrin/Dayagi-Mendels (1979) 15: "It appears that the title was recorded only in case of high-ranking officials, while all the others used their name only."

[97] Vattioni (1969) Nr. 67

Rede, unten finden wir überhaupt keine Titel, nur Eigennamen. Die Lösung dieses Rätsels bringt das Ostrakon von Mesad Hashavjahu.

In diesem Ostrakon redet der zur Fron verpflichtete Erntearbeiter[98] den Empfänger des Schreibens als "mein Herr, der *śr*" an (Z.1). Am Ende des Schreibens bezeichnet er ihn einfach als "der *śr*" (Z.12). Hier finden wir nun plötzlich, u.zw. auf der unteren Verwaltungsebene einer (zudem kleinen) Festung—was an Arad und Lachis erinnert—, den Titel *śar*. Aber es sind nicht Amtsträger, die untereinander korrespondieren, sondern es ist ein Mann aus dem Volk, der sich an einen Amtsträger wendet. Und der redet ihn dann als *śar* an. Daß dies nicht nur eine zufällige stilistische Differenz ist, zeigt im übrigen die Tatsache, daß das Ostrakon ansonsten die gleichen Merkmale hat wie die von Arad und Lachis: Der Absender bezeichnet sich relativ zum Empfänger als dessen *ᶜbd*, und er redet über einen Dritten nur mit Namensnennung (Hoschijahu, Sohn des Schobaj, Z.8f).

Das Ostrakon von Mesad Hashavjahu zeigt also, daß es nicht nur eine deutliche Unterscheidung zwischen niederer und höherer Beamtenhierarchie gibt, sondern eine ebenso deutliche zwischen einem Mann aus dem Volk und einem Beamten. Wie die Amtsträger von Lachis von den *śārîm* der Hauptstadt reden, redet der Erntearbeiter von Mesad Hashavjahu den Kommandanten als *śar* an. Dem Volk gegenüber tut der Name des Amtsträgers nichts zur Sache.

In die gleiche Richtung weist auch noch ein Siegel, das wir bisher übergangen haben. Wir besitzen zwei Abdrücke dieses Siegels aus dem ausgehenden 7. Jahrhundert mit der Legende *śr hᶜr*[99]. Gegenüber den sonstigen Siegeln weist dieses drei Eigenarten auf: 1.) Es enthält eine bildliche Darstellung, die wahrscheinlich einen Beamten vor dem König zeigt[100]. Das Siegel unterstreicht also, daß die Autorität seines Trägers direkt vom König abgeleitet ist. 2.) Der Legende fehlt das typische *l* possessivum. Damit wird das Siegel von

---

[98] Zu Literaturnachweisen und zur inhaltlichen Deutung s. o. S. 149–151

[99] Avigad (1976); (1986a) 30-33; Smelik (1987) 128.—Biblisch ist das Amt für Samaria (1Kön 22,26; 2Kön 10,5) und Jerusalem (2Kön 23,8) belegt. Ob dagegen die auf in Kuntilet Ajrud gefundenen Tongefäßen aus dem 8. Jahrhundert eingeritzte Buchstabenfolge *lśrᶜr* als *l ᶜśar ᶜîr* oder als Personenname zu lesen ist, bleibt unsicher; vgl. Hestrin/Dayagi-Mendels (1979) 14; Smelik (1987) 144.—Zum Amt des *śar hāᶜîr* vgl. Rüterswörden (1985) 35-40

[100] So die Deutung von Avigad (1976)

dem eines Amtsträgers zu dem des Amtes selbst. 3.) Neben dem
Titel steht kein Eigenname, das Siegel konnte also von verschiedenen Personen geführt werden. All dies deutet in die gleiche
Richtung wie die Anrede des Betreffenden als *'dnj h*ś*r* im Ostrakon
von Mesad Hashavjahu und gibt rechten Sinn nur, wenn das Siegel
des *śr h*ᶜ*r* bei Bescheiden verwendet wird, wie ihn auch der Arbeiter
von Mesad Hashavjahu zu erwarten hat. In beiden Fällen kommt
es auf die Person des Amtsträgers gar nicht mehr an.

Schließlich belegt das Ostrakon von Mesad Hashavjahu auch,
was aus dem Gebrauch von Titeln und Namen in Arad und Lachis
und auf den Siegeln schon zu vermuten war: Auf der unteren Verwaltungsebene gibt es keine Funktionsdifferenzierung. Denn der *śar*
des Ostrakons ist doch wohl in einer Person militärischer Kommandant der Festung, letzter Verantwortlicher für die Durchführung
von Fronarbeiten, und er wird von dem Bittsteller zugleich als
Richter in Anspruch genommen. Und daß es in einer Festung von
1½ acres = 6000 m²[101] die Ämter eines ''Kleiderverwalters'' oder
''Gefängnispförtners'' gegeben hätte, kann man getrost ausschlie-
ßen. Der *śar* der Festung wird Untergebene gehabt haben, die ihn
in der Ausführung seiner Aufgaben unterstützt haben, wie den
Hoschijahu des Ostrakons. Eine ausdifferenzierte Verwaltungs-
struktur ist das aber nicht.

2.2.3.5 Staatsapparat und Volk

Nach der prophetischen Sozialkritik treten die Beamten zusammen
mit den reichen Grundbesitzern als wirtschaftliche Subjekte auf
(Jes 3,12-15; Jer 5,26-28; 34,8-22). Insofern haben sie als Teil
der Oberschicht Anteil am Spaltungsprozeß der judäischen Gesellschaft. Aber für die prophetische Sozialkritik wichtiger ist ihre
eigentliche Rolle als Teil der Staatsmacht. Sie bestünde nach Auffassung der Propheten darin, das Recht als iustitia adiutrix miseri
aufzurichten. Tatsächlich aber verbünden sich die Beamten über
das Mittel der Bestechlichkeit mit den gesellschaftlich Starken gegen
die Schwachen (Jes 1,23; Mi 3,11; 7,3; Zeph 3,3; wohl auch Hab
2,9-11 und Ez 22,27).

Allerdings sind es nicht nur die Beamten allein, die der Bestech-

---

[101] Naveh (1960) 129

lichkeit beschuldigt werden, sondern auch die freien Männer der Rechtsgemeinde (Jes 5,23; Hab 1,2-4; Ez 22,12; vgl. auch die positive Forderung in Ez 18,8). Und immer wieder werden sowohl politisch als auch wirtschaftlich Mächtige in einem Atemzug als für das Recht verantwortlich angesprochen (Jes 1,10-17; Jer 5,1-6. 26-28). Faktisch zeigt sich, daß auf dem für die staatliche und gesellschaftliche Ordnung—dem *mišpāṭ* der Propheten—zentralen Sektor des Rechts keine bürokratische Abgrenzung stattfindet, sondern daß für das Recht alle die Verantwortung tragen, die Macht haben, sei sie nun wirtschaftlich oder politisch begründet[102].

Dieses von der prophetischen Kritik gebotene Bild fehlender bürokratischer Abgrenzung zwischen denjenigen, die aufgrund wirtschaftlicher Stärke, und denen, die aufgrund staatlicher Autorität Macht haben, wird nun bis zu einem gewissen Grad durch die Verhältnisse erklärt, die sich aus dem übrigen biblischen und dem epigraphischen Material für die Beamtenhierarchie des judäischen Staates erkennen lassen.

1.) Wir hatten gesehen, daß sich zwar auf der Ebene der höchsten Staatsämter und für Verwaltungsfunktionen in der Hauptstadt eine Ämterdifferenzierung findet, daß eine solche auf der unteren lokalen Ebene aber fehlt[103]. Die fehlende Durchbürokratisierung des Beamtenapparates auf der unteren Ebene ist aber die Voraussetzung für die fehlende bürokratische Abgrenzung zwischen Beamtenautorität und wirtschaftlich begründeter gesellschaftlicher Autorität. Auf der Ebene, wo es um das ''Recht der Armen'' (Jer 5,28) geht, hängt es offenbar von den konkreten Umständen ab, bei wem einer sein Recht sucht. In der kleinen Festung von Mesad Hashavjahu ist dies der *sar*, und auch in Jerusalem werden immer wieder *sārîm* als verantwortlich für das Recht angeführt (Jes 1,23; Mi 3,11; Zeph 3,3). Über die judäischen Landstädte fehlen uns zwar Nachrichten, aber die prophetische Kritik auch an den freien Männern der Rechtsgemeinde läßt keinen anderen Schluß zu, als daß auch diese in konkreten Fällen um Recht angegangen werden können. Und das deuteronomische Gesetz, in dem die ''Ältesten der Stadt'' die zentrale Rechtsinstanz sind (19,1-13; 21,1-9.18-21; 22,13-21; 25,5-10), sich neben diesen aber auch ''Richter'' finden

---

[102] Vgl. dazu o. S. 126–128
[103] Siehe o. S. 178–186

(16,18; 19,17f; 21,2; 25,1-3)[104], ist nur unter der Voraussetzung möglich, daß in den Landstädten die Rechtspflege durch die Ältesten und durch staatliche Richter ineinandergeht[105].

2.) Zur fehlenden Differenzierung der Beamtenschaft auf der unteren Ebene kommt die Art hinzu, wie die Beamten in den Korrespondenzen von Arad und Lachis miteinander verkehren und über Dritte schreiben. Jeglicher Titel—auf dieser Ebene der Hierarchie—fehlt, jeder kennt offenbar jeden mit Namen, alles ist durch sehr persönliche Verhältnisse geprägt[106]. Fehlende Differenzierung und persönlich geprägte Verhältnisse sind aber auch die Voraussetzung für das von den Propheten immer wieder aufgegriffene Problem der Beamtenbestechlichkeit. Denn je undifferenzierter die Verwaltung ist und je persönlicher die Verhältnisse sind, desto leichter fällt es, die *śārîm* als "Genossen von Dieben" (Jes 1,23) zu gewinnen. Und umgekehrt ist für den, der die geforderten (Jes 1,23; Mi 7,3) Geschenke nicht aufbringen kann, die Abhängigkeit von

---

[104] Dem Versuch, Älteste und Richter kurzerhand zu identifizieren und damit die Spannung zwischen beiden Rechtsinstitutionen zu lösen (so Rüterswörden, 1987, 12f), stehen schwere Bedenken entgegen. 1.) Die Zusammenstellung der Richter mit den "Amtleuten" in 16,18 wäre dann kaum verständlich. 2.) Das Nebeneinander von Richtern und Ältesten in 21,2 wäre völlig unverständlich. 3.) Nimmt man das Richtergesetz 16,18-20 als ganzes, dann sieht man, daß es zwei Elemente enthält. a) Die Aufforderung zur Einsetzung von Richtern und Amtleuten in V.18. b) Die Mahnung zur Unbestechlichkeit der Richter in V.19f, die fast wörtlich gleich ist mit Ex 23,6.8, wo sie im Zusammenhang der Laiengerichtsbarkeit steht. Beide Elemente sind in Dt 16,18-20 gewaltsam miteinander verbunden, wie der Wechsel des "du" zeigt: In V.18 ist damit Israel gemeint, in V.19f der einzelne Richter. Dies schon läßt vermuten, daß die "Richter und Amtleute" gerade nicht aus der Tradition der Laiengerichtsbarkeit stammen, sondern daß deren Bestimmungen nachträglich auf sie angewendet werden sollen. Bestätigt wird dies durch die Abweichung im Wortlaut zwischen Dt 16,19 und Ex 23,6. Im Bundesbuch heißt es: "Du sollst das Recht deines Armen in seiner Rechtssache nicht beugen". Das Deuteronomium aber reduziert: "Du sollst das Recht nicht beugen." In der Laiengerichtsbarkeit des Bundesbuches geht es um den Gegensatz von reichem Grundbesitzer und armem Dorfbewohner. Genau dieser Gegensatz fehlt im Deuteronomium: Seine Richter sollen eo ipso über dem Gegensatz arm-reich stehen. Das aber ist eine Auffassung, die am ehesten auf beamtete Richter zutrifft.

[105] Vgl. dazu Weinfeld (1977), bes. 81f, mit weiteren Belegen für das Phänomen in außerisraelitischen Kulturen.—Die säuberliche Trennung von Buchholz (1988) 99 in die *śārîm* als "Vertreter der beamteten Verwaltung" ohne "jurisdiktionelle Funktion" einerseits und die Ältesten als "Vertreter ... der Gerichtsbarkeit" andrerseits—"die einander in komplizenhafter Verstrickung zuarbeiten" (vgl. auch aaO S. 104)—setzt eine institutionalisierte und bürokratisch fixierte Gewaltenteilung voraus, die in vorbürgerlichen Gesellschaften nicht gegeben ist.

[106] Siehe o. S. 178-186

einer einzigen Person dann besonders groß, wenn alle Funktionen in deren Hand vereinigt sind, wie im Beispiel des *śar* von Mesad Hashavjahu.

3.) Nimmt man schließlich den Gebrauch der Siegel hinzu, dann bestätigt sich, wie fließend die Grenze zwischen "privater" und "offizieller" Funktion eines Siegelträgers ist. Nur von höchsten Amtsträgern, von Personen, die ihre Autorität von einem Höhergestellten direkt ableiten, und von Beamten, die in der Hauptstadt differenzierte Verwaltungsämter einnehmen, sind Siegel mit einem Zusatz zum Namen bekannt. Die große Masse der Siegelträger siegelt nur mit Namen, und zwar auch dann, wenn es sich um Beamte handelt und diese, wie Eljaschib in Arad, eindeutig in offizieller Funktion siegeln[107]. Die Autorität eines siegelnden Beamten liegt in seiner Person—im Namen ausgedrückt—, und mit dem gleichen Siegel und der gleichen Autorität seiner Person kann er auch privat agieren.

4.) Fehlende bürokratische Abgrenzung zwischen beamteten Richtern und einflußreichen Mitgliedern der Rechtsgemeinde, persönlich geprägte und wenig differenzierte Verhältnisse auf der unteren und lokalen Ebene der Beamtenhierarchie und fließende Übergänge zwischen privaten und öffentlichen Funktionen von Personen, die sich durch das Tragen von Siegeln aus der Masse herausheben, sind ein Nährboden für die von den Propheten kritisierte Allianz politisch und wirtschaftlich Mächtiger gegen "mein Volk", die "Elenden" (Jes 3,12-15). Sind also einerseits die Übergänge zwischen Vertretern der Staatsmacht und gesellschaftlich Einflußreichen offen, so tritt andrerseits der Staat den einfachen Leuten mit aller Autorität entgegen. Dies spiegelt zum einen das Schreiben des Erntearbeiters von Mesad Hashavjahu wider, der seinen Adressaten nicht, wie in der übrigen Korrespondenz, mit Namen anredet, sondern als *ʾdnj hśr*. Zum andern zeigt es sich im Siegel des *śr hʿr*, ohne Name und mit einer Darstellung vom König verliehener Autorität versehen. Wo die Staatsmacht dem einfachen Volk gegenüber auftritt, spielen Namen keine Rolle mehr und finden die persönlich geprägten Verhältnisse ihre Grenze.

Wir können jetzt das Phänomen einer dem Volk gegenüberstehenden Oberschicht näher in den Blick nehmen.

---

[107] Siehe o. S. 183

2.3 "HAUS DAVIDS", BEAMTE UND LANDADEL

Der Übergang vom frühen zum reifen Staat vollzieht sich in Israel nicht so, daß sich gleichsam unterhalb des Staates die Gesellschaft spaltete, der Staat selbst davon aber mehr oder weniger unberührt bliebe. Vielmehr zeigt die prophetische Sozialkritik, daß der Staat nicht nur objektiv in bloßer Verfolgung seiner Tätigkeiten auf die gesellschaftliche Entwicklung einwirkt—dies wäre ohnehin vorauszusetzen. Sondern der Staat, konkret König und Beamte, erscheint in der Kritik der Propheten zwar als Größe sui generis, die für sich kritisiert werden kann. Aber er erscheint zugleich eng verbunden mit der sich herausbildenden Schicht der wirtschaftlich Mächtigen. Träger der Staatsmacht und wirtschaftlich Mächtige bilden gemeinsam eine Oberschicht, die "dem Volk" gegenübersteht. Wie kommt es zur Bildung einer solchen Oberschicht? ·

2.3.1 1Sam 8,11-17

Noch einmal müssen wir auf die antikönigliche Polemik von 1Sam 8,11-17 zurückgreifen, diesen Text, der so ganz von dem Widerspruch zwischen König und Volk beherrscht ist[1]. Wir hatten schon gesehen, daß in ihm die Existenz von $^c\!abādîm$ und $sārîsîm$ des Königs wie selbstverständlich vorausgesetzt wird (V.14f), daß er aber zugleich davon spricht, daß die Söhne der Freien vom König "genommen" und zu $śārîm$ gemacht werden (V.11f)[2]. Damit geraten neben dem König und seinem Hofstaat weitere Träger staatlicher Macht—hier zunächst auf den (zentralen) Bereich des Militärs bezogen—in den Blick[3]. Zwar sind auch sie vom König abhängig, indem dieser sie einsetzt. Aber unbeschadet dieser Abhängigkeit bleiben sie—nichts im Text spricht zumindest dagegen—weiter mit ihren Familien verbunden. Besonders wenn wir unter den $sārîsîm$ Eunuchen verstehen dürfen und sich unter ihnen auch Ausländer befinden[4], wird der Kontrast deutlich. Ein Teil des Staatsapparates

---

[1] Siehe dazu o. S. 155
[2] Siehe dazu o. S. 168
[3] Siehe zum Offizierskorps auch o. S. 139f
[4] Siehe dazu o. S. 166

steht in völliger persönlicher Abhängigkeit vom König, ohne Familienbindung an die Landbevölkerung, ein Teil ist aus ihr genommen und bleibt mit ihr verbunden.

Was sich aus 1Sam 8,11-17 erschließen läßt, wird durch den nun zu behandelnden Text von Jes 22,15-25 positiv bestätigt.

2.3.2 Jes 22,15-25

In Jes 22,15-25 sind drei Worte zusammengestellt. V.15-18 enthält ein Wort gegen Schebna, der als *soken* bezeichnet wird; dieses Amt wird—möglicherweise sekundär—mit dem des ᵓᵃšær ᶜal-habbajit identifiziert[5]. In V.20-23 liegt das Berufungsorakel für Eljakim vor, zu dem der sekundäre Vers 19 überleitet[6], und V.24f fügen daran noch eine Unheilsankündigung für eben diesen Eljakim an.

Im ersten Wort gegen Schebna (V.15-18) wird dieser als Emporkömmling gekennzeichnet, dem es nicht zusteht, sich ein Luxusgrab auszuhauen (V.16) und "Ehrenwagen" (V.18) zu besitzen. Dies bestätigt die Kritik anderer Propheten am Luxusstreben des Hofes (Zeph 1,8f; Jer 22,13-19; Ez 22,25). Wichtiger aber ist, wie Schebna in knappen Strichen gezeichnet wird. Er wird ohne Vaternamen eingeführt. Als erstes wird er dann gefragt: "Was hast du hier und wen hast du hier?" (V.16). Er ist also ein Mann ohne Familie und ohne Grundbesitz. Offenkundig müßte er sich als ein solcher homo novus im Beamtenapparat besonderer Zurückhaltung befleißigen.

Der Kontrast zu dem im folgenden—mit Vaternamen—genannten Eljakim (V.20-23) könnte nicht größer sein:

(20) Und es wird geschehen an jenem Tag,
da berufe ich meinen Knecht, Eljakim ben Hilkia.
(21) Und ich bekleide ihn mit deinem Rock,
deine Schärpe binde ich ihm um,
und deine Herrschaft gebe ich in seine Hand.
Und er wird zum Vater für den Bewohner Jerusalems
und für das Haus Juda.
(22) Und ich lege den Schlüssel des Hauses David auf seine Schulter.

---

[5] Vgl. dazu o. S. 178
[6] Inhaltlich hängt die Drohung der Amtsenthebung in V.19 der Drohung der Exilierung in V.17f unpassend nach, sprachlich fällt der Wechsel von der 3. pers. in V.17f zur 1. pers. in V.19 (jeweils für JHWH) auf; zum sekundären Charakter des Verses vgl. Duhm (1968) 164; Vermeylen (1977) 341; Wildberger (1978) 834.—Anders Martin-Achard (1968) 243f

Und er wird öffnen, und keiner schließt,
er wird schließen, und keiner öffnet.
(23) Und ich schlage ihn als Pflock an einen festen Ort,
und er wird ein Ehrenthron sein für das Haus seines Vaters.

Nach dem jetzigen Kontext wird der in V.20 genannte Eljakim ben
Hilkia zum Nachfolger Schebnas in das Amt des ˀašær ˁal-habbajit
berufen. Einiges spricht dafür, daß es sich bei Eljakim nicht um
einen "gewöhnlichen" Palastvorsteher, der er als der Nachfolger
Schebnas zur Zeit Hiskias wäre, sondern um den Regenten zur Zeit
der Unmündigkeit Josias handelt[7]. Denn auch der Regent für
einen regierungsunfähigen König trägt diesen Titel, wie 2Kön 15,5
für Jotham belegt[8].

Wie immer der Eljakim von Jes 22,20-23 zu identifizieren ist, ist
die Stelle v.a. aufschlußreich für unsere Frage nach dem Charakter
der judäischen Oberschicht. Eljakim ist—anders als Schebna—kein
homo novus. Er kommt offenbar aus einer vornehmen judäischen
Familie. Indem er in ein hohes Staatsamt gelangt, wird er "ein
Ehrenthron für das Haus seines Vaters". Wie schon bei Schebna in
22,18 wird der kābôd in besonderer Weise mit einem hohen Beamten
verbunden. Und dieser kābôd kommt nicht nur ihm selbst zu, sondern davon ist auch seine Familie mitbetroffen. Was das heißt, illu-
striert schön die Josefsgeschichte, und zwar nicht nur in der Inve-
stitur selbst (auch Josef trägt den Vatertitel, Gen 45,8), sondern
auch in der Auswirkung auf die Familie. Indem einer der Ihren
hoher Beamter wird, kann er seinen kābôd (Gen 45,13) für die
Familie einsetzen. Dies gilt keineswegs als illegitim, weder in der
Josefsgeschichte noch in Jes 22,23. Es zeigt, wie in Juda die
königliche Macht, aufgrund deren hohe Beamtenpositionen vergeben werden, aufs engste mit denjenigen Familien des Landes
verbunden ist, aus deren Reihen sich solche Beamten rekrutieren.

---

[7] Der ansprechende Vorschlag stammt von Hardmeier (1990) 440-442. Vermeylen (1977) 341 denkt an Josia selbst. Aber wie sollte dann eine gegenüber
diesem König so blasse Gestalt wie Eljakim in den Text geraten sein?
[8] Gegen diese Deutung, die natürlich aufgrund des spärlichen Materials weitgehend Spekulation bleiben muß, spräche jedenfalls kaum die Erzählung von 2Kön
18f = Jes 36f mit der Erwähnung von Eljakim als Palastvorsteher (2Kön 18,18.37;
19,2 = Jes 36,3.22; 37,2) und Schebna als Schreiber (2Kön 18,18.37; 19,2 = Jes
36,3.22; 37,2). Denn sie ist höchstwahrscheinlich eine Fiktion, die mit historischem
Material arbeitet, u.a. auch den Personen von Jes 22,15-25, wie Hardmeier (1990)
ausführlich begründet. Sie würde dabei das das jesajanische Exilierungsorakel für
Schebna abschwächende "Degradierungsorakel" (V.19) dahingehend ausnutzen,
daß sie Schebna als Schreiber auftreten läßt.

In einem Nachtrag zu 22,20-23[9] wird freilich zugleich eine Grenze dieser engen Verbindung von Beamtenmacht und familiären Interessen gezogen. Wird diese überschritten, dann wird aus der Würde (*kābôd*) für die Familie eine Bürde (*kābôd*) durch die Familie:

> (24) Da wird sich an ihn hängen die ganze Bürde seines Vaterhauses, die Sprößlinge und die Blätter, alles Kleingeschirr, vom Beckengeschirr bis zu allem Kruggeschirr. (25) An jenem Tag—Ausspruch JHWHs der Heerscharen—wird der Pflock, der eingeschlagen ist am festen Ort, nachgeben, abbrechen und fallen, und es zerbricht die Last, die an ihm hängt, denn JHWH hat es gesagt.

Ob es sich im Falle Eljakims nun tatsächlich so zugetragen hat, wie hier geschildert wird, oder ob nur eine böse Polemik gegen ihn und seine Familie vorliegt—die Bilder sind eindeutig und machen nur einen Sinn, wenn solcher "népotisme"[10] tatsächlich vorkam.

2.3.3 Beamtenfamilien

Ab der Josiazeit ist uns dank des relativ reichhaltigen Quellenmaterials im Deuteronomistischen Geschichtswerk und den Jeremiaerzählungen die Existenz von Beamtenfamilien bekannt, deren Mitglieder teilweise über mehrere Generationen wichtige Staatsämter bekleiden. Die bedeutendste ist die Schafans. Die erste Generation bildet eben dieser Schafan, der unter Josia das Amt des *soper* innehat (2Kön 22,3.8-10.12.14). Aus der zweiten Generation sind vier Söhne bekannt, Ahikam (2Kön 22,12.14; Jer 26,24), Gemarja (Jer 36,10.12.25), von dem auch das Siegel gefunden wurde[11], Eleasa (Jer 29,3) und Jaasanja (Ez 8,11). Zur dritten Generation gehören schließlich Gedalja, der Sohn Ahikams (2Kön 25,22-25; Jer 39,14; 40,5-9.11-16; 41,1-4.6.10.16.18; 43,6), und Micha, der Sohn Gemarjas (Jer 36,11.13). Andere Beamtenfamilien sind weniger verzweigt, zumindest nach dem, was uns überliefert ist. Zu nennen sind Hilkia (2Kön 22,4.8.10.12.14; 23,4.24) und sein Sohn Gemarja (Jer 29,3), Achbor (2Kön 22, 12.14) und sein Sohn Elnathan (Jer 26,22; 36,12.25)—möglicherweise ist der im Lachis-Ostrakon Nr. 3 (Z.14f) erwähnte *śr ḥṣb*ʾ

---

[9] Vgl. Duhm (1968) 165; Martin-Achard (1968) 242f; Wildberger (1978) 843f
[10] Martin-Achard (1968) 243
[11] Siehe o. S. 183

Konjahu ben Elnathan wiederum dessen Sohn[12]—sowie Schelemja
(Jer 36,26), dessen Sohn Juchal (Jer 37,3; 38,1) und sein Enkel
Jehudi (Jer 36,14). Hinzu kommen schließlich noch die Brüder
Baruch ben Neria ben Mahseja (Jer 32,12f.16; 36,4f.8.10.13-19.
26f.32; 43,3.6; 45,1f) und Seraja ben Neria ben Mahseja (Jer
51,59.61), deren beider Siegelabdrücke erhalten sind[13]. Auch wenn
im einzelnen die Identifizierung nicht immer sicher ist[14], ergeben
sich daraus doch gewichtige Konsequenzen.

1.) Die Existenz solcher Beamtenfamilien zeigt, daß die Macht
des Königs nicht autokratisch ausgeübt wird. Indem über Generationen hinweg bestimmte Familien hohe Staatsämter bekleiden,
besteht ein Gegengewicht mit hoher eigenständiger Bedeutung.
Man kann hier durchaus von einer Aristokratie sprechen. Ihr
Eigengewicht zeigt sich daran, daß offenbar mit einem Thronwech-
sel keineswegs automatisch auch die höchsten Beamten ausgewech-
selt werden. So haben noch im fünften Jahr Jojakims (Jer 36,9)
wichtige Mitglieder der Schafan-Familie hohe Staatsämter inne,
und in einem konkreten Konflikt stehen sie in Opposition zum
König (Jer 26,24; 36).

2.) Wenn der in Ez 8,11 erwähnte Jaasanja ben Schafan tatsächlich ein Sohn des *soper* Schafan von 2Kön 22 ist, würde die Verbindung solcher Familien zur Landbevölkerung noch unterstrichen.
Denn Jaasanja erscheint in Ez 8,11 unter einer Gruppe von "70
Mann von den Ältesten des Hauses Israel", wird also nicht als *śar*,
sondern als *zāqen* eingeführt. Zumindest auf der jetzigen Textebene
legt auch Jer 26 eine enge Verbindung von *śārîm* und Ältesten nahe.
Denn nach den *śārîm* (V.10-16) erwähnt der Text noch "Männer
aus den Ältesten des Landes" (V.17-19)[15], die wie die Beamten
zugunsten Michas intervenieren.

3.) Andrerseits ist die Macht dieser Beamtenfamilien auch wieder
nicht unbegrenzt. Denn keinen der Beamten, die in Jer 36 in Opposition zu Jojakim stehen, finden wir in der letzten Regierungszeit
Zedekias noch im Amt, wie die Namensliste von Jer 38,1 zeigt.
Wenn der hier erwähnte Juchal ben Schelemja tatsächlich ein Sohn

---

[12] Anders KAI z.St.: "Die Namensgleichheit ... dürfte rein zufällig sein."
[13] Siehe o. S. 177f und 183
[14] Zusammenstellung und Diskussion des Materials jetzt bei Dearman (1990)
409-414, bes. auch Anm. 30.
[15] Schreiner (1984) 157 sieht in ihnen "Sippenhäupter".

des Schelemja von Jer 36,26 ist, der dort auf der Seite der Vertrauten des Königs gegen die damaligen *śārîm* steht, dann hätten wir einen Beleg dafür, daß nicht nur ein Personenwechsel aus Generationsgründen, sondern ein Wechsel in der politischen Richtung stattgefunden hat, der personell abgesichert wurde. Das gegen Jeremia so unterschiedliche Verhalten der Beamten in Jer 36 und Jer 37f weist jedenfalls ganz in diese Richtung. Das bedeutet aber, daß der König durch die Auswahl seiner hohen Beamten die eigenständige Macht der Aristokratenfamilien seinerseits einschränken kann.

2.3.4 Beamte als Grundbesitzer

Wenn es eine enge Verbindung hoher Beamter mit den vornehmen Familien des Landes gibt und sich teilweise eine regelrechte Beamtenaristokratie ausbildet, erhebt sich die Frage nach der "Besoldung" dieser Beamten. Im Gefolge von Noth ist die Auffassung verbreitet, der König habe den Beamten "als Entgelt für ihre Dienste zu ihrem Unterhalt Land zu Lehen" gegeben[16]. Dazu wird auf Sauls Frage an die Benjaminiten, ob auch David ihnen "Felder und Weinberge geben" werde (1Sam 22,7), auf das "Königsrecht", wonach der König seinen *ᶜabādîm* die "besten Felder, Weinberge und Ölbäume geben" werde (1Sam 8,14), sowie auf Davids Umgang mit dem Besitz Sauls verwiesen (2Sam 9,7-13; 16,4; 19,30). Gerade das Hin und Her im letztgenannten Fall—in 2Sam 9,7-13 setzt David Ziba, den *naᶜar* Sauls, zum Verwalter des Besitzes Meribaals ein, in 16,4 übergibt er Ziba alles, in 19,30 wird schließlich zwischen Ziba und Meribaal geteilt—zeigt, daß David sich die Verfügung über Sauls Besitz vorbehält. Aber für die Frage nach der Belehnung von Beamten können die Stellen dennoch nicht herangezogen werden. Denn weder ist der Besitz, um den es geht, Beamtenbesitz, noch ist der damit bedachte Ziba ein Beamter Davids, sondern ein *naᶜar* Sauls (2Sam 9,9).

Sieht man von diesem besonderen Fall ab, dann sagen 1Sam 8,14 und 22,7 nicht mehr, als daß der König bestimmten Leuten Land gibt. Beidemale wird *ntn* gebraucht, das zu allgemein ist, um positiv die besondere Form des Lehens anzuzeigen. Die Einzelfälle, die

---

[16] Noth (1970) 161

Landbesitz von Beamten erwähnen, lassen ebenfalls nicht erkennen, daß dieser die Form des Lehens habe. Joab spricht von dem "Acker, der mir gehört" (2Sam 14,31). Salomo verbannt den Priester Abjathar mit den Worten: "Geh auf dein Feld!" (1Kön 2,26), und auch das Feld des Priesters Amazja wird als "dein Acker" bezeichnet (Am 7,17). Selbst wenn ein Teil solchen Beamtenbesitzes ursprünglich vom König stammt (1Sam 8,14; 22,7), werden irgendwelche Eigentumsvorbehalte des Königs als "Lehnsherr" nirgendwo erkenntlich[17].

Positiv wird die Sicht, daß die Beamten durchaus eigenen Landbesitz haben, schließlich sowohl durch 1Sam 8,11-17 als auch durch Jes 22,15-25 bestätigt. Denn die Familien, deren Söhne der König zu *śārîm* macht (1Sam 8,11f), mögen einen Teil ihres Landes nach der Polemik des Textes wohl an den König verlieren (V.14). Sie werden damit aber nicht landlos, sondern sind weiterhin in der Lage, den Zehnten abzuführen (V.15). Und ihr Land haben sie auch gar nicht aus der Hand des Königs, wie dessen *ᶜabādîm*. Weiter wird in Jes 22,15-25 dem grundbesitzlosen Schebna (V.16) ausdrücklich der mit seiner doch wohl besitzenden Familie verbundene Eljakim kontrastiert. Und auch die Tatsache, daß die Angehörigen der Schafanfamilie während der Zeit Jojakims aus den Staatsämtern verschwinden, Gedalja nach dem Zusammenbruch des Reiches aber sofort wieder in führender Position steht, weist darauf hin, daß sich Beamte nach dem Verlust ihres Amtes wohl auf ihren Besitz zurückziehen können, wie dies im Fall Abjathars ja auch belegt ist (1Kön 2,26f). Schließlich wird auch die prophetische Anklage gegen Beamte wegen deren wirtschaftlicher Tätigkeit (Jes 3,12-15; Jer 5,26-28; 34,8-22) nur verständlich, wenn die *śārîm* eigenständige Wirtschaften unterhalten. Das aber setzt Grundbesitz voraus[18].

---

[17] Alt (1968a) 359 muß denn im Fall Abjathars auch zur Sprache der Suggestion greifen: "Ebjathar wird demnach in seiner Eigenschaft als königlicher Beamter mit einem oder mehreren Grundstücken aus dem Krongut in dem nahen Anathoth schon von David beliehen worden sein, und es ist ein Gnadenakt Salomos, wenn er ihm dieses Amtslehen, nunmehr zugleich als einziges Domizil, weiter beläßt, während er ihn seines Priesteramtes in Jerusalem für alle Zukunft entkleidet." Nach 1Kön 2,26 besteht der "Gnadenakt Salomos" vielmehr darin, daß er Abjathar nur auf der Stelle umbringen läßt.

[18] Der Einwand von Rüterswörden (1985) 125, Grundbesitz könne nicht die Grundlage von Beamtenexistenzen sein, weil ihn der Beamte während seines Dienstes ja nicht bewirtschaften kann, sticht aus zwei Gründen nicht. 1.) Wenn es sich um Familienbesitz handelt, kann ihn ein anderes Mitglied der Familie mit

Insgesamt belegt dieses Material zweierlei, das für den Charakter des judäischen Staates von größter Wichtigkeit ist. 1.) Als Grundbesitzer haben die Beamten eine eigenständige ökonomische Existenz. Ihre relative Selbständigkeit gegenüber dem König[19] ist also durchaus materiell begründet. 2.) Zugleich sind die Beamten als Grundbesitzer mit den Reichen, die nicht in Staatsämtern stehen, verbunden. Auch das Phänomen einer aus politisch Mächtigen und wirtschaftlich Starken zusammengesetzten Oberschicht[20] hat also eine materielle Grundlage.

2.3.5 Heiratspolitik des Königshauses

Neben der Benennung hoher Beamter spielt die Heiratspolitik des davidischen Königshauses eine wichtige Rolle bei der Verbindung des Hofes mit den Familien des Landes. Da im Deuteronomistischen Geschichtswerk von fast allen judäischen Königen der Name der Königinmutter überliefert ist, läßt sich ein guter Überblick über die Ehen der meisten Könige gewinnen. Zwar sind die Informationen nicht umfassend, da wir immer nur den Namen derjenigen Königsgattin erfahren, deren Sohn Thronfolger geworden ist, wir aber davon ausgehen müssen, daß die Könige mehrere Frauen hatten. Dennoch geben die Nachrichten eine wichtige Tendenz an.

Von Salomo ist bekannt, daß er neben der Tochter des Pharaos (1Kön 3,1) weitere Ausländerinnen zu Frauen hat (11,1-8). Eine davon, die Ammoniterin Naama, wird Mutter des Nachfolgers Rehabeam (14,21.31). Dieser ist mit Maacha, Tochter Abischaloms, verheiratet (15,2)[21]. Asa ist mit Asuba, Tochter Schilhis, verheiratet (22,42), Joram mit der israelitischen Königstochter Athalja (2Kön 8,26). Dann sind überliefert die Ehen von Ahasja mit der aus Beerseba stammenden Zibja (12,2), von Joas mit der Jerusalemerin

---

bewirtschaften. 2.) Die *na^ar*-Siegel (siehe dazu o. S. 182) weisen darauf hin, daß ein in Jerusalem Dienst tuender Beamter wie andere in der Stadt residierende Grundbesitzer (vgl. dazu Mi 6,9-15; Zeph 1,12f; Jer 6,12) seinen Besitz von einem Verwalter bewirtschaften lassen kann.

[19] Siehe dazu o. S. 171f

[20] Siehe dazu o. S. 117–126

[21] Daß sie nicht auch noch die Gattin ihres eigenen Sohnes Abia wird, wie man aus 1Kön 15,10 entnehmen könnte, sondern daß an dieser Stelle auf das Amt der Gebira angespielt ist, macht Noth (1968) 335f wahrscheinlich.

Joaddin (14,2) und von Asarja mit der ebenfalls aus Jerusalem kommenden Jecholja (15,2). Damit kommen wir in den Zeitraum, der hier als vorexilisch bezeichnet wird. Asarja (Usia) ist mit Jeruscha, Tochter Zadoks, vermählt (15,33), Ahas mit Abi, Tochter Sacharjas (18,2) und Hiskia mit einer nicht näher bezeichneten Hephziba (21,1). Manasses Frau Meschullemeth, Tochter des Haruz, stammt aus Jotba (21,19), die Frau seines Sohnes Amon, Jedida, Tochter Adajas, aus Bozkath (22,1). Von Josia sind, da drei seiner Söhne auf den Thron gelangen, zwei Ehefrauen bekannt, nämlich Hamutal, Tochter Jeremias, aus Libna (23,31; 24,18 = Jer 52,1), und Sebudda, Tochter Pedajas, aus Ruma (23,36). Jojakim schließlich ist mit Nehuschtha, Tochter Elnathans, aus Jerusalem verheiratet (24,8).

Diese zunächst trocken wirkenden Angaben geben doch mehrere wichtige Aufschlüsse. So sind aus diplomatischen Gründen geschlossene Ehen mit ausländischen Prinzessinnen nur von Salomo und Joram belegt. Alle anderen künftigen Mütter von Thronfolgern stammen dagegen aus judäischen Familien, sei es, daß diese nur mit dem Vaternamen, sei es, daß sie mit dem Herkunftsort der Familie näher bezeichnet werden. Dies weist auf eine bewußte Heiratspolitik des davidischen Hauses hin, deren Ziel es ist, durch die Vermählung königlicher Prinzen mit den Töchtern vornehmer Familien eine enge Verbindung zwischen dem Königshaus und diesen Familien herzustellen.

Dafür sind besonders die Angaben über die Herkunftsorte der Königinnen bedeutsam. Dreimal wird Jerusalem genannt (2Kön 14,2; 15,2; 24,8), je einmal Beerseba (12,2), Jotba (21,19), Bozkath (22,1), Libna (23,31; 24,18) und Ruma (23,36). Dies belegt erneut, daß die vornehmen judäischen Familien keineswegs eo ipso in Jerusalem ansässig sind, sondern verstreut über das ganze Land leben[22]. Und in fünf nachweislichen Fällen sind es Töchter dieser nicht in der Hauptstadt residierenden Familien, mit denen die Königssöhne vermählt werden.

Neben Verbindungen des Königshauses mit landsässigen Familien finden sich Fälle ehelicher Verbindungen auch mit Beamtenfamilien. So sind zwei namentlich genannte "Statthalter" (niṣṣābîm) mit Töchtern Salomos verheiratet (1Kön 4,11.15). Und in einem Fall ist auch die Heirat mit einer Tochter aus einer Beamtenfamilie

---

[22] Vgl. dazu oben S. 124

wahrscheinlich. Denn eine Frau Jojakims ist eine Tochter Elnathans aus Jerusalem, den wir zur Zeit Jojakims als hohen Beamten finden (Jer 26,22; 36,12.25), dessen Vater Achbor ein Vertrauter Josias war (2Kön 2,12.14) und dessen Sohn Konjahu möglicherweise zur Zeit Zedekias das Amt des *śr ḥṣb*' bekleidet (Lachis-Ostrakon Nr. 3, Z.14f)[23].

Extrapoliert man die Notizen des Deuteronomistischen Geschichtswerks auf weitere Frauen der Könige und auf die Frauen derjenigen Königssöhne, die später nicht den Thron bestiegen haben, und nimmt man weitere Eheschließungen königlicher Prinzen und Prinzessinnen mit Töchtern und Söhnen der Beamtenfamilien an, dann läßt sich eine bewußte Heiratspolitik des davidischen Hauses erkennen, die auf eine enge Verbindung des Königshauses sowohl mit landsässigen Familien als auch mit der Jerusalemer Beamtenaristokratie abzielt.

2.3.6 Königshaus und ʿam hāʾāræṣ

Was bereits aus den Notizen über die Heiratspolitik der Davididen zu erschließen ist, wird durch eine Reihe von Mitteilungen im Deuteronomistischen Geschichtswerk bestätigt, die eine enge Beziehung zwischen Königshaus und ʿam hāʾāræṣ belegen. Wer ist mit diesem "Volk des Landes" gemeint? Da die deuteronomistischen Verfasser des Werkes an sozialen Fragen so gut wie nicht interessiert sind, beschränken sich die Mitteilungen weitgehend auf die politischen Beziehungen zwischen ʿam hāʾāræṣ und Königshaus. Immerhin ist soviel zu entnehmen, daß der ʿam hāʾāræṣ vom König (bzw. dem Regenten) "regiert" oder im engeren Sinn auch "gerichtet" (*špṭ*) wird (2Kön 15,5), daß er für Abgaben aufkommen muß (2Kön 23,35), daß er Opfer bringt (16,15) und zum Wehrdienst ausgehoben werden kann (25,19 = Jer 52,25). Es handelt sich also um die rechts-, kult- und wehrfähige freie männliche Bevölkerung, deren Status—das ist den Texten zwar nicht direkt zu entnehmen, aber mit Sicherheit vorauszusetzen—auf ihrem Grundbesitz beruht[24].

---

[23] Siehe o. S. 193f

[24] Vgl. Würthwein (1936) 16-18. Aus der reichen Literatur zur Frage des ʿam hāʾāræṣ vgl. außer Würthwein (1936)—mit älterer Literatur—noch Gillischewski (1922); Daiches (1929); McKenzie (1959b); Soggin (1963); Talmon (1967) (der an die jüdische Bevölkerungsgruppe in Jerusalem denkt, die mit David in die Stadt

Nimmt man zu diesen knappen Angaben des Deuteronomistischen Geschichtswerks das Bild hinzu, das die prophetische Sozialkritik insgesamt und besonders Ez 22,29, wo ausdrücklich vom
ʿam hāʾāræṣ die Rede ist, bietet[25], dann muß man die bloß formalen
Aussagen des Deuteronomistischen Geschichtswerks über den ʿam
hāʾāræṣ freilich inhaltlich noch näher präzisieren. Denn—so war
oben zu resümieren—faktisch bezeichnet der Terminus ʿam hāʾāræṣ
in der Spätzeit Judas "nur noch die Reichen des 'Landvolks'". So
wird man—unbeschadet der wörtlichen Eindeutschung mit "Landvolk"—im ʿam hāʾāræṣ durchaus im engeren Sinn den Landadel
sehen dürfen.

Dieser ʿam hāʾāræṣ taucht nun in der gesamten Königszeit immer
wieder im Zusammenhang mit Thronfolgefragen auf, und zwar nie
bei normalen Thronwechseln, dafür aber ohne Ausnahme dann,
wenn es Probleme mit der Thronfolge gibt. Beim Putsch gegen die
Königin Athalja ist das Landvolk zwar nur bei der Zerstörung des
Baalstempels initiativ (2Kön 11,18), aber es ist als anwesend gedacht und unterstützt den Umsturz mit Kräften (V.13f.17-20). Als
vierzig Jahre später der durch den Putsch an die Macht gekommene
Joas selbst durch eine Palastrevolte stirbt (12,21f), muß sein Sohn
Amazja erst die Herrschaft festigen, bevor er die Putschisten hin-
richten lassen kann (14,5). Da die Revolte vom Palast ausgeht, ist
gut möglich, daß sich Amazja zur Festigung seiner Macht ebenfalls
auf das Landvolk stützt[26]. Auch Amazja stirbt durch einen Putsch,
und wieder ist es "das ganze Volk Judas"[27], das seinen Sohn
Asarja (Usia) zum König macht (14,19-21).

Führen diese Notizen bis an den Anfang des 8. Jahrhunderts, so
verdichtet sich das Bild noch einmal in den letzten fünfzig Jahren
Judas. Als 639 der Manassesohn Amon bei einer Verschwörung
umkommt, macht der ʿam hāʾāræṣ den achtjährigen Josia zum
Nachfolger (21,24). Nach Josias Tod 609 ergreift wieder das Landvolk die Initiative und salbt Joahas und macht ihn zum König
(23,30). Dieser Eingriff ist besonders gewichtig, weil dabei mit dem
23jährigen Joahas der ältere Jojakim (vgl. die Altersangaben in

---

kam, bes. S. 76); Ihromi (1974); Mettinger (1976) 124-129; Gunneweg (1983);
Lipiński (1989) 190

[25] Vgl. dazu die Zusammenfassung o. S. 119f

[26] So die Vermutung von Würthwein (1936) 25f und Soggin (1963) 192f

[27] Doch wohl als identisch mit dem ʿam hāʾāræṣ gedacht; vgl. Gray (1970) 614

23,31 und 36) übergangen wird. Als dann durch den Eingriff Pharao Nechos Jojakim doch noch auf den Thron kommt (V.33f), nimmt er am Landvolk Rache, indem er die Bußforderung des Pharaos auf das Landvolk umlegt (V.35)[28].

Danach werden in der Liste von der Wegführung Jojachins in 2Kön 24,15 nach dem König selbst, seiner Mutter, seinen Frauen und seinen *sārîsîm* auch "die Vornehmen des Landes" (*ʾûlê hāʾāræṣ*) genannt. Wegen der Bildung des Ausdrucks analog zu *ʿam hāʾāræṣ* wird man nicht fehlgehen, in ihnen "die führenden Köpfe vom 'Volk des Landes'"[29] zu sehen. Diese "Vornehmen des Landes" tauchen noch einmal an anderer Stelle auf, und zwar in Ez 17,13 im gleichen historischen Zusammenhang mit der ersten Gola. Es heißt da, daß nach der ersten Wegführung der König von Babel einen Vertrag mit Zedekia geschlossen habe, worauf die Notiz folgt: "und die Vornehmen des Landes nahm er". Zwar geht aus Ez 17,13 nicht eindeutig hervor, in welchem Sinn Nebukadnezar diese Vornehmen "nahm", ob als Geiseln[30] oder als Vertragspartner auf Seiten Zedekias[31]. So oder so aber belegen sowohl 2Kön 24,15 als auch Ez 17,13 die enge Verbindung zwischen Königshaus und "Vornehmen des Landes".

Schließlich finden wir noch einmal in den letzten Tagen Zedekias das Landvolk in nächster Nähe zum König. Denn unter den von den Babyloniern nach dem Fall Jerusalems Hingerichteten finden sich auch "sechzig Männer aus dem Landvolk" (25,19-21 = Jer 52,25-27), die dieser besonderen Strafe—die übrigen werden "nur" deportiert (2Kön 25,11 = Jer 52,15)—wohl wegen ihrer besonderen Nähe und Treue zum König zuteil werden[32].

Nehmen wir zu diesen Notizen noch Ez 22,29 und das Bild der prophetischen Sozialkritik hinzu, dann zeigt sich, daß der judäische Landadel als eigenständiger Träger von Macht in der judäischen Gesellschaft anzusehen ist, u.zw. sowohl von wirtschaftlicher als auch von politischer Macht. Und was Jes 22,15-25 am Beispiel einer Beamteninvestitur erkennen läßt und was die Nachrichten über die

---

[28] Vgl. o. S. 135–137
[29] Lang (1981) 56.—Gray (1970) 761: "probably provincial notables, heads of communities or clans"
[30] So Zimmerli (1969) 385
[31] Vgl. Lang (1981) 55f
[32] Talmon (1967) 74: "in weal and woe this body was aligned with the Davidic dynasty"

Herkunft der Königsmütter verstärken, bestätigen die Notizen über
den ʿam hāʾāræṣ: Das davidische Königshaus und die Familien des
Landes sind durch Ernennung von Beamten, Verwandtschafts-
bande und gemeinsame politische Interessen eng verbunden. Und
wenn die Deutung zutrifft, daß die Fron größeres Gewicht als die
Forderung von Abgaben hat und dadurch die reichen Grundbesitzer gegenüber den alleinwirtschaftenden Bauern bevorzugt
werden[33], dann hat diese Verbindung auch eine durchaus materielle Grundlage. Der Frage, was dies für den judäischen Staat und
die judäische Gesellschaft bedeutet, ist nun zusammenfassend nachzugehen.

2.3.7 Juda als "partizipatorische Monarchie"

Versucht man, ausgehend von der prophetischen Sozialkritik und
den übrigen biblischen und epigraphischen Nachrichten, den
Charakter des judäischen Staates zu beschreiben, so ist es sinnvoll,
ihn zunächst negativ abzugrenzen.

1.) Der judäische Staat hat sich—trotz Ansätzen unter Salomo,
die hier nicht zu untersuchen sind[34]—nicht zu einer despotischen
Monarchie entwickelt. Zwar ist der König unbestritten die Spitze
der staatlichen Hierarchie, in königsideologisch gefärbten Texten
geradezu die Verkörperung des Staates selbst. Und er verfügt über
einen Hofstaat aus ʿabādîm und sārîsîm sowie Mitgliedern seiner
Familie, die alle von ihm persönlich abhängen und als eigenständiger Machtfaktor eingesetzt werden können. Aber zur Macht des
Königs und seines "Hauses" gibt es Gegengewichte. Dies ist einmal
die hohe Beamtenschaft, in der sich einflußreiche Beamtenfamilien
ausbilden, die wahrscheinlich über eigenen Grundbesitz verfügen
und familiär mit der reichen Landbevölkerung verbunden sind.
Zum andern bleibt die Macht des Königshauses der nach-
salomonischen Epoche bis zum Ende Judas eng—zum Teil durch
Heiratsbande verstärkt—mit dem ʿam hāʾāræṣ selbst verbunden und
muß sich in den Thronfolgekrisen immer wieder auf ihn stützen. Es
ist die Josefsgeschichte, die nicht nur zeigt, wie durch den Aufstieg
eines der Ihren in höchste Beamtenränge eine Familie an dessen
kābôd (Gen 45,13, vgl. Jes 22,20-23) teilhat, sondern die auch den

---

[33] Siehe o. S. 152f
[34] Vgl. dazu Dreher (1991)

Unterschied der judäischen (und israelitischen) Monarchie zu einer despotischen Monarchie am Beispiel Ägyptens klar formuliert. Denn sie schildert die Ägypter allesamt als landlose "Sklaven des Pharao" (47,13-26, bes. V.19.25), während Josef das Unterwerfungsangebot der Brüder, "siehe, wir sind deine Sklaven" (50,19)—also das, was die Polemik von 1Sam 8,17 als Folge der Monarchie hinstellt—zurückweist. Die Israeliten und Judäer werden durch die Monarchie nicht zu Sklaven des Königs[35]. In prononcierter Form kann Jer 22,13 sogar die judäischen Fronarbeiter als "Nächste" des Königs bezeichnen und Dt 17,20 den König als Bruder unter Brüdern schildern.

2.) Ist auch die Macht des Königshauses eng mit einer Beamtenaristokratie und der freien Landbevölkerung verbunden und stützt sich in Krisen auf sie, so ist der judäische Staat doch andrerseits keine Form der Aristokratie, in der der König allenfalls deren Repräsentant wäre. Denn der König ist nicht nur auch gegenüber den höchsten Beamten letzte Autorität, er nimmt auch durch Auswahl seiner Beamten Einfluß auf seine politische Umgebung. Und das dynastische Prinzip des Hauses Davids gilt über Jahrhunderte wie selbstverständlich und wird eben nur in Krisen vom ͨam hāʾāræṣ gesichert. Deshalb verwundert es nicht, daß auch die sozialkritischen Propheten Judas nie die Monarchie grundsätzlich in Frage stellen und das Deuteronomistische Geschichtswerk problemlos Staatstätigkeit als Königstätigkeit schildern kann. Die Eigenständigkeit der königlichen Macht gegenüber sowohl dem ͨam hāʾāræṣ als auch der Beamtenaristokratie wird besonders da greifbar, wo beide in Widerspruch zueinander geraten. So handelt Jojakim mit seiner Umlage der Abgabe an Pharao Necho gezielt gegen den ͨam hāʾāræṣ und kann seine Maßnahme offenkundig auch durchsetzen (2Kön 23,35). Und von Jojakim zu Zedekia findet ein vollständiger Austausch der noch in der Mitte von Jojakims Re-

---

[35] Man muß schon den Kontrast zwischen Gen 47,13-26 und 50,15-21 verschweigen, um das Bild der Josefsgeschichte von den ägyptischen Verhältnissen auf Israel übertragen und als Beleg dafür reklamieren zu können, daß in Israel eine "rentenkapitalistische" Gesellschaft bestanden habe, wie Lang (1983) 56 es tut. Denn Langs Hinweis, "man" wisse "längst, daß dieser Text nicht in die ägyptische Ökonomie paßt", mag zwar für die ägyptologische Auswertung von Gen 47,13-26 wichtig sein, sagt aber nichts darüber, wie der Verfasser der Josefsgeschichte die israelitischen als den ägyptischen entgegengesetzte Verhältnisse sieht.

gierung gegen den König opponierenden Beamten (Jer 36) statt
(vgl. die Namenslisten in Jer 36,12 und 38,1).

3.) Nimmt man beide Abgrenzungen, die zu einer despotischen
Monarchie und die zu einer Aristokratie mit einer bloß repräsentativen monarchischen Spitze, zusammen, so ergibt sich für die
nachsalomonische Epoche Judas das Bild eines Staates, der auf
mehreren Pfeilern steht: dem davidischen Königshaus, das den
Staat in der Person des Königs verkörpert, einer eigenständigen
Beamtenaristokratie und dem Landadel, der das Königshaus in
ruhigen Zeiten trägt und es in Krisen der Thronfolge stützt[36].
Königshaus und Landadel sind durch familiäre Bande verbunden,
und indem königliche Beamte aus den Familien des Landes ernannt
werden, werden die Bande zwischen Königshaus und Landvolk
erneuert und gefestigt.

Man kann diese Staatsform, einem Vorschlag Shemaryahu
Talmons folgend, als "partizipatorische Monarchie" bezeichnen[37]. Allerdings muß gleich hinzugefügt werden, wer an der
Macht des Königs partizipiert. Wenn etwa Galling schreibt, in
Israel habe eine "gesetzlich festgelegte Mitwirkung des Adels"
bestanden, "während die Großreiche am Nil und Euphrat ... völlig absolutistisch regiert wurden"[38], dann trifft er zwar den Gegensatz zwischen der israelitischen Monarchie und der despotischen
Regierungsform der orientalischen Großreiche, verkennt aber, daß
es sich bei dem Nebeneinander von "Haus Davids", Beamtenaristokratie und Landadel um eine, zudem spannungsgeladene,
Machtkonstellation und nicht um eine "gesetzlich festgelegte Mitwirkung" handelt. Vor allem aber bleibt er in der Rede von "dem
Adel" zu unbestimmt.

Das Gegengewicht zum "Haus Davids" ist nicht einfach eine in
sich geschlossene Aristokratie. Zwar sind Beamtenschaft und Landvolk durchaus miteinander verbunden, wie die Ernennung von
Beamten aus den Familien des Landes (1Sam 8,11f; Jes 22,15-25)
und die Wahrscheinlichkeit, daß auch die hohe Beamtenschaft selbst

---

[36] Bei einer Ausdehnung der Untersuchung auf den Bereich der institutio-
nalisierten Religion wäre an dieser Stelle zu prüfen, wie sich Tempel und Priesterschaft in dieses Machtgefüge einzeichnen.

[37] Talmon (1979) 16.—Talmon selbst lehnt sich an Carole Pateman (1980) an,
die allerdings das Phänomen der "Partizipation" nur im Rahmen der modernen
Demokratie untersucht.

[38] Galling (1929) 28

Land besitzt, belegen. Aber schon die prophetische Sozialkritik zeigt, daß diese Oberschicht fast durchgehend nach ihren beiden Elementen unterschieden wird, den "Führern Sodoms" und dem "Volk Gomorrhas" (Jes 1,10), den "Ältesten und Beamten" (Jes 3,14), den "Großgewordenen und Reichgewordenen" (Jer 5,26 bis 28), den *śārîm* und dem *ᶜam* (Jer 34,8-22), den *śārîm* und dem *ᶜam hāᵓāræṣ* (Ez 22,27.29), den Hirten und den fetten Tieren in der Herde (Ez 34). In diese Richtung weisen auch die stereotypen Listen im Jeremiabuch, die neben König, Priestern und Propheten die *śārîm* einerseits und den *ᶜam hāᵓāræṣ* (Jer 1,18; 44,21) bzw. "die Männer von Juda und die Bewohner von Jerusalem" (8,1; 17,25; 32,32) andrerseits unterscheiden. In Jer 44,21 haben wir die drei Pfeiler, die den judäischen Staat tragen, in einem beisammen: die Könige, die *śārîm* und den *ᶜam hāᵓāræṣ*. Nur ganz gelegentlich wird demgegenüber die Oberschicht auch in einem Wort zusammengefaßt, so wenn Jer 5,1-6 den *dallîm* die *gᵉdolîm* gegenüberstellt oder wenn in Jer 27,20 und 39,6 neben dem König nur die *ḥorîm*, die "Edlen", von Juda (und Jerusalem) genannt werden. Aber schon in der Parallele zu Jer 39,6 in 51,10 stehen an der Stelle der *ḥorîm* wieder die *śārîm*, so daß auch *ḥorîm* nicht als Oberbegriff für "Aristokratie" angesehen werden kann.

Andrerseits ist es auch nicht "das Volk", das an der Macht des Königs partizipiert, wie es Fohrers Unterscheidung "zwischen dem israelitischen Volkskönigtum und dem altorientalischen absoluten Königtum" nahelegt[39]. Ähnlich spricht Talmon von einer "participation of the people and their representatives"[40]. Das aber läßt sich gerade nicht aufrechterhalten. An der Macht des Königs partizipiert nicht "das Volk", und Landadel und Beamte sind auch nicht dessen "Vertreter"—wenn Jes 3,14 von den "Ältesten seines Volkes und seinen Beamten" spricht, reklamiert er solches zwar, konstatiert aber zugleich, daß es faktisch anders ist. Genauer wird man also die Herrschaftsform Judas als eine "partizipatorische Monarchie" bezeichnen müssen, bei der Beamtenaristokratie und

---

[39] Fohrer (1969a) 319
[40] Talmon (1979) 16.—Der Einwand gegen Talmon gilt natürlich auch für die älteren Versuche, die Herrschaftsform Israels mit Spuren einer "primitive democracy" zu erklären; vgl. Wolf (1947). Sachlich wird dabei zwar durchaus richtig gesehen, daß die israelitische Monarchie nicht despotisch ist, aber der Begriff der "Demokratie" ist doch zu mißverständlich, um die spezielle Form der Partizipation an der Herrschaft des Königs zu treffen.

Landadel an der königlichen Macht partizipieren und ein Gegengewicht zu ihr bilden.

4.) Wenn wir den judäischen Staat als "partizipatorische Monarchie", bei der Beamtenaristokratie und Landadel an der königlichen Macht partizipieren, beschreiben, hat das weitreichende Folgen für das Verhältnis des Staates zum Volk. Dieses Volk, das war als Ergebnis der Untersuchung der prophetischen Sozialkritik festzuhalten, ist keine in sich geschlossene Größe mehr. "Die relativ egalitäre Gesellschaft noch des 10. Jahrhunderts" wird einem "Spaltungsprozeß . . . unterworfen", wie ihn "die Verhältnisse im 8. Jahrhundert überdeutlich" zeigen[41]. Es findet ein "Prozeß der Spaltung des trotz aller Besitzunterschiede gleichberechtigten und verwandtschaftlich verketteten Hauptteils der altisraelitischen Bauernschaft in einen reicher und einen ärmer werdenden, einen aufsteigenden und einen absteigenden, einen Land und Freiheit verlierenden und einen mehr Land und mehr Freiheit gewinnenden Teil"[42] statt. Und es ist gewiß nicht der "absteigende", sondern der "aufsteigende Teil" der Landbevölkerung, der an der Macht des Königs partizipiert. Denn die Gemahlinnen der königlichen Prinzen und die königlichen Beamten (Jes 22,15-25) kommen doch kaum aus den Familien, die Haus und Feld verlieren (Jes 5,8-10; Mi 2,1f) und in die Fänge der Schuldsklaverei geraten (Mi 7,2; Jer 5,26-28; 34,8-22), sondern aus den reichen Familien des ʿam hāʾāræṣ. So rückt der "aufsteigende Teil" des Volkes eng zusammen mit den Trägern staatlicher Macht, und beide zusammen stehen dem "absteigenden Teil" gegenüber, so in Jes 3,14f die "Ältesten und Beamten" dem mit den ʿanijjîm identischen "Volk" und in Jer 5,27f die "Groß- und Reichgewordenen" den ʾæbjônîm. Und in Ez 22,23-31 wird der ʿam hāʾāræṣ dem ʿānî und ʾæbjôn sowie dem Fremdling entgegengesetzt und zusammen mit Königen, Priestern, Beamten und Propheten für den Untergang des judäischen Staates verantwortlich gemacht.

Aus der einfachen Gegenüberstellung von Staat und Volk im "frühen Staat" der Anfangszeit des israelitischen Königtums wird im Übergang zum "reifen Staat" ein Machtgefüge, bei dem der "aufsteigende Teil" des Landvolks zusammen mit einer sich ausbildenden Beamtenaristokratie an der Macht des Königs partizipiert.

---

[41] Crüsemann (1978) 221
[42] Crüsemann (1978) 221f

Greifbar mit der sozialen Krise des 8. Jahrhunderts steht diesem Machtgefüge der "absteigende Teil" des Volks gegenüber, der nun nicht nur, wie von Anfang der Königszeit an, staatlichen Forderungen nach Kriegsdienst, Abgaben und Fron ausgesetzt ist, sondern zunehmend unter dem ökonomischen Druck zu leiden hat, der von den reichen Grundbesitzern—und unter ihnen auch Beamten—ausgeht.

Es stellt sich die Frage, ob die von den Propheten denunzierte Entwicklung doppelter Bedrängnis des "Volkes" durch den Staat und wirtschaftlich Mächtige gleichsam naturwüchsig dem von den Propheten angekündigten Ende entgegengehen muß, oder ob es die Möglichkeit eines diese Entwicklung wenn nicht aufhebenden, so doch sie hemmenden Eingreifens gibt. Und wenn es sie gibt, schließt sich die Frage an, welche Konstellation in dem Gefüge einer Monarchie, bei der Landadel und Beamtenaristokratie an der Macht des Königs partizipieren, nötig ist, um einen solchen Eingriff zu ermöglichen.

2.4 SOZIALREFORM IN JUDA

Soweit es den Landadel und die Beamtenschaft als an der Macht des
Königs partizipierende Gruppen betrifft, steht der judäische Staat
im Übergang vom frühen, durch den einfachen Gegensatz von Staat
und Volk gekennzeichneten, zum reifen Staat, in dem das Volk sich
in antagonistische Klassen aufspaltet, dem Volk also keineswegs
neutral gegenüber. Der Landadel hat ein direktes wirtschaftliches
und die Beamtenschaft ein teils ebenfalls wirtschaftliches, teils über
die Bestechung durch die Reichen vermitteltes Interesse an dem
Spaltungsprozeß im Volk. Wie aber verhält es sich in dieser Hinsicht mit dem "Haus Davids" selbst, an dessen Macht Landadel
und Beamtenschaft partizipieren?

In der Untersuchung der Tätigkeiten des judäischen Staates und
ihrer gesellschaftlichen Folgen—von der Außenpolitik über das
Militärwesen und die Frondienste bis zu den Abgaben—haben wir
gesehen, daß unabhängig von subjektiven Interessen diese Tätigkeiten objektiv den Spaltungsprozeß im Volk verstärken[1]. Wenn
unsere Interpretation zutrifft, daß die Anforderung von Frondiensten durch den Staat eine gewichtigere Rolle spielt als die Forderung
von Abgaben und dadurch die wirtschaftlich Schwachen im Volk
gegenüber den Reichen besonders hart getroffen werden[2], dann
wäre dies freilich mehr als nur eine objektive Folge staatlicher Tätigkeiten. Es wäre eine bewußte Politik, die darauf abzielte, den Landadel eng an das "Haus Davids" zu binden.

In einem aber unterscheidet sich das "Haus Davids" grundlegend vom Landadel und teilweise auch von der Beamtenschaft: Es
hat kein eigenständiges wirtschaftliches Interesse an der Aufspaltung des Volkes in Reiche und Arme. Zwar kritisieren die Propheten das Luxusstreben des Hofes (Zeph 1,8f) und der Könige (Jer
22,13-19; Ez 22,25). Aber weder unterscheiden sich die Könige
darin qualitativ von den übrigen Reichen[3], noch hat das Luxusstreben des Hofes ursächlich etwas mit der Aufspaltung des Volkes in
antagonistische Klassen zu tun; es ist im Gegenteil im "frühen

---

[1] Siehe o. S. 133–160
[2] Siehe o. S. 152f
[3] Siehe o. S. 128f

Staat" mit seiner einfachen Gegenüberstellung von Staat und Volk besonders ausgeprägt, wie das Bild der Epoche Salomos zur Genüge zeigt.

Indem das "Haus Davids" kein eigenständiges wirtschaftliches Interesse an dem Spaltungsprozeß im Volk hat, stellt sich die Frage, ob es dann nicht seinerseits in der Lage ist, dieser Spaltung entgegenzuwirken. Jeremia jedenfalls richtet die Forderung, "den Beraubten aus der Gewalt des Unterdrückers" zu retten, ausdrücklich an das "Haus Davids" (21,11f). Zwar erwartet er auch von den "Großen", daß sie "den Weg JHWHs, das Recht ihres Gottes" kennen müßten (5,1-6), und schon Jesaja richtet die Forderung, "Recht zu suchen", an die "Führer Sodoms" und das "Volk Gomorrhas" (1,10-17). Aber diese sind, wie die gesamte prophetische Sozialkritik zeigt, durch ihre eigenen Interessen an der Verwirklichung dieser Forderung gehindert. Hat das "Haus Davids" eine alternative Möglichkeit?

Es ist wiederum Jeremia, der behauptet, Josia habe tatsächlich mišpāṭ und ṣedāqâ geübt, und zwar zugunsten des ʿānî und ʾæbjôn (22,15f). Bevor wir jedoch fragen, was Jeremia mit dieser singulären positiven Wertung eines Königs meinen könnte, wollen wir durch einen kurzen Blick auf königsideologische Texte festhalten, daß hier nicht prophetische Forderungen nach sozial orientiertem Recht von außen an das "Haus Davids" herangetragen werden, sondern daß damit das Königtum nur bei seinem ureigensten Anspruch behaftet wird.

2.4.1 Die Königsideologie

Nach 1Sam 8,20 hat das Königtum zwei Aufgaben, das Volk zu "richten" (špṭ) und Krieg zu führen. Die Vorstellung vom König als oberstem Wahrer des Rechts ist fester Bestandteil der Königsideologie Israels. Schon Davids Herrschaft wird so beschrieben: "Und David übte Recht und Gerechtigkeit für sein ganzes Volk" (2Sam 8,15). Und die Königin von Saba preist Salomo als den, den JHWH zum König gesetzt habe, "um Recht und Gerechtigkeit zu üben" (1Kön 10,9).

Daß "Recht und Gerechtigkeit" dabei, wie in der prophetischen Sozialkritik, nicht als formales Recht, sondern als iustitia adiutrix miserorum verstanden wird, belegen sowohl die Königspsalmen als auch königsideologische Sprüche der Proverbien[4]. Ein Beispiel ist Ps 72:

(1) ... Gott, deine Rechtssprüche gib dem König
und deine Gerechtigkeit dem Königssohn!
(2) Er führe den Rechtsstreit deines Volkes mit Gerechtigkeit
und deiner Elenden mit Recht ...
(4) Er richte die Elenden des Volkes,
bringe Hilfe den Armen
und zermalme den Unterdrücker ...
(12) Denn er rettet den Armen, wenn er schreit,
den Elenden und den, der keinen Helfer hat.
(13) Er erbarmt sich des Geringen und des Armen
und bringt Hilfe dem Leben der Armen.
(14) Aus Bedrückung und Gewalt erlöst er ihr Leben,
und kostbar ist ihr Blut in seinen Augen ...

Ähnlich pleophor sind die Aussagen in Ps 101, wo der König sich als Wahrer des Rechts darstellt, und in Ps 45, der ihn als Vorkämpfer der Gerechtigkeit preist (V.5.8).

Auffällig besonders an Ps 72 ist, daß er die Rechtspflege durchweg als eine Maßnahme zugunsten der sozial Schwachen und gegen die sozial Starken behandelt. In ihren Genuß kommen die Elenden (V.2.4.12), Armen (V.4.12f) und Geringen (V.13), bedroht von ihr werden die Unterdrücker (V.4). Im zweiten Teil des Psalms (V.12-14) tritt die rechtliche Terminologie sogar ganz zurück zugunsten der sozialen.

Was in den Königspsalmen über das Verhältnis des Königs zum Recht affirmativ behauptet wird—"du liebst Gerechtigkeit" (Ps 45,8)—, wird in den Königssprüchen der Proverbien in einen Wenn-dann-Zusammenhang gestellt (29,14, vgl. 16,12; 20,28):

Ein König, der in Wahrhaftigkeit die Geringen richtet—sein Thron ist für immer festgegründet.

Fragt man nun, wie der König die ihm zugewiesene Sorge für *mišpāṭ* und *ṣedāqâ* wahrnimmt, sind drei Aspekte zu beachten.

1.) Der König trägt Verantwortung für die Rechtspflege, unbeschadet der Frage, ob er sie persönlich wahrnimmt oder durch Beamte wahrnehmen läßt[5].

---

[4] Galling (1929) 47 spricht im Zusammenhang der Königsideologie vom König als "Sozialherrscher".
[5] Siehe o. S. 163–165

2.) Ist also einerseits königliche Verantwortung für die Pflege des Rechtswesens anzunehmen, so ist doch andrerseits ein zweites Faktum von äußerster Wichtigkeit zu notieren: "Trotz der verhältnismäßig guten und reichlichen Überlieferung zur Geschichte der israelitischen Königszeit, die wir im Alten Testament haben, hören wir doch nirgends von einer gesetzgeberischen Tätigkeit des Königs"[6]. Die singuläre Notiz, daß eine bestimmte Maßnahme Davids zum *ḥoq* und *mišpāṭ* "für Israel bis auf diesen Tag" geworden sei (1Sam 30,25), fällt gegenüber dem überwältigenden Befund nicht ins Gewicht, daß Israel nur einen Gesetzgeber kennt, Mose. Damit unterscheidet sich das israelitische Königtum grundsätzlich vom mesopotamischen, in dem der König zugleich Gesetzgeber ist. Einige Passagen aus dem Epilog des Codex Hamurapi mögen als Illustration genügen:

> Damit der Starke den Schwachen nicht schädigt, um der Waise und der Witwe zu ihrem Recht zu verhelfen, habe ich in Babel ..., um dem Lande Recht zu schaffen, um die Entscheidung(en) des Landes zu fällen, um dem Geschädigten Recht zu verschaffen, meine überaus wertvollen Worte auf (m)eine Stele geschrieben und vor meiner Statue (namens) 'König der Gerechtigkeit' aufgestellt. ... Auf Befehl des Sonnengottes, des großen Richters des Himmels und der Erde, möge meine Gerechtigkeit im Lande sichtbar werden, auf das Wort meines Herrn Marduk mögen meine Aufzeichnungen keinen finden, der sie beseitigt ...[7].

Die Vorstellung ist der von Ps 72 auffällig verwandt. Die Gottheit übergibt dem König die *mišpāṭîm* und die *ṣᵉdāqâ* (V.1), damit dieser sie dem Volk weitergebe. Und jeweils sind die Armen der Gesellschaft die Nutznießer dieses Rechts. Der entscheidende Unterschied ist nur, daß trotz Ps 72 der König in Israel gar nicht als Gesetzgeber auftritt. Der nicht-despotische Charakter des judäischen und israelitischen Königtums tritt auch in der Frage der Rechtssetzung zutage.

3.) Obwohl also das Alte Testament den König nicht als Gesetzgeber kennt, beschränkt es ihn dennoch nicht völlig auf den Bereich der Rechtspflege durch eine Gerichtsbarkeit in königlicher Verantwortung. Denn es überliefert zwei Fälle, in denen Könige zwar nicht als Gesetzgeber tätig sind, aber doch Maßnahmen ergreifen, die im

---

[6] Noth (1966) 25
[7] Zitiert nach TUAT 76

engeren Sinn den Bereich des Rechts betreffen und im besonderen den Armen und Schwachen der Gesellschaft zugute kommen. Der erste Fall ist die Inkraftsetzung des ''Bundesbuches'' unter Josia (2Kön 23,1-3), der zweite die unter Zedekia veranstaltete Sklavenbefreiung (Jer 34,8-22). Ihnen müssen wir uns nun zuwenden.

2.4.2 Die josianische Reform (2Kön 22f)

Die bekannte Tatsache, daß das Deuteronomistische Geschichtswerk kein Interesse an der sozialen Frage hat, sondern die Königsgeschichte im Blick konzentriert auf die Könige und inhaltlich nur unter der Frage nach dem rechten JHWH-Kult darstellt, bedarf nun zunächst einer Relativierung. Denn dem gewaltigen Werk vorangestellt ist die Tora, deren Kern das deuteronomische Gesetz (Dt 12-26) ist[8]. Und dieses Gesetz ist eben keineswegs nur Kultgesetz, sondern ganz wesentlich auch Sozialgesetz. Zwar geht es den Deuteronomisten, wenn sie die Geschichte Israels im Verlauf ihrer Entwicklung immer wieder an der Tora messen (für die Königszeit vgl. 1Kön 2,1-4; 2Kön 10,31; 17,7-23; 21,7f; 22f), im wesentlichen nur um den kultischen Teil[9]. Aber allein die Tatsache, daß sie eben das ganze deuteronomische Gesetz und nicht nur seine kultischen Bestimmungen in ihrem Werk überliefern, zeigt, daß auch der soziale Aspekt nicht völlig ausgeblendet ist. Wird dieser einfache Sachverhalt, daß das ganze Deuteronomium mit seinen Sozialgesetzen die Tora der Deuteronomisten ist, übersehen, dann kann auch der Bericht über Josias Reform (2Kön 22f) nicht richtig gewürdigt werden. Dieser Bericht ist dreifach gegliedert.

1.) 2Kön 22,3-20 erzählt zunächst von der Auffindung ''des Torabuches'' (V.8) bei Renovierungsarbeiten im Tempel und von den Folgen, die dieser Fund bei Hof auslöst. Hier liegt die Initiative zunächst bei zwei Spitzenbeamten des Reiches, dem Priester Hilkia, der das Buch findet (V.8), und dem *soper* Schafan, der das Buch dem König vorlegt (V.10). Dieser aber nimmt die Initiative seiner beiden Beamten sofort auf (V.11-20).

2.) In 23,1-3 folgt der Bericht über den Akt der Inkraftsetzung des Buches.

---

[8] Vgl. Perlitt (1969) 9; Lohfink (1990a) 146f
[9] Für 2Kön 22f betont dieses einseitige Interesse zu Recht Rose (1977) 52

(1) Da sandte der König aus, und man berief alle Ältesten Judas und Jerusalems zu ihm. (2) Dann ging der König hinauf in den Tempel JHWHs, und alle Männer Judas und alle Einwohner Jerusalems mit ihm, und ebenso die Priester und die Propheten und alles Volk, vom Kleinsten bis zum Größten. Und er verlas vor ihnen alle Worte des Bundesbuches, das im Tempel JHWHs gefunden worden war. (3) Dann trat der König auf das Podium und schloß den Bund vor JHWH, JHWH nachzufolgen und seine Gebote, Anordnungen und Satzungen mit ganzem Herzen und mit ganzer Seele zu befolgen und die Worte dieses Bundes aufzurichten, die in diesem Buch aufgeschrieben waren. Und das ganze Volk trat in den Bund ein.

Wir zeichnen zunächst die Struktur des Textes nach. Die Initiative zu dem Akt geht vom König aus (23,1a), der eine allgemeine Volksversammlung einberuft (V.1.2a). Danach verliest der König ''alle Worte des Buches des Bundes, das im Tempel JHWHs gefunden worden war'' (V.2b). Anschließend schließt der König ''den Bund vor JHWH'' (V.3a). In der determinierten Redeweise von ''dem Bund'' schlägt die deuteronomistische Fiktion durch; es kann nur ''den einen Bund'' geben, der am Horeb (Dt 5,2; 28,69b) bzw. in Moab (28,69a) ein für allemal geschlossen wurde. Umso auffälliger und aus dieser Fiktion gerade nicht ableitbar ist, daß der Bund einfach ''geschlossen'' und nicht etwa ''erneuert'' wird[10]. War bis dahin nur der König initiativ, dann wird ganz zum Schluß doch noch eine—wesentliche—Aktivität des ''Volkes'' vermeldet: Es tritt dem Bund bei (V.3b). Nachdem zwei hohe Amtsträger bei der Auffindung des Buches und seiner Übergabe an den König initiativ waren, sind es jetzt insgesamt drei weitere voneinander unabhängige Größen, die den Akt der Inkraftsetzung des ''Bundesbuches'' konstituieren: 1.) Das Buch selbst, das kein königliches Gesetzbuch ist, sondern von ''Mose'' stammt. 2.) Der König, der den Akt veranlaßt. 3.) Schließlich das ''Volk'', das dem vom König initiierten ''Bund'' beitritt.

Der geschilderte Vorgang ist in mehrfacher Hinsicht bemerkenswert. Wir hören zwar auch sonst von Versammlungen, an denen sowohl der König als auch das Volk oder seine Repräsentanten teilnehmen und bei denen ein Bund geschlossen wird (2Sam 5,1-3; 2Kön 11,17 und—ohne den gewünschten Erfolg—1Kön 12,1-20).

---

[10] Von einer ''Bundeserneuerung'', so Baltzer (1960) 61 und Lohfink (1990a) 102.111-113, ist eben gerade nicht die Rede. Vgl. auch die Kritik bei Perlitt (1969) 8

Aber bei all diesen Versammlungen geht es immer um die Einsetzung eines neuen Königs; Josia dagegen ist schon lange im Amt.
Wo die Einsetzung eines neuen Herrschers verhandelt wird, stehen
die Konditionen seiner Herrschaft zur Debatte (besonders deutlich
1Kön 12,1-20); davon kann bei Josia nicht die Rede sein. Sind die
Konditionen ausgehandelt, verpflichtet sich entweder der König auf
sie zugunsten des Volkes—so ist wohl die Ausdrucksweise in 2Sam
5,3 zu verstehen, daß David "für sie" (lāhæm) eine berît "schnei-
det"[11]—, oder es wird eine berît "zwischen JHWH und zwischen
dem König und zwischen dem Volk" geschlossen (2Kön 11,17).
Beides aber ist nach 2Kön 23,1-3 nicht der Fall, sondern hier
schließt zunächst der König den Bund vor JHWH (wajjikrot ʾæt-
habberît lipnê jhwh, V.3a) und dann tritt das Volk dem Bund bei
(wajjaʿamod ... babberît, V.3b)[12]. Erst damit werden "die Worte des
Bundes" tatsächlich "aufgerichtet", d.h. das deuteronomische
Gesetz in Kraft gesetzt.

Wozu aber dieser umständliche und singuläre Vorgang? Warum
kann der König, der doch nach der deuteronomistischen Darstellung eindeutig die Initiative hat—er beruft die Versammlung ein,
er gibt den Inhalt des Bundes durch Verlesung vor, er schließt den
Bund, dem das Volk nur beitritt—, das Gesetz nicht einfach erlas-
sen?[13] Der Grund dafür liegt darin, daß das deuteronomische
Gesetz als—zu erheblichen Teilen—Sozialgesetz tief in die Belange
und Interessen des freien Landvolks eingreift und der König aus
diesem Grund ein solches Gesetz nicht einfach anordnen will oder
kann, sondern sich der Zustimmung des ʿam versichern muß[14].

---

[11] Vgl. Fohrer (1969b) 331f.—Kutsch (1986) 121-125 vergleicht die aus der
deutschen Geschichte bekannte Wahlkapitulation (S. 125).

[12] All diese Differenzen übergeht Fohrer (1969b), wenn er 2Kön 23,1-3 als ein
Glied der von ihm untersuchten Bundesschlüsse zwischen König und Volk behandelt (S. 342-344). Daß in 2Kön 23,1-3 kein Vertrag zwischen König und Volk
geschlossen wird, betonen zu Recht Perlitt (1969) 11 und Hoffmann (1980) 202f.

[13] Erst die Chronik macht aus dem qal von 2Kön 23,3 (wajjaʿamod), bei dem
das Volk Subjekt des Beitritts zum Bund ist, das hifil (wajjaʿamed) (2Chr 34,32)
und damit den König zum Initiator auch dieses Beitritts.

[14] Voraussetzung dieser Deutung ist die "Historizität" von 2Kön 23,1-3. Sie
ist unabhängig von der Frage der Stilisierung dieses Textes (vgl. dazu Hoffmann,
1980, 201-203), denn jeder Bericht ist selbstverständlich stilisiert. Vielmehr geht
es um die Frage, ob in den Versen "wirklich zeitgenössische Originalität" (Perlitt,
1969, 11) zu finden ist (vgl. auch Hentschel, 1985, 108f; Lohfink, 1990a, 135), oder
ob "der ganze Vorgang fiktiv, nicht historisch ist" (Würthwein, 1976, 410; vgl.
ders., 1984, 455.463). Perlitts Hinweis auf den geringen zeitlichen Abstand des

3.) Liest man den anschließenden Bericht von Josias Reform
(23,4-27)—und gemäß dem leitenden Interesse der Deuteronomisten ist es ausschließlich eine Kultreform—, dann ist der Kontrast sogar recht stark. Denn direkt auf den Satz vom Beitreten des
Volkes zu dem Bund (V.3b) beginnt der Bericht von den
Kultreformmaßnahmen mit den Worten: "Und es befahl der
König ..." (V.4).

Die These, daß in 2Kön 23,1-3 deshalb ein Beitritt des Volkes zu
dem vom König initiierten Bund stattfindet, weil das dem Bund
zugrundeliegende Gesetz als Sozialgesetz in die Belange des Volkes
eingreift, ist nun im Vergleich mit dem in Jer 34,8-22 geschilderten
Vorgang weiter zu begründen.

2.4.3 Der d^{e}rôr unter Zedekia (Jer 34,8-22)

Der Text von der zunächst ausgesprochenen und dann—während
des vorübergehenden Abzugs des babylonischen Belagerungs-
heeres—wieder zurückgenommenen Sklavenbefreiung in Jerusalem ist für unsere Fragestellung in doppelter Hinsicht bedeutsam.
Erstens wegen der sozialen Verhältnisse, die er voraussetzt, weshalb
er bereits oben bei Jeremia zu behandeln war[15]. Darüberhinaus
aber gibt der Text—es ist die einzige innenpolitische Maßnahme,
von der wir aus der Zeit Zedekias hören[16]—bedeutsamen Auf-

Berichts von der Zeit Josias (aaO S. 8) hält dabei Würthwein (1976) 411 seine
Meinung entgegen, "der angegebene Zeitraum ist im Altertum sicherlich lang genug für eine solche Legendenbildung—er wäre es sogar in der modernen
Geschichte." Das ist zwar richtig, aber auch schief. Denn solche in der Erin-
nerungsspanne von zwei bis höchstens drei Generationen stattfindenden Legen-
denbildungen müssen wenigstens einen Kristallisationspunkt an der Wirklichkeit
haben. Bei allen Legenden, die die Sowjethagiographie um den Schuß der Aurora
und den Sturm auf das Winterpalais gesponnen hat—beide Ereignisse fanden statt.
M.E. besteht die Legendenbildung der Deuteronomisten des Deuteronomistischen
Geschichtswerks hauptsächlich darin, der Reform Josias jede soziale Komponente
zu nehmen und sie auf eine bloße Kultreform zu reduzieren. Hier unterscheidet
sich Jeremia (vgl. 22,15f) und die deuteronomistische Rezeption seines Buches
deutlich von der deuteronomistischen Strömung, die im Deuteronomistischen
Geschichtswerk ihren Niederschlag gefunden hat.—Zu dem weiteren Argument
von Würthwein (1984) 463, daß "eine so einschneidende Maßnahme, wie sie
Joschija zugeschrieben wird", "doch ihre Spuren in dem zeitgenössischen und
jüngeren Schrifttum ... hinterlassen haben" müßte, vgl. u. S. 220f
[15] Siehe o. S. 79f
[16] Lang (1981) 143

schluß darüber, wie in einer bestimmten Situation der König Einfluß auf die soziale Entwicklung zu nehmen versucht.

Nach dem Text geht die Initiative zu der Sklavenfreilassung vom König aus:

> (8) Das Wort, das an Jeremia von JHWH erging, nachdem der König Zedekia einen Bund mit dem ganzen Volk geschlossen hatte, das in Jerusalem war, eine Freilassung auszurufen.

Dieser Initiative von seiten des Königs schließen sich die Betroffenen an:

> (10) Und es folgten (wörtlich: hörten) alle Beamten und alles Volk, die in den Bund eingetreten waren, ein jeder seinen Sklaven und ein jeder seine Sklavin freizulassen . . .; sie folgten und ließen frei.

So wie die Sklavenhalter in den vom König vorgegebenen Bund eingetreten waren, so treten sie aus ihm wieder aus—vom König ist in diesem Zusammenhang nicht mehr die Rede:

> (11) Danach aber kehrten sie um und zwangen die Sklaven und Sklavinnen, die sie freigelassen hatten, wieder zurück und unterwarfen sie zu Sklaven und Sklavinnen.

In der Strafansage an die Sklavenhalter wird dieser Vorgang noch einmal mit anderen Worten formuliert:

> (18) Ich gebe die Männer, die meinen Bund übertreten haben, die die Worte des Bundes nicht aufgerichtet haben[17], den sie vor mir geschlossen haben . . . —(20) ich gebe sie in die Hand ihrer Feinde . . .

Festzuhalten ist: Die Initiative für eine soziale Maßnahme geht vom König aus. Aber die Befolgung liegt bei den direkt Betroffenen[18].

---

[17] Baltzer (1960) 61.63 übersetzt das hebräische *heqîm* mit "wieder (sic!) in Kraft setzen" und findet durch diese kleine Manipulation auch hier eine Erneuerung des von ihm postulierten Bundesformulars. Von einer Erneuerung aber ist im ganzen Text nirgends die Rede, nicht einmal in dem hinzugefügten Verweis auf Dt 15. Darüber kann auch das einen Beleg ersetzende "no doubt we are to think . . . of a ceremony of covenant renewal" von Nicholson (1975) 96 nicht hinwegtäuschen.—Von einer Bundeserneuerung spricht auch Lohfink (1990a) 145; daß sie unter Zedekia "allerdings eine Farce" sei, kann man aber wohl nur behaupten, wenn man Zedekias konkrete Sozialmaßnahme von vornherein mit dem Ballast einer "uralten" Bundeserneuerungstradition belädt.

[18] Hieraus erklärt sich das von Kutsch (1967) 21-23 beobachtete Schillern zwischen der vom König "auferlegten Verpflichtung", die V.8 betont, und der "Selbstverpflichtung" von Beamten und Volk, die in V.15.18 im Vordergrund steht.

Sie treten in den Bund ein, aber sie verlassen ihn auch, ohne daß
von einer sozialen Sanktion gegen sie von Seiten des Königs die
Rede wäre[19]. Die Kritik an diesem Verhalten bleibt dem Propheten vorbehalten[20].

Nach unserer bisherigen Untersuchung ist der einzige vergleich-
bare Vorgang, bei dem ein König einen Schritt tut, der für die inneren sozialen Verhältnisse des Landes von direkter Bedeutung wäre,
die Inkraftsetzung des deuteronomischen Gesetzes durch Josia.
Stellen wir nun den Bericht darüber in 2Kön 23,1-3 neben den
Bericht von Zedekias *derôr* in Jer 34,8-22, dann zeigt sich ein in der
Grundstruktur völlig gleiches Vorgehen.

2Kön 23,1-3		Jer 34,8-2	
V.1a	"König sendet aus"	V.8b	"König Zedekia schneidet *berît*"
	= Initiative		= Initiative
V.1b	"versammelt alle Ältesten von Juda und Jerusalem"	V.8b	"mit dem ganzen Volk"
		V.10	"alle Beamten und das ganze Volk"; vgl. V.19
	= Bundespartner		= Bundespartner
V.2a	Bundesschluß im Tempel	V.15b	Bundesschluß im Tempel
		V.18	
V.2b	König liest Worte des ge- fundenen Bundesbuches vor	V.8b	Zedekia schneidet *berît*, "einen *derôr* auszurufen"
	= Vorgabe des Inhalts		= Vorgabe des Inhalts

[19] Das Argument von Baltzer (1960) 63, auch der König habe den von ihm initiierten Bund gebrochen, weil auch er Sklaven habe, trifft nicht; denn der Text
spricht eindeutig von Schuldsklaven, die doch wohl der König gerade nicht haben
dürfte.

[20] Daß er dabei auf Dt 15 Bezug genommen habe (V.13-16), ist doch wohl ein
nachträglicher Versuch, den in Jer 34 geschilderten Vorgang mit einer Torabe-
stimmung in Beziehung zu setzen. Dies geht v.a. aus verschiedenen Abweichungen
hervor: 1.) Dt 15,12-18 verlangt eine Freilassung nach einer individuellen Dienst-
zeit von sechs Jahren, während in Jer 34 eine allgemeine Freilassung aus einem
aktuellen Anlaß geschildert wird. 2.) Jer 34,14 zieht den Schuldenerlaß von Dt 15,1
nach sieben Jahren und die Sklavenfreilassung nach sechs Jahren (Dt 15,12)
zusammen und kommt dadurch zu einer von Dt 15,12 abweichenden Fristangabe.
3.) In Dt 15 wird die Freilassung unter die *šemittâ*-Institution subsumiert (V.1), in
Jer 34 liegt dagegen ein *derôr* vor (V.8.15.17). 4.) Der Zusatz versteht unter der
berît den Väterbund nach dem Auszug aus Ägypten (V.13), während im Text von
einer aktuellen *berît* gesprochen wird (V.8.10.15.18).—Zum sekundären Charakter des Bezugs auf Dt 15 vgl. Lemche (1976) 45.52; Schreiner (1984) 202f; Phillips
(1984a) 58.—Anders Weiser (1966) 321; Sarna (1973) 148; Weippert (1973) 99f

2Kön 23,1-3		Jer 34,8-22	
V.3a	Bundesschluß vor JHWH	V.15	Bundesschluß vor JHWH
		V.18	
V.3a	*l* + inf: Zweck der *berît* (dreifach)	V.8b V.9a V.10a	*l* + inf: Zweck der *berît* (dreifach)
	"aufzurichten die Worte des Bundes"	V.18a	"die nicht aufgerichtet haben die Worte des Bundes"
V.3b	"das ganze Volk stellt sich in den Bund"	V.10a	"es hören alle Beamte und das ganze Volk, die in den Bund gekommen sind"
	= Beitritt des Volkes		= Beitritt des Volkes

Diese strukturelle Übereinstimmung in allen wesentlichen Elementen ist umso erstaunlicher, als von literarischer Abhängigkeit des einen Textes vom andern nicht die Rede sein kann. Denn außer den sich aus der Sache ergebenden Vokabeln *berît* und Haus JHWHs, der Zweckangabe der *berît* mit *l* + inf und der Phrase vom ''Aufrichten der Worte des Bundes'' ist die Wortwahl im einzelnen sehr unterschiedlich. Vor allem aber ist auch die Art der sozialen Maßnahme in beiden Fällen sehr verschieden. Bei Josia geht es um eine Reform, die die gesamten gesellschaftlichen Beziehungen auf eine neue Grundlage stellen soll, bei Zedekia dagegen nur um eine einzelne und einmalige Maßnahme. Gemeinsam ist beiden Aktionen nur, daß sie in die sozialen Verhältnisse im Volk eingreifen. Und da ist es offenkundig so, daß eine solche Maßnahme zwar vom König eingeleitet und auch ihr Inhalt vorgegeben werden kann, daß dazu aber ein ausdrücklicher Beitritt des davon betroffenen Volkes notwendig ist. Maßnahmen, die Folgen für das Sozialgefüge der Gesellschaft haben, kann der König nicht in autokratischer Manier durchsetzen, sondern er muß sich dazu der Zustimmung der davon betroffenen Teile der oberen Schichten des Volkes versichern.

2.4.4 Ergebnis

Auch die zuletzt behandelten Texte bestätigen das Bild, das die prophetische Sozialkritik wie außerprophetische Texte bieten.

a) In Juda liegt die ökonomische Macht in den Händen einer Oberschicht, deren zwei Elemente Jer 34,8-22 als ''alle Beamte und alles Volk'' (V.10) kennzeichnet. Sie haben—offenbar in größerer Zahl—Schuldsklaven und Schuldsklavinnen. Wir befinden uns am

Ende der mit dem 8. Jahrhundert beginnenden Epoche, und der gesellschaftliche Spaltungsprozeß ist weit vorangeschritten.

b) Zweimal erfahren wir von Versuchen, der gesellschaftlichen Entwicklung entgegenzutreten, einmal grundlegend—bei Josia— und einmal punktuell und unter dem Druck einer bestimmten Kriegslage—bei Zedekia. Die Initiative dazu geht jeweils vom König aus. Was die Königsideologie behauptet und besonders Jeremia vom Königshaus fordert, soziale Gerechtigkeit herzustellen, wird zweimal in Form eines "Bundes" mit sozialer Zielsetzung verwirklicht.

c) Beide Fälle aber zeigen besonders deutlich, daß der König dabei, anders als die mesopotamischen Herrscher, nicht als despotischer Gesetzgeber oder Sozialreformer auftreten kann. Gesetzgeber ist er überhaupt nicht. Und eine Sozialreform kann er allenfalls einleiten, wobei im Fall Josias der Anstoß dazu von hohen Beamten ausgeht. Ohne den Beitritt des "Volkes" (2Kön 23,3) bzw. von "Beamten und Volk" (Jer 34,10) aber wäre sie wirkungslos. Der Charakter des judäischen Staates, bei dem Beamtenaristokratie und Landadel an der Macht des "Hauses Davids" partizipieren, wird hier besonders deutlich greifbar[21]. Das "Haus Davids", trotz eigener Luxusbedürfnisse doch nicht direkt in den durch Überschuldung bewirkten Prozeß der Aufspaltung der Gesellschaft verwickelt, bleibt bei den Versuchen, diesem Prozeß entgegenzuwirken, auf Zustimmung eben der Oberschicht angewiesen, die aus der Spaltung der Gesellschaft Nutzen zieht. Der judäische Staat mit seinem Machtgeflecht aus Königshaus, Beamtenaristokratie und Landadel ist nicht in der Lage, die judäische Gesellschaft zu reformieren.

Und doch ist dies nicht das letzte Wort.

---

[21] Galling (1929) 32: "Gelten die Gesetze auf der einen Seite als Gottesgesetze ..., so gewinnen sie erst durch die Bestätigung des Volkes ihre juristische Autorität."

3. ENDE UND ANFANG

1.) Die Koalition von "Ältesten und Beamten" (Jes 3,14), von "Groß- und Reichgewordenen" verhindert letztlich, daß das "Recht der Armen" herbeigeführt wird (Jer 5,27f). Zwar kommt zur Zeit Josias ein Bündnis zustande aus hohen Beamten, für die Hilkia und Schafan stehen, dem König selbst, dem "Volk", das der b^erît beitritt, und den religiösen Kräften, die sich hinter dem Mose des "Bundesbuches" verbergen[1]. Aber die damit anvisierte Reform findet ein schnelles Ende, wie die nachjosianischen Verhältnisse, die sich in der Kritik Jeremias, Habakuks und Ezechiels spiegeln, zeigen.

Auslösend für das Ende der kurzen Reformphase dürften der Tod Josias 609, die Absetzung des vom ᶜam hā'āræṣ gestützten Joahas (2Kön 23,30-33) und die Einsetzung Jojakims durch Pharao Necho (V.34) sowie die Demütigung des ᶜam hā'āræṣ durch Jojakim, der den Tribut an Ägypten durch eine Umlage aufbringt (V.35)[2], sein. Abgesichert wird die neue Politik Jojakims durch einen Wechsel in der höchsten Beamtenschaft von einem stark von der Schafan-Familie geprägten Ministerium (Jer 36) zu Anhängern der neuen Politik (Jer 38,1), wobei die sozialpolitische Frontstellung offenkundig weitgehend identisch ist mit den außenpolitischen Fronten in der Frage der Politik gegenüber Babel[3]. Die bei Jeremia noch nachschwingende Erinnerung an eine soziale Reformpolitik Josias (22,15f) veschwindet im Rückblick Ezechiels ganz: Könige, Priester, Beamte, Propheten und ᶜam hā'āræṣ sind für den Untergang des judäischen Staates insgesamt verantwortlich (22,23-31).

Wer sich den Verlauf der Geschichte weniger sprunghaft wünscht, mag angesichts der ab 609 zu datierenden Sozialkritik Jeremias und Habakuks und Ezechiels vernichtendem Urteil über alle Klassen der Gesellschaft einschließlich dem ᶜam hā'āræṣ Zweifel haben, ob tatsächlich 622 ein breites Bündnis eben dieser Kräfte mit sozialreformerischer Absicht überhaupt bestand[4]. Aber gesell-

---

[1] Zur Charakterisierung dieser Koalition vgl. Crüsemann (1983) 99-102

[2] Dazu s. o. S. 135-137

[3] Vgl. dazu Hardmeier (1990)

[4] Vgl. das Argument von Würthwein (1984) 463, daß "eine so einschneidende

schaftliche Kräfte verhalten sich nicht immer so berechenbar, wie wir es gerne hätten. Nehmen wir nur als Beispiel die französische Bourgeoisie, die 1789 mit den niederen Klassen des Volkes im Bündnis gegen König und Aristokratie steht, die nach 1795 Hauptstütze des napoleonischen Imperialismus wird, und die nach ihrer politischen Demütigung durch den Wiener Kongreß 1814/15— Wiedererrichtung des Ancien régime in Frankreich (man vergleiche Jojakims Demütigung des ʿam hāʾāræṣ, 2Kön 23,35)—eine enge Verbindung mit der alten Aristokratie eingeht. Wenn auch die tragenden Kräfte andere sind, ist die Sprunghaftigkeit der Entwicklung doch durchaus vergleichbar mit der der letzten Jahrzehnte des judäischen Staates.

2.) Mit der Eroberung Jerusalems durch das babylonische Heer im Jahr 587 oder 586, der Zerstörung der Stadt und der Ausrottung bzw. Exilierung der davidischen Königsfamilie (2Kön 25,7; Jer 39,6f; 52,10f) findet die hier untersuchte Geschichte des vorexilischen Staates Juda ihr Ende. Die ab dem 8. Jahrhundert greifbare gesellschaftliche Entwicklung freilich geht nach dem kurzlebigen Sozialexperiment unter Gedalja (2Kön 25,22-26; Jer 39-41) und der für uns weitgehend im Dunkel liegenden Zeit danach mit der persischen Ära unvermindert weiter. Dies belegt nicht nur die Sozialkritik der nachexilischen Propheten (Jes 58,1-12; 59; Sach 7,4-14; Mal 3,5)[5], sondern auch drastisch Nehemias Bericht über seine Sozialreform (Neh 5,1-13). Den gesellschaftlichen Verlauf dieser Entwicklung selbst und den Einfluß der geänderten staatlichen Bedingungen auf ihn zu untersuchen, ist Aufgabe der sozialgeschichtlichen Erforschung der Perserzeit.

3.) Obwohl es der judäischen Gesellschaft und dem von ihr getragenen Staat nicht gelungen ist, die soziale Krise ab dem 8. Jahrhundert zu meistern, ist damit noch kein abschließendes Urteil über diese Epoche gesprochen. Mit dem Übergang vom "frühen Staat" mit seiner einfachen Dichotomie von Staat und Gesellschaft zum "reifen Staat", in dem sich zunehmend antagonistische Klassen gegenüberstehen, erwächst nämlich das Problem, die Beziehungen dieser Klassen zueinander zu regeln. Dies

---

Maßnahme, wie sie Joschija zugeschrieben wird'', ''doch ihre Spuren in dem zeitgenössischen und jüngeren Schrifttum ... hinterlassen haben'' müßte.
[5] Vgl. dazu Sicre (1984) 408-436

führt zu einem Prozeß der Kodifizierung und Ausarbeitung eines Rechts, dessen ersten Niederschlag wir im Bundesbuch finden.

Indem aber der Übergang vom "frühen" zum "reifen Staat" unter den konkreten Bedingungen einer Monarchie stattfindet, an deren Macht Landadel und Beamtenschaft partizipieren, genügt es nicht, die gesellschaftlichen Beziehungen allein zu regeln. Der Staat selbst muß Gegenstand des Rechts werden. Es ist das Deuteronomium, das mit seiner sozialen Gesetzgebung wie seinem Verfassungsrecht diese Aufgabe in Angriff nimmt[6].

Tatsächlich läßt sich zeigen, daß das Deuteronomium eine Antwort auf alle gesellschaftlichen und politischen Fragen versucht, die in unserer Analyse von Staat und Gesellschaft des vorexilischen Juda als Faktoren der Auslösung und Verstärkung der sozialen Krise in den Blick kamen. Das Problem der Überschuldung, von uns als grundlegend für die ökonomische Entwicklung angesehen, wird im ersten Sozialgesetz des Deuteronomiums grundsätzlich angegangen (15,1-11). Direkt daran schließt sich das Gesetz über die schwerwiegendste Folge der Überschuldung, die Schuldsklaverei, an (15,12-18). Beide Gesetze stehen noch vor dem Verfassungsrecht (16,18—18,22). In den einzelnen Sozialgesetzen am Ende des Rechtskorpus (Dt 22-25) stehen wieder das Schuldenwesen selbst (23,20f Zinsverbot; 24,6.10-13.17 Beschränkungen beim Pfandnehmen; 25,13-16 korrektes Gewicht und Maß) und seine Folgen (23,16f Flucht von Sklaven; 24,14f Entlohnung von Tagelöhnern; 24,19-22 Nachlese für die Armen) im Mittelpunkt, wobei die erste Gruppe von Bestimmungen alles Gewicht auf die Prävention legt.

Im staatlichen Bereich zeigte unsere Analyse hauptsächlich zwei Problemfelder, nämlich Korruption in der Rechtsprechung und Belastung durch staatliche Anforderungen. Der Korruption versucht das Deuteronomium zum einen durch das Richtergesetz entgegenzuwirken (16,18-20). Zum andern sollen durch die Zuweisung bestimmter Kompetenzen an die "Ältesten der Stadt" (19,1-13; 21,1-9.18-21; 22,13-21; 25,5-10) sowie an "Richter" (19,17f; 21,2; 25,1-3) die Zuständigkeiten transparent gemacht werden[7]. Durch

---

[6] Und zwar unbeschadet der Frage, ob die deuteronomischen Ämtergesetze (16,18—18,22) erst exilische Antwort auf die Katastrophe sind, wie Lohfink (1990b) meint, oder ob sie noch unter den Bedingungen der Staatlichkeit entstanden sind, wie jetzt wieder Rüterswörden (1987) vertritt.

[7] Siehe dazu auch o. S. 186–189

Regelungen für ein "Obergericht" in Jerusalem (17,8-13) sollen zusätzlich Fälle von Rechtsunsicherheit vor Ort, die willkürlichen Entscheidungen naturgemäß breiten Raum lassen, einer Klärung zugeführt werden[8].

Gegen die Belastung durch staatliche Anforderungen richtet sich v.a. das Königsgesetz (17,14-20). Dabei ist sowohl an die Belastung durch Rüstungskosten—mit Anspielung an die drückende Fronpflicht (V.16)—als auch durch königlichen Luxusbedarf (V.17b) gedacht. Aber auch die Abgaben werden dahingehend neu geregelt, daß der Zehnte zwei Jahre selbst verzehrt und im dritten Jahr als eine Art "Armensteuer" den personae miserabiles zugute kommen soll (14,22-29; 26,12).

Selbst eine scheinbar so unabweisbare Belastung wie die durch Kriegsdienst wird dadurch abgemildert, daß junge Leute, die am Anfang ihrer selbständigen Existenz stehen, freigestellt werden (20,5-7; 24,5). Und mit dem Verbot, im Kriegsfall fruchttragende Bäume zu fällen (20,19f), wird sogar in einem Ansatz von Völkerrecht eine vorgebliche Notwendigkeit damaliger Kriegsführung—mit verheerenden sozialen Folgen[9]—in Frage gestellt.

Auch das Deuteronomium, wenn es denn vorexilisch ist[10], konnte den Zusammenbruch des judäischen Staates nicht verhindern. Die wirtschaftlichen, sozialen und politischen Interessen der diesen Staat tragenden Gruppen standen dem entgegen. Aber es hat den Zusammenbruch dieses Staates überlebt. Indem es—mit dem Bundesbuch und den späteren Gesetzen des Pentateuchs—zur Tora des Gottesvolkes wurde, hat es wesentlich dazu beigetragen, daß der Zusammenbruch des judäischen Staates nicht das Ende Judas wurde.

---

[8] Zur These eines Obergerichts in Jerusalem vgl. besonders Macholz (1972b).
[9] Vgl. dazu o. S. 137f
[10] Siehe o. Anm. 6

LITERATUR

ARBEITSMITTEL
(ZITIERT MIT ABKÜRZUNG)

ANET = *Ancient Near Eastern Texts Relating to the Old Testament*, hg. v. J.B. Pritchard (Princeton, [3]1969)

BHS = *Biblia Hebraica Stuttgartensia*, hg. v. K. Elliger / W. Rudolph (Stuttgart, 1967/77)

BRL[2] = *Biblisches Reallexikon (BRL[2])*, hg. v. K. Galling: HAT 1 (Tübingen, [2]1977)

Ges-K = *Hebräische Grammatik*, von W. Gesenius / E. Kautzsch / G. Bergsträsser (Darmstadt, Nachdruck 1985)

Gesenius = *Hebräisches und aramäisches Handwörterbuch über das Alte Testament*, von W. Gesenius, Nachdruck der 17. Aufl. (Berlin u.a., 1962)

KAI = *Kanaanäische und aramäische Inschriften*, hg. v. H. Donner / W. Röllig (Wiesbaden, Bd. I [2]1966, Bd. II und III 1964)

TGI = *Textbuch zur Geschichte Israels*, hg. v. K. Galling (Tübingen, [3]1979)

TUAT = *Texte aus der Umwelt des Alten Testaments*, Bd. I, *Rechts- und Wirtschaftsurkunden. Historisch-chronologische Texte*, hg. v. O. Kaiser (Gütersloh, 1982-1985)

ÜBRIGE LITERATUR
(ZITIERT MIT VERFASSERNAME UND ERSCHEINUNGSJAHR; DIE ABKÜRZUNGEN RICHTEN SICH NACH SIEGFRIED SCHWERTNER, *THEOLOGISCHE REALENZYKLOPÄDIE. ABKÜRZUNGSVERZEICHNIS*, BERLIN/NEW YORK 1976)

Aharoni, Yohanan, *Excavations at Ramat Rahel. Seasons 1961 and 1962* (Rom, 1964)
——, *Arad Inscriptions* (Jerusalem, 1981)
Albertz, Rainer, "Jer 2-6 und die Frühzeitverkündigung Jeremias", in: ZAW 94 (1982), pp. 20-47
Alonso Schökel, L. / Sicre Díaz, J.L., *Profetas I. Isaías. Jeremías; II. Ezequiel. Doce Profetas Menores. Daniel. Baruc. Carta de Jeremías* (Madrid, [2]1987)
Alt, Albrecht, "Der Anteil des Königtums an der sozialen Entwicklung in den Reichen Israel und Juda", in: ders., *Kleine Schriften zur Geschichte des Volkes Israel*, 3. Bd., (München, [2]1968a), pp. 348-372
——, "Micha 2,1-5. ΓΗΣ ΑΝΑΔΑΣΜΟΣ in Juda", in: ders., *Kleine Schriften zur Geschichte des Volkes Israel*, 3. Bd., (München, [2]1968b) pp. 373-381
Amusin, J.D. / Heltzer, M.L., "The Inscription from Mesad Hashavyahu. Complaint of a Reaper of the Seventh Century B.C.", in: *IEJ* 14 (1964), pp. 148-157
Avigad, Nahman, "The Epitaph of a Royal Steward from Siloam Village", in: *IEJ* 3 (1953), pp. 137-152
——, "A Seal of 'Manasseh Son of the King'", in: *IEJ* 13 (1963), pp. 133-136
——, "The Governor of the City", in: *IEJ* 26 (1976), pp. 178-182
——, "Baruch the Scribe and Jerahmeel the King's Son", in: *IEJ* 28 (1978a), pp. 52-56
——, "The King's Daughter and the Lyre", in: *IEJ* 28 (1978b), pp. 146-151
——, "Jerahmeel & Baruch, King's Son and Scribe", in: *BA* 42 (1979), pp. 114-118
——, "The Chief of the Corvée", in: *IEJ* 30 (1980), pp. 170-173
——, *Hebrew Bullae from the Time of Jeremiah. Remnants of a Burnt Archive* (Jerusalem, 1986a)

——, "Three Ancient Seals", in: *BA* 49 (1986b), pp. 51-53

——, "Hebrew Seals and Sealings and Their Significance for Biblical Research", in: *Congress Volume Jerusalem 1986*, SVT 40, (Leiden u.a., 1988), pp. 7-16

Baltzer, Klaus, *Das Bundesformular*: WMANT 4, (Neukirchen Kreis Moers, 1960)

Bardtke, Hans, "Die Latifundien in Juda während der zweiten Hälfte des achten Jahrhunderts v. Chr. (Zum Verständnis von Jes 5,8-10)", in: *Hommages à André Dupont-Sommer*, (Paris, 1971), pp. 235-254

Bartlett, J.R., "The Use of the Word *rʾš* as a Title in the Old Testament", in: *VT* 19 (1969), pp. 1-10

Becker, Joachim, *Der priesterliche Prophet. Das Buch Ezechiel* (Stuttgart, 1971)

——, "Ez 8-11 als einheitliche Komposition in einem pseudepigraphischen Ezechielbuch", in: J. Lust (Hg.), *Ezekiel and His Book. Textual and Literary Criticism and their Interrelation*, BEThL 74, (Leuven, 1986), pp. 136-150

Begrich, Gerhard, *Der wirtschaftliche Einfluß Assyriens auf Südsyrien und Palästina*: Diss. Berlin (DDR) (1975)

Berridge, John Maclennan, *Prophet, People, and the Word of Yahweh. An Examination of Form and Content in the Proclamation of the Prophet Jeremiah*: BST 4, (Zürich, 1970)

Bettenzoli, Giuseppe, *Geist der Heiligkeit. Traditionsgeschichtliche Untersuchung des qdš-Begriffes im Buch Ezechiel*: QuSem 8, (Florenz, 1979)

——, "Gli 'Anziani' in Giuda", in: *Bib.* 64 (1983a), pp. 211-224

——, "Gli 'Anziani di Israele'", in: *Bib.* 64 (1983b), pp. 47-73

Bobek, Hans, "Die Hauptstufen der Gesellschafts- und Wirtschaftsentfaltung in geographischer Sicht", in: E. Wirth (Hg.), *Wirtschaftsgeographie*: WdF 219, (Darmstadt, 1969), pp. 441-485

Broshi, M., "The Expansion of Jerusalem in the Reigns of Hezekiah and Manasseh", in: *IEJ* 24 (1974), pp. 21-26

Buchholz, Joachim, *Die Ältesten im Deuteronomium*: GTA 36, (Göttingen, 1988)

Carley, Keith W., *The Book of the Prophet Ezekiel* (Cambridge, 1974)

Carroll, Robert P., "Theodicy and the Community: The Text and Subtext of Jeremiah V 1-6", in: *OTS* 23 (1984), pp. 19-38

——, *Jeremiah. A Commentary* (London, 1986)

Chaney, Marvin L., "Systemic Study of the Israelite Monarchy", in: N.K. Gottwald (Hg.), *Social Scientific Criticism of the Hebrew Bible and its Social World: The Israelite Monarchy*: Semeia 37 (1986), pp. 53-76

Claessen, Henri Joannes Maria, *Van Vorsten en volken. Een beschrijvende en functioneel-vergelijkende studie van de staatsorganisatie in vijf schriftloze vorstendommen* (Amsterdam, 1970)

Claessen, Henri J.M. / Skalník, Peter, *The Early State*: New Babylon 32, (Den Haag u.a., 1978)

Conrad, Diethelm, "On *zᵉrôᵃᶜ* = 'Forces, Troops, Army' in Biblical Hebrew", in: *Tel Aviv* 3 (1976), pp. 111-119

Croatto, José S., *Isaías 1-39* (Buenos Aires, 1989)

Crüsemann, Frank, *Der Widerstand gegen das Königtum. Die antiköniglichen Texte des Alten Testamentes und der Kampf um den frühen israelitischen Staat*: WMANT 49, (Neukirchen-Vluyn, 1978)

——, "'. . . damit er dich segne in allem Tun deiner Hand . . .' (Dtn 14,29). Die Produktionsverhältnisse der späten Königszeit dargestellt am Ostrakon von Meṣad Ḥashavjahu, und die Sozialgesetzgebung des Deuteronomiums", in: L. und W. Schottroff (Hgg.), *Mitarbeiter der Schöpfung. Bibel und Arbeitswelt*, (München, 1983), pp. 72-103

——, "Der Zehnte in der israelitischen Königszeit", in: *WuD* N.F. 18 (1985), pp. 21-47

——, " 'Auge um Auge . . .' (Ex 21,24f). Zum sozialgeschichtlichen Sinn des Talionsgesetzes im Bundesbuch", in: *EvTh* 47 (1987), pp. 411-427

Daiches, S., "The meaning of ʿm hʾrṣ in the O.T.", in: *JThS* 30 (1929), pp. 245-249

Dalman, Gustaf, *Arbeit und Sitte in Palästina, Bd. IV. Brot, Öl und Wein* (Gütersloh, 1935)

Dearman, John Andrew, *Property Rights in the Eighth-Century Prophets: The Conflict and its Background*: SBLDS 106, (Atlanta, 1988)

——, "My Servants the Scribes: Composition and Context in Jeremiah 36", in: *JBL* 109 (1990), pp. 403-421

Deissler, Alfons, *Zwölf Propheten II. Obadja. Jona. Micha. Nahum. Habakuk*: Neue Echter Bibel, (Würzburg, 1984)

Dietrich, Walter, *Jesaja und die Politik*: BEvTh 74, (München, 1976)

Donner, Herbert, *Israel unter den Völkern. Die Stellung der klassischen Propheten des 8. Jahrhunderts v. Chr. zur Außenpolitik der Könige von Israel und Juda*: SVT 11, (Leiden, 1964)

——, "Die Schwellenhüpfer: Beobachtungen zu Zephanja 1,8 F.", in: *JSSt* 15 (1970), pp. 42-55

——, "Die soziale Botschaft der Propheten im Lichte der Gesellschaftsordnung in Israel", in: P.H.A. Neumann (Hg.), *Das Prophetenverständnis in der deutschsprachigen Forschung seit Heinrich Ewald*, WdF 307, (Darmstadt, 1979), pp. 493-514

——, *Geschichte des Volkes Israel und seiner Nachbarn in Grundzügen. Teil 1: Von den Anfängen bis zur Staatenbildung*: ATD Ergänzungsreihe 4/1, (Göttingen, 1984)

——, *Geschichte des Volkes Israel und seiner Nachbarn in Grundzügen. Teil 2: Von der Königszeit bis zu Alexander dem Großen*: ATD Ergänzungsreihe 4/2, (Göttingen, 1986)

Dreher, Carlos A., "Das tributäre Königtum in Israel unter Salomo", in: *EvTh* 51 (1991), pp. 49-60

Duhm, Bernhard, *Das Buch Jesaja* (Göttingen, [5]1968)

Eichrodt, Walther, *Der Prophet Hesekiel*: ATD 22, (Göttingen, [3]1968)

Eißfeldt, Otto, "Schwerterschlagene bei Hesekiel", in: ders., *Kleine Schriften III*, (Tübingen, 1966), pp. 1-8

Elliger, Karl, "Das Ende der 'Abendwölfe' Zeph 3,3 Hab 1,8", in: *Festschr. Bertholet*, (Tübingen 1950), pp. 158-175

——, *Das Buch der zwölf Kleinen Propheten II. Die Propheten Nahum, Habakuk, Zephanja, Haggai, Sacharja, Maleachi*: ATD 25, (Göttingen, [7]1975)

Emerton, J.A., "Notes on some problems in Jeremiah V 26", in: *Mélanges bibliques et orientaux en l'honneur de M. Henri Cazelles*, AOAT 212, (Neukirchen-Vluyn, 1981), pp. 125-133

Fensham, F. Charles, "Widow, Orphan, and the Poor in Ancient Near Eastern Legal and Wisdom Literature", in: *JNES* 21 (1962), pp. 129-139

Finley, Moses J., "Die Schuldknechtschaft", in: H.G. Kippenberg (Hg.), *Seminar: Die Entstehung der antiken Klassengesellschaft*, (Frankfurt am Main, 1977), pp. 173-204

Fleischer, Gunther, *Von Menschenverkäufern, Baschankühen und Rechtsverkehrern. Die Sozialkritik des Amosbuches in historisch-kritischer, sozialgeschichtlicher und archäologischer Perspektive*: BBB 74, (Frankfurt am Main, 1989)

Fohrer, Georg, *Ezechiel*: HAT 13, (Tübingen, 1955)

——, "Israels Staatsordnung im Rahmen des Alten Orients", in: ders., *Studien zur alttestamentlichen Theologie und Geschichte* (*1949-1966*), BZAW 115, (Berlin, 1969a), pp. 309-329

——, "Der Vertrag zwischen König und Volk in Israel", in: ders., *Studien zur alttestamentlichen Theologie und Geschichte* (*1949-1966*), BZAW 115, (Berlin, 1969b), pp. 330-351

Frick, Frank S., *The Formation of the State in Ancient Israel: A Survey of Models and Theories* (Sheffield, 1985)

——, "Social Science Methods and Theories of Significance for the Study of the Israelite Monarchy: A Critical Review Essay", in: N.K. Gottwald (Hg.), *Social Scientific Criticism of the Hebrew Bible and its Social World: The Israelite Monarchy*: Semeia 37 (1986), pp. 9-52

Fritz, Volkmar, *Kleines Lexikon der Biblischen Archäologie* (Konstanz, 1987)

Fuhs, Hans Ferdinand, *Ezechiel 1-24*: Neue Echter Bibel, (Würzburg, 1984)

——, *Ezechiel II. 25-48*: Neue Echter Bibel, (Würzburg, 1988)

Galling, Kurt, *Die israelitische Staatsverfassung in ihrer vorderorientalischen Umwelt*: AO 28, 3/4, (Leipzig, 1929)

Garfinkel, Yosef, "The Eliakim Na'ar Yokan Seal Impressions. Sixty Years of Confusion in Biblical Archaeological Research", in: *BA* 53 (1990), pp. 74-79

Gillischewski, Eva, "Der Ausdruck '*m hā'āræṣ* im AT", in: *ZAW* 40 (1922), pp. 137-142

Ginsberg, H.L., "MMŠT and MṢH", in: *BASOR* 109 (1948), pp. 20-22

Gorgulho, Gilberto, "Zefanja und die historische Bedeutung der Armen", in: *EvTh* 51 (1991), pp. 81-92

Gottwald, Norman K., "Introduction", in: N.K. Gottwald (Hg.), *Social Scientific Criticism of the Hebrew Bible and its Social World: The Israelite Monarchy*: Semeia 37 (1986), pp. 1-8

Gray, John, *I & II Kings. A Commentary* (London, ²1970)

Greenberg, Moshe, "What Are Valid Criteria für Determining Inauthentic Matter in Ezekiel?", in: J. Lust (Hg.), *Ezekiel and His Book. Textual and Literary Criticism and their Interrelation*, BEThL 74, (Leuven, 1986), pp. 123-135

Greßmann, Hugo, "Ursprung und Entwicklung der Joseph-Sage", in: ΕΥΧΑΡΙΣΤΗΡΙΟΝ, *Festschr. H. Gunkel, 1. Tl.*, (Göttingen, 1923), pp. 1-55

——, "Josia und das Deuteronomium", in: *ZAW* 42 (1924), pp. 313-337

Gunneweg, A.H.J., "'*m h'rṣ*—A Semantic Revolution", in: *ZAW* 95 (1983), 437-440

Hardmeier, Christof, *Texttheorie und biblische Exegese. Zur rhetorischen Funktion der Trauermetaphorik in der Prophetie*: BEvTh 79, (München, 1978)

——, *Prophetie im Streit vor dem Untergang Judas. Erzählkommunikative Studien zur Entstehungssituation der Jesaja- und Jeremiaerzählungen in II Reg 18-20 und Jer 37-40*: BZAW 187, (Berlin/New York, 1990)

Hentschel, Georg, *2 Könige: Neue Echter Bibel*, (Würzburg, 1985)

Herrmann, Johannes, *Ezechiel*: KAT 11, (Leipzig / Erlangen, 1924)

Herrmann, Siegfried, *Jeremia*: BK 12/1, (Neukirchen-Vluyn, 1. Lieferung 1986)

Hestrin, Ruth, "Hebrew Seals of Officials", in: L. Gorelick / E. Williams-Forte (Hgg.), *Ancient Seals and the Bible* (Malibu, 1983), pp. 50-54

Hestrin, Ruth / Dayagi—(Mendels), Michal, "A Seal Impression of a Servant of King Hezekiah", in: *IEJ* 24 (1974), pp. 27-29

——, *Inscribed Seals. First Temple Period* (Jerusalem, 1979)

Hillers, Delbert R., *Micah. A Commentary on the Book of the Prophet Micah* (Philadelphia, 1984)

Hoffmann, Hans-Detlef, *Reform und Reformen. Untersuchungen zu einem Grundthema der deuteronomistischen Geschichtsschreibung*: AThANT 66, (Zürich, 1980)

Hölscher, Gustav, *Hesekiel. Der Dichter und das Buch. Eine literarkritische Untersuchung*: BZAW 39, (Gießen, 1924)

Hossfeld, Frank Lothar, *Untersuchungen zu Komposition und Theologie des Ezechielbuches*: FzB 20, (Würzburg, 1977)

——, "Die Tempelvision Ez 8-11 im Licht unterschiedlicher methodischer Zugänge", in: J. Lust (Hg.), *Ezekiel and His Book. Textual and Literary Criticism and their Interrelation*, BEThL 74, (Leuven, 1986), pp. 151-165

Ihromi, "Die Königinmutter und der ʿamm haʾarez im Reich Juda", in: *VT* 24 (1974), pp. 421-429

Irsigler, Hubert, *Gottesgericht und Jahwetag. Die Komposition Zef 1,1—2,3, untersucht auf der Grundlage der Literarkritik des Zefanjabuches* (St. Ottilien, 1977)

Jacob, Edmond, *Esaïe 1-12*: CAT 7a, (Genf, 1987)

Jaroš, Karl, *Hundert Inschriften aus Kanaan und Israel. Für den Hebräischunterricht bearbeitet* (Fribourg/Schweiz, 1982)

Jeremias, Jörg, *Kultprophetie und Gerichtsverkündigung in der späten Königszeit Israels*: WMANT 35, (Neukirchen-Vluyn, 1970)

——, "Die Deutung der Gerichtsworte Michas in der Exilszeit", in: *ZAW* 83 (1971), pp. 330-354

Jongeling, B., "Jeux de mots en Sophonie III 1 et 3?", in: *VT* 21 (1971), pp. 541-547

Junge, Ehrhard, *Der Wiederaufbau des Heerwesens des Reiches Juda unter Josia*: BWANT 75, (Stuttgart, 1937)

Junker, Hubert, "Ein Kernstück der Predigt Ezechiels. Studie über Ez 18", in: *BZ* 7 (1963), pp. 173-185

Kaiser, Otto, *Das Buch des Propheten Jesaja. Kapitel 1-12*: ATD 17, (Göttingen, [5]1981)

Kegler, Jürgen, "Prophetisches Reden und politische Praxis Jeremias. Beobachtungen zu Jer 26 und 36", in: W. Schottroff / W. Stegemann (Hgg.), *Der Gott der kleinen Leute. Sozialgeschichtliche Bibelauslegungen, Bd. 1*, (München u.a., 1979), pp. 67-79

Keller, Carl A., *Nahoum. Habacuc. Sophonie*: CAT 11b, (Neuchâtel, 1971)

——, "Die theologische Bewältigung der geschichtlichen Wirklichkeit in der Prophetie Nahums", in: *VT* 22 (1972), pp. 399-419

Kessler, Rainer, "Die angeblichen Kornhändler von Amos VIII 4-7", in: *VT* 39 (1989a), pp. 13-22

——, "Das hebräische Schuldenwesen. Terminologie und Metaphorik", in: *WuD* N.F. 20 (1989b), pp. 181-195

Kippenberg, Hans G., "Die Typik antiker Entwicklung", in: H.G. Kippenberg (Hg.), *Seminar: Die Entstehung der antiken Klassengesellschaft*, (Frankfurt am Main, 1977), pp. 9-61

Klengel, Horst, *Hammurapi von Babylon und seine Zeit* (Berlin [DDR], [4]1980)

Knierim, Rolf, "Exodus 18 und die Neuordnung der mosaischen Gerichtsbarkeit", in: *ZAW* 73 (1961), pp. 146-171

Koch, Klaus, "Die Entstehung der sozialen Kritik bei den Propheten", in: ders., *Spuren des hebräischen Denkens. Beiträge zur alttestamentlichen Theologie, Gesammelte Aufsätze Bd. 1*, (Neukirchen-Vluyn, 1991), pp. 146-166

Kraetzschmar, Richard, *Das Buch Ezechiel*: HK III, 3/1, (Göttingen, 1900)

Kutsch, Ernst, "Gesetz und Gnade. Probleme des alttestamentlichen Bundes-begriffes", in: *ZAW* 79 (1967), pp. 18-35
——, "Wie David König wurde. Beobachtungen zu 2. Sam 2,4a und 5,3", in: ders., *Kleine Schriften zum Alten Testament*, BZAW 168, (Berlin / New York, 1986), pp. 110-128

Lance, H. Darrell, "The Royal Stamps and the Kingdom of Josiah", in: *HThR* 64 (1971), pp. 315-332
Lang, Bernhard, *Kein Aufstand in Jerusalem. Die Politik des Propheten Ezechiel*: SBB, (Stuttgart, [2]1981)
——, "The Social Organization of Peasant Poverty in Biblical Israel", in: *JSOT* 24 (1982), pp. 47-63
——, "Prophetie und Ökonomie im alten Israel", in: G. Kehrer (Hg.), *"Vor Gott sind alle gleich". Soziale Gleichheit, soziale Ungleichheit und die Religionen*, (Düsseldorf, 1983), pp. 53-73
Lapp, Paul W., "Late Royal Seals from Judah", in: *BASOR* 158 (1960), pp. 11-22
Lemaire, André, "Remarques sur la datation des estampilles 'lmlk'", in: *VT* 25 (1975), pp. 678-682
——, *Inscriptions hébraïques I. Les ostraca* (Paris, 1977)
——, "Les ostraca paléo-hébreux des fouilles de l'Ophel", in: *Levant* 10 (1978), pp. 156-161
——, "Classification des estampilles royales judéennes", in: *EI* 15, (Jerusalem, 1981), pp. 53*-60*
——, "Recherches actuelles sur les sceaux nord-ouest sémitiques", in: *VT* 38 (1988), pp. 220-230
Lemche, N.P., "The manumission of slaves—the fallow year—the sabbatical year—the jobel year", in: *VT* 26 (1976), pp. 38-59
Lindblom, Johannes, "Wisdom in the Old Testament Prophets", in: *SVT* 3, (Leiden, 1955), pp. 192-204
Lipiński, E., "Art. ʿam", in: *ThWAT* IV (1989) 177-194
Liwak, Rüdiger, *Der Prophet und die Geschichte. Eine literarhistorische Untersuchung zum Jeremiabuch*: BWANT 121, (Stuttgart u.a., 1987)
Lohfink, Norbert, "Die Bundesurkunde des Königs Josias (Eine Frage an die Deuteronomiumsforschung)", in: ders., *Studien zum Deuteronomium und zur deuteronomistischen Literatur I*, SBAB 8, (Stuttgart, 1990a), pp. 99-165
——, "Die Sicherung der Wirksamkeit des Gotteswortes durch das Prinzip der Schriftlichkeit der Tora und durch das Prinzip der Gewaltenteilung nach den Ämtergesetzen des Buches Deuteronomium (Dt 16,18—18,22)", in: ders., *Studien zum Deuteronomium und zur deuteronomistischen Literatur I*, SBAB 8, (Stuttgart, 1990b), pp. 305-323
Loretz, O., "Die prophetische Kritik des Rentenkapitalismus. Grundlagen-Probleme der Prophetenforschung", in: *UF* 7 (1975), pp. 271-278

Macholz, Georg Christian, "Die Stellung des Königs in der israelitischen Gerichts-verfassung", in: *ZAW* 84 (1972a), pp. 157-182
——, "Zur Geschichte der Justizorganisation in Juda", in: *ZAW* 84 (1972b), pp. 314-340
Martin-Achard, Robert, "L'oracle contre Shebna et le pouvoir des clefs, Es. 22,15-25", in: *ThZ* 24 (1968), pp. 241-254
Mazar, Eilat, "Royal Gateway to Ancient Jerusalem Uncovered", in: *BAR* 15/3 (1989), pp. 38-51
Mazar, E. / Mazar, B., "Excavations in the South of the Temple Mount, the Ophel of Biblical Jerusalem", in: *Qedem* 29 (1989), pp. 44-47

McKenzie S.J., John L., "The Elders in the Old Testament", in: *Bib.* 40 (1959a), pp. 522-540

——, "The 'People of the Land' in the Old Testament", in: *Akten des vierundzwanzigsten internationalen Orientalistenkongresses München*, (Wiesbaden, 1959b), pp. 206-208

Mettinger, Tryggve N.D., *Solomonic State Officials. A Study of the Civil Government Officials of the Israelite Monarchy*: CB.OT 5, (Lund, 1971)

Mommsen, H. / Perlman, I. / Yellin, J., "The Provenience of the lmlk Jars", in: *IEJ* 34 (1984), pp. 89-113

Münderlein, Gerhard, *Kriterien wahrer und falscher Prophetie. Entstehung und Bedeutung im Alten Testament*: EHS.T 33, (Bern u.a., ²1979)

Na²aman, N., "Sennacherib's Campaign to Judah and the Date of the lmlk Stamps", in: *VT* 29 (1979), pp. 61-86

Naveh, J., "A Hebrew Letter from the Seventh Century B.C.", in: *IEJ* 10 (1960), pp. 129-139

Nicholson, Ernest W., *The Book of the Prophet Jeremiah. Chapters 1-25* (Cambridge, 1973)

——, *The Book of the Prophet Jeremiah. Chapters 26-52* (Cambridge, 1975)

Niehr, Herbert, *Herrschen und Richten. Die Wurzel špṭ im Alten Orient und im Alten Testament*: FzB 54, (Würzburg, 1986)

——, *Rechtsprechung in Israel. Untersuchungen zur Geschichte der·Gerichtsorganisation im AT*: SBS 130, (Stuttgart, 1987)

Noth, Martin, "Die Gesetze im Pentateuch. Ihre Voraussetzungen und ihr Sinn", in: ders., *Gesammelte Studien zum Alten Testament*, ThB 6, (München, ³1966), pp. 9-141

——, *Könige. 1. Teilband*: BK 9/1, (Neukirchen-Vluyn, 1968)

——, "Das Krongut der israelitischen Könige und seine Verwaltung", in: ders., *Aufsätze zur biblischen Landes- und Altertumskunde, Bd. 1*, (Neukirchen-Vluyn, 1970), pp. 159-182

Otto, Eckart, "Die Stellung der Wehe-Worte in der Verkündigung des Propheten Habakuk", in: *ZAW* 89 (1977), pp. 73-107

Pateman, Carole, *Participation and Democratic Theory* (Cambridge, 1970)

Perlitt, Lothar, *Bundestheologie im Alten Testament*: WMANT 36, (Neukirchen-Vluyn, 1969)

Phillips, Anthony, "The Laws of Slavery: Exodus 21,2-11", in: *JSOT* 30 (1984a), pp. 51-66

——, "Prophecy and law", in: R. Coggins u.a. (Hgg.), *Israel's Prophetic Tradition*, Festschr. P.R. Ackroyd, (Cambridge u.a., 1984b), pp. 217-232

van der Ploeg, Jean, "Les anciens dans l'Ancien Testament", in: *Lex tua veritas*, Festschr. H. Junker, (Trier, 1961), pp. 175-191

Plöger, Otto, *Sprüche Salomos (Proverbia)*: BK 17, (Neukirchen-Vluyn, 1984)

Pons, Jacques, *L'oppression dans l'Ancien Testament* (Paris, 1981)

Porath, Renatus, *Die Sozialkritik im Jesajabuch. Redaktionsgeschichtliche Analyse*: Diss. München (1986)

Premnath, D.N., "Latifundalization and Isaiah 5.8-10", in: *JSOT* 40 (1988), pp. 49-60

Pritchard, James B., *Herders Großer Bibelatlas* (Freiburg u.a., 1989)

Rainey, A.F., "Wine from the Royal Vineyards", in: *BASOR* 245 (1982), pp. 57-62

Reimer, David J., "Concerning Return to Egypt: Deuteronomy XVII 16 and XXVIII 68 Reconsidered", in: J.A. Emerton (Hg.), *Studies in the Pentateuch*, SVT 41, (Leiden u.a., 1990), pp. 217-229

Reimer, Haroldo, *Ein "totales Ende"? Studien zum Inhalt der Anklagen und zur sozialen Identität der vom Unheil Bedrohten in der radikalen Prophetie des Amos anhand der "frühesten Kompositionen" im Amosbuch*: Diss. Bethel (1990)

Reventlow, Henning Graf, *Wächter über Israel. Ezechiel und seine Tradition*: BZAW 82, (Berlin, 1962)

——, "Gattung und Überlieferung in der Tempelrede Jeremias. Jer 7 und 26", in: *ZAW* 81 (1969), pp. 315-352

Riesener, Ingrid, *Der Stamm ⁽bd im Alten Testament. Eine Wortuntersuchung unter Berücksichtigung neuerer sprachwissenschaftlicher Methoden*: BZAW 149, (Berlin / New York, 1979)

Rietzschel, Claus, *Das Problem der Urrolle. Ein Beitrag zur Redaktionsgeschichte des Jeremiabuches* (Gütersloh, 1966)

Robinson, Theodore H. / Horst, Friedrich, *Die Zwölf Kleinen Propheten*: HAT 14, (Tübingen, 1954)

Rose, Martin, "Bemerkungen zum historischen Fundament des Josia-Bildes in II Reg 22f.", in: *ZAW* 89 (1977), pp. 50-63

——, "'Atheismus' als Wohlstandserscheinung? (Zephanja 1,12)", in: *ThZ* 37 (1981), pp. 193-208

Rowley, H.H., "The Early Prophecies of Jeremiah in their Setting", in: ders., *Men of God. Studies in Old Testament History and Prophecy*, (London u.a., 1963), pp. 133-168

Rudolph, Wilhelm, *Jeremia*: HAT 12, (Tübingen, ³1968)

——, *Micha – Nahum – Habakuk – Zephanja*: KAT 13/3, (Gütersloh, 1975)

Ruprecht, Eberhard, "Die ursprüngliche Komposition der Hiskia-Jesaja-Erzählungen und ihre Umstrukturierung durch den Verfasser des deuteronomistischen Geschichtswerkes", in: *ZThK* 87 (1990), pp. 33-66

Rüterswörden, Udo, *Die Beamten der israelitischen Königszeit. Eine Studie zu śr und vergleichbaren Begriffen*: BWANT 117, (Stuttgart u.a., 1985)

——, *Von der politischen Gemeinschaft zur Gemeinde. Studien zu Dt 16,18—18,22*: BBB 65, (Frankfurt, 1987)

Sarna, N., "Zedekiah's Emancipation of Slaves and the Sabbatical Year", in: Hoffner (Hg.), *Festschr. C.H. Gordon*, AOAT 22 (Kevelaer/Neukirchen-Vluyn, 1973), pp. 143-149

Schäfer-Lichtenberger, Christa, *Stadt und Eidgenossenschaft im Alten Testament. Eine Auseinandersetzung mit Max Webers Studie "Das antike Judentum"*: BZAW 156, (Berlin / New York. 1983)

Scharbert, Josef, "Zefanja und die Reform des Joschija", in: L. Ruppert u.a. (Hgg.), *Künder des Wortes. Beiträge zur Theologie der Propheten*, Festschr. J. Schreiner, (Würzburg, 1982), pp. 237-253

Schmid, Hans Heinrich, *Gerechtigkeit als Weltordnung. Hintergrund und Geschichte des alttestamentlichen Gerechtigkeitsbegriffes*: BHTh 40, (Tübingen, 1968)

Schottroff, Willy, "Das Weinberglied Jesajas (Jes 5,1-7). Ein Beitrag zur Geschichte der Parabel", in: *ZAW* 82 (1970), pp. 68-91

Schreiner, Josef, *Jeremia II. 25,15—52,34*: Neue Echter Bibel, (Würzburg, 1984)

——, *Jeremia. 1—25,14*: Neue Echter Bibel, (Würzburg, ²1985)

Seybold, Klaus, *Satirische Prophetie. Studien zum Buch Zefanja*: SBS 120, (Stuttgart, 1985)

Shiloh, Yigal, "Jerusalem, City of David", in: *IEJ* 33 (1983), pp. 129-131

Shiloh, Yigal / Tarler, David, "Bullae from the City of David. A Hoard of Seal Impressions from the Israelite Period", in: *BA* 49 (1986), pp. 196-209

Sicre, José Luis, *Los dioses olvidados. Poder y riqueza en los profetas preexílicos* (Madrid, 1979)
——, "La monarquía y la justicia. La práctica de la justicia como elemento aglutinante en la redacción de Jr 21,11—23,8", in: V. Collado / E. Zurro (Hgg.), *El misterio de la palabra*, Festschr. L. Alonso-Schökel, (Madrid, 1983), pp. 193-206
——, "*Con los pobres de la tierra*". *La justicia social en los profetas de Israel* (Madrid, 1984)
Smend, Rudolf, "Der Ort des Staates im Alten Testament", in: ders., *Die Mitte des Alten Testaments, Gesammelte Studien 1*, BEvTh 99, (München, 1986), pp. 186-199
Smelik, Klaas A.D., *Historische Dokumente aus dem alten Israel* (Göttingen, 1987)
Snaith, N.H., "The Meaning of the Hebrew ʾ*ak*", in: *VT* 14 (1964), pp. 221-225
Soggin, J.A., "Der judäische ʿamm haʾares und das Königtum in Juda", in: *VT* 13 (1963), pp. 186-195
——, "Art. rʿh weiden", in: *THAT II*, (München/Zürich, 1984) 791-794
Stolz, Fritz, "Aspekte religiöser und sozialer Ordnung im alten Israel", in: *ZEE* 17 (1973), pp. 145-159
Sweeney, Marvin A., "Structure, Genre, and Intent in the Book of Habakkuk", in: *VT* 41 (1991), pp. 63-83

Talmon, Shemaryahu, "The New Hebrew Letter from the Seventh Century B.C. in Historical Perspective", in: *BASOR* 176 (1964), pp. 29-38
——, "The Judaean ʿam haʾares in Historical Perspective", in: *Fourth World Congress of Jewish Studies. Papers. Vol. I.*, (Jerusalem, 1967), pp. 71-76
——, "Kingship and the Ideology of the State", in: *WHJP V. The Age of the Monarchies: Culture and Society*, (Jerusalem, 1979), pp. 3-26
Thiel, Winfried, *Die deuteronomistische Redaktion von Jeremia 1-25*: WMANT 41, (Neukirchen-Vluyn, 1973)
Thompson, J.A., *The Book of Jeremiah* (Grand Rapids, ²1987)

Ussishkin, David, "Royal Judean Storage Jars and Private Seal Impressions", in: *BASOR* 223 (1976), pp. 1-13
——, "The Destruction of Lachish by Sennacherib and the Dating of the Royal Judean Storage Jars", in: *Tel Aviv* 4 (1977), pp. 28-60
——, "Reassessment of the Stratigraphy and Chronology of Archaelogical Sites in Judah in the Light of Lachish III", in: *Biblical Archaeology Today. Proceedings of the International Congress on Biblical Archaeology, Jerusalem, April 1984*, (Jerusalem, 1985), pp. 142-144

Vattioni, Francesco, "I sigilli ebraici", in: *Bib.* 50 (1969), pp. 357-388
Vermeylen, J., *Du prophète Isaïe à l'apocalyptique. Isaïe, I-XXXV, miroir d'un demi-millénaire d'expérience religieuse en Israel. Tome I* (Paris, 1977)
Vincent, Jean M., "Michas Gerichtswort gegen Zion (3,12) in seinem Kontext", in: *ZThK* 83 (1986), pp. 167-187
Vuilleumier, René, *Michée*: CAT 11b, (Neuchâtel, 1971)

Watts, John D.W., *The Books of Joel, Obadiah, Jonah, Nahum, Habakkuk and Zephanja* (Cambrigde u.a., 1975)
Weinfeld, Moshe, "Judge and Officer in Ancient Israel and in the Ancient Near East", in: *IOS* 7 (1977), pp. 65-88
Weippert, Helga, *Die Prosareden des Jeremiabuches*: BZAW 132, (Berlin, 1973)
Weiser, Artur, *Das Buch Jeremia*: ATD 20/21, (Göttingen, ⁵1966)

———, *Das Buch der zwölf Kleinen Propheten I: Die Propheten Hosea, Joel, Amos, Obadja, Jona, Micha*: ATD 24, (Göttingen, [7]1979)

Welten, Peter, *Die Königs-Stempel. Ein Beitrag zur Militärpolitik Judas unter Hiskia und Josia*: ADPV, (Wiesbaden, 1969)

Wenning, Robert, "Meṣad Ḥašavyāhū. Ein Stützpunkt des Jojakim?", in: F.-L. Hossfeld (Hg.), *Vom Sinai zum Horeb. Stationen alttestamentlicher Glaubensgeschichte*, (Würzburg, 1989), pp. 169-196

Wildberger, Hans, *Jesaja. 2. Teilband. Jesaja 13-27*: BK 10/2, (Neukirchen-Vluyn, 1978)

———, *Jesaja. 1. Teilband. Jesaja 1-12*: BK 10/1, (Neukirchen-Vluyn, [2]1980)

———, *Jesaja. 3. Teilband. Jesaja 28-39. Das Buch, der Prophet und seine Botschaft*: BK 10/3, (Neukirchen-Vluyn, 1982)

Wisser, Laurent, *Jérémie, critique de la vie sociale. Justice sociale et connaissance de Dieu dans le livre de Jérémie* (Genf, 1982)

Wolf, C. Umhan, "Traces of Primitive Democracy in Ancient Israel", in: *JNESt* 6 (1947), pp. 98-108

Wolff, Hans Walter, *Dodekapropheton 4. Micha*: BK 14/4, (Neukirchen-Vluyn, 1982)

van der Woude, A.S., "Bemerkungen zu einigen umstrittenen Stellen im Zwölfprophetenbuch", in: *Mélanges bibliques et orientaux en l'honneur de M. Henri Cazelles*, AOAT 212, (Neukirchen-Vluyn, 1981), pp. 483-499

Würthwein, Ernst, *Der ʿamm haʾarez im Alten Testament*: BWANT 69, (Stuttgart, 1936)

———, "Die Josianische Reform und das Deuteronomium", in: *ZThK* 73 (1976), pp. 395-423

———, *Die Bücher der Könige. 1. Kön. 17—2. Kön. 25*: ATD 11/2, (Göttingen, 1984)

Yadin, Yigael, "The Fourfold Division of Judah", in: *BASOR* 163 (1961), pp. 6-12

———, "Biblical Archaeology Today: The Archaeological Aspect", in: *Biblical Archaeology Today. Proceedings of the International Congress on Biblical Archaeology, Jerusalem, April 1984*, (Jerusalem, 1985a), pp. 21-27

———, "The Lachish Letters—Originals or Copies and Drafts?", in: H. Shanks / B. Mazar (Hgg.), *Recent Archaeology in the Land of Israel*, (Washington/Jerusalem, [2]1985b), pp. 179-186

Yeivin, S., "The Judicial Petition from Mezad Hashavyahu", in: *BiOr* 19 (1962), pp. 3-10

Zimmerli, Walther, *Ezechiel*: BK 13, (Neukirchen-Vluyn, 1969)

———, "Das Phänomen der 'Fortschreibung' im Buche Ezechiel", in: J.A. Emerton (Hg.), *Prophecy*, Festschr. G. Fohrer, BZAW 150, (Berlin / New York, 1980), pp. 174-191

REGISTER DER AUTOREN

REGISTER DER BIBELSTELLEN

Ezechiel				127.200f.205
13,14	36	23,26	48
16,29	64	24,1–14	103,n24
16,39	48	28,4f	65,n20
16,46–50	25	28,4	65,n22
17,1–10	109	32,9	76
17,4	64	34	99.**111–114**.118.
17,9	105		123.156.205
17,11–21	109	34,1–16	115.118.129f
17,13	201	34,2f	52
17,21	109	34,4	130
18	**99–102**.104.106.	34,17–22	115.117f.129
	111.114f.118.121.127	34,20f	130
18,5	115.127	34,24	105
18,7f	115.121	37,25	105
18,7	115.117.121.124.126	40–48	105
18,8	115.121.126–128.	45,13–16	142
	131.187		
18,9	126	Hosea	
18,10	121	2,2	51
18,12f	115.121	4,16	112
18,12	111.121.126	12,8	63f.72
18,13	126		
18,16–18	115.121	Amos	
18,16	115.117.121.124.126	2,7	70
18,17	121.126	3,10	63.90
18,18	111	4,1	70.81.110
18,19.21	115.126f	5,7	90
18,27	115.127	5,11	70
19	**102f**.109.130,n21	6,1–7	38
19,1	105	6,6	76
19,3	114.116	7,13	19
19,6f	114–116	7,17	196
21,8f	109	8,4–7	32.56,n48.72
21,17	105	8,5	63.72
21,23–27	109	8,6	70
21,30	105		
22,1–16	99.**103–106**.114	Micha	
22,6–12	114	1,1	45
22,6	108.114.116.129	1,13	139
22,7–12	114	2,1–11	**45–49**.50.54.56.59.
22,7	110f.115.119		117f.121–123
22,9	77,n19	2,1	90.118.121
22,12	39,n63.110.115.118.	2,1f	35.55,n42.118f.122–
	121.126–128.131.187		124.130.206
22,23–31	19.99.**107–111**.114.	2,2	32.81.110f
	123.206.220	2,3f	123
22,25–29	161	3,1–12	**49–54**.57.60.81.84.
22,25	102.105.112–114.		88.94f.105.115f.129.
	116.128f.138.191.208		138.142.149.153.162
22,27	113–115.118.128.	3,1–3	115
	163.179.186.205	3,1	24.70.84.100.129.
22,29	32.114f.118–120.		142.149

Micha	
3,3	84.129f.156
3,5	31
3,9f	84
3,9	24.84.100.129.142
3,10	94.105.129.148f.151.
	153
3,11	19.39,n63.59.66f.95.
	115.128.163.186f
5,3	112
6,9–15	**54–56**.59.65.117f.
	121.124.126f.130.
	196,n18
6,11	63.72
6,12	63.90.118
7,1–7	**56–59**.121
7,2	41,n71.59.93.117f.
	122.206
7,3	66f.70.81.95.115.
	121.128.163.179.186
7,5	118
7,14	112
Nahum	
1,11.14	61,n2
2,2f	61,n2
3,1–5.8–11	61,n2
3,18	112
3,19	76
Habakuk	
1,2 – 2,5	91
1,2–4	**89–91**.101.118.126.
	128.187
1,2f	63.121
1,4	95.101.121
1,5–11	89
1,6	89.90,n5
1,12–17	89
1,12f	90,n4.90,n5
1,12	90,n5
2,1–5	89
2,4f	90,n4
2,5	90,n4.90,n5
2,6–20	89.90,n4
2,6–19	**91–94**
2,6–8	90,n5
2,6f	95.118
2,6	121f
2,7	58.121
2,9–11	118.128.163.179.186
2,9	95.109.115
2,12	95.129.148.151.153

2,15	129
2,16f	32
3,13	90,n5
Zephanja	
1,2 – 2,3	**61–66**.121
1,7	61
1,8f	**62–64**.66f.103.116.
	118.128.167,n23.169.
	179.191.208
1,8	167
1,9	90.129
1,10f	55,n41.**64f**.67.118.
	124
1,10	76
1,12f	55,n41.**65f**.67.117f.
	124.196,n18
1,17f	65
2,3	120
3,1–5	**66f**
3,3f	19.67.107,n34
3,3	81.95.102.109.115.
	121.128.163.179.186f
Sacharja	
7,4–14	221
7,10	110
10,3	112
11,4–17	112
13,7	112
14,21	64
Maleachi	
3,5	110.124.221
Psalmen	
2	141
5,7	72
15,5	39,n63
23,1	112
26,10	39,n63
28,9	112
32,6	36
34,14	72
38,13	72
45	109.161.210
45,5.8	210
55,10–12	91,n6
55,24	72
68,6	26
72	85f.161.210f
72,1	211
72,2.4.12–	
14	210

SUPPLEMENTS TO VETUS TESTAMENTUM

2. POPE, M.H. *El in the Ugaritic texts.* 1955. ISBN 90 04 04000 5

3. *Wisdom in Israel and in the Ancient Near East.* Presented to Harold Henry Rowley by the Editorial Board of Vetus Testamentum in celebration of his 65th birthday, 24 March 1955. Edited by M. NOTH and D. WINTON THOMAS. 2nd reprint of the first (1955) ed. 1969. ISBN 90 04 02326 7

4. *Volume du Congrès* [International pour l'étude de l'Ancien Testament]. Strasbourg 1956. 1957. ISBN 90 04 02327 5

8. BERNHARDT, K.-H. *Das Problem der alt-orientalischen Königsideologie im Alten Testament.* Unter besonderer Berücksichtigung der Geschichte der Psalmenexegese dargestellt und kritisch gewürdigt. 1961. ISBN 90 04 02331 3

9. *Congress Volume,* Bonn 1962. 1963. ISBN 90 04 02332 1

11. DONNER, H. *Israel unter den Völkern.* Die Stellung der klassischen Propheten des 8. Jahrhunderts v. Chr. zur Aussenpolitik der Könige von Israel und Juda. 1964. ISBN 90 04 02334 8

12. REIDER, J. *An Index to Aquilla.* Completed and revised by N. Turner. 1966. ISBN 90 04 02335 6

13. ROTH, W.M.W. *Numerical sayings in the Old Testament.* A form-critical study. 1965. ISBN 90 04 02336 4

14. ORLINSKY, H.M. *Studies on the second part of the Book of Isaiah.*—The so-called 'Servant of the Lord' and 'Suffering Servant' in Second Isaiah.—Snaith, N.H. Isaiah 40-66. A study of the teaching of the Second Isaiah and its consequences. Repr. with additions and corrections. 1977. ISBN 90 04 05437 5

15. *Volume du Congrès* [International pour l'étude de l'Ancien Testament]. Genève 1965. 1966. ISBN 90 04 02337 2

17. *Congress Volume,* Rome 1968. 1969. ISBN 90 04 02339 9

19. THOMPSON, R.J. *Moses and the Law in a century of criticism since Graf.* 1970. ISBN 90 04 02341 0

20. REDFORD, D.B. *A study of the biblical story of Joseph.* 1970. ISBN 90 04 02342 9

21. AHLSTRÖM, G.W. *Joel and the temple cult of Jerusalem.* 1971. ISBN 90 04 02620 7

22. *Congress Volume,* Uppsala 1971. 1972. ISBN 90 04 03521 4

23. *Studies in the religion of ancient Israel.* 1972. ISBN 90 04 03525 7

24. SCHOORS, A. *I am God your Saviour.* A form-critical study of the main genres in Is. xl-lv. 1973. ISBN 90 04 03792 2

25. ALLEN, L.C. *The Greek Chronicles.* The relation of the Septuagint I and II Chronicles to the Massoretic text. Part 1. The translator's craft. 1974. ISBN 90 04 03913 9

26. *Studies on prophecy.* A collection of twelve papers. 1974. ISBN 90 04 03877 9

27. ALLEN, L.C. *The Greek Chronicles.* Part 2. Textual criticism. 1974. ISBN 90 04 03933 3

28. *Congress Volume,* Edinburgh 1974. 1975. ISBN 90 04 04321 7

29. *Congress Volume,* Göttingen 1977. 1978. ISBN 90 04 05835 4

30. EMERTON, J.A. (ed.). Studies in the historical books of the Old Testament. 1979. ISBN 90 04 06017 0

31. MEREDINO, R.P. *Der Erste und der Letzte*. Eine Untersuchung von Jes 40-48. 1981. ISBN 90 04 06199 1
32. EMERTON, J.A. (ed.). *Congress Vienna 1980*. 1981. ISBN 90 04 06514 8
33. KOENIG, J. *L'herméneutique analogique du Judaïsme antique d'après les témoins textuels d'Isaïe*. 1982. ISBN 90 04 06762 0
34. BARSTAD, H.M. *The religious polemics of Amos*. Studies in the preaching of Amos ii 7B-8, iv 1-13, v 1-27, vi 4-7, viii 14. 1984. ISBN 90 04 07017 6
35. KRAŠOVEC, J. *Antithetic structure in Biblical Hebrew poetry*. 1984. ISBN 90 04 07244 6
36. EMERTON, J.A. (ed.). *Congress Volume*, Salamanca 1983. 1985. ISBN 90 04 07281 0
37. LEMCHE, N.P. *Early Israel*. Anthropological and historical studies on the Israelite society before the monarchy. 1985. ISBN 90 04 07853 3
38. NIELSEN, K. *Incense in Ancient Israel*. 1986. ISBN 90 04 07702 2
39. PARDEE, D. *Ugaritic and Hebrew poetic parallelism*. A trial cut. 1988. ISBN 90 04 08368 5
40. EMERTON, J.A. (ed.). *Congress Volume*, Jerusalem 1986. 1988. ISBN 90 04 08499 1
41. EMERTON, J.A. (ed.). *Studies in the Pentateuch*. 1990. ISBN 90 04 09195 5
42. McKENZIE, S.L. *The Trouble with Kings*. The composition of the Book of Kings in the Deuteronomistic History. 1991. ISBN 90 04 09402 4
43. EMERTON, J.A. (ed.). *Congress Volume*, Leuven 1989. 1991. ISBN 90 04 09398 2
44. HAAK, R.D. *Habakkuk*. 1992. ISBN 90 04 09506 3
45. BEYERLIN, W. *Im Licht der Traditionen*. Psalm LXVII und CXV. Ein Entwicklungszusammenhang. 1992. ISBN 90 04 09635 3
46. MEIER, S.A. *Speaking of Speaking*. Marking direct discourse in the Hebrew Bible. 1992. ISBN 90 04 09602 7
47. KESSLER, R. *Staat und Gesellschaft im vorexilischen Juda*. Vom 8. Jahrhundert bis zum Exil. 1992. ISBN 90 04 09646 9
48. AUFFRET, P. *Voyez de vos yeux*. Étude structurelle de vingt psaumes, dont le psaume 119. 1993. ISBN 90 04 09707 4
49. GARCÍA MARTÍNEZ, F., A. HILHORST AND C.J. LABUSCHAGNE (eds.). *The Scriptures and the Scrolls*. Studies in honour of A.S. van der Woude on the occasion of his 65th birthday. 1992. ISBN 90 04 09746 5

DATE D